עַל דַּרְכֵי הַפָּרָשָׁה

Auf den Spuren der Parascha

Ein Stück Tora
Zum Lernen des Wochenabschnitts

Band 7

Wahrheit siegt (Mikkéz)
Zwölf Brüder versöhnt (Wajiggásch)
Jom Kippúr (Acharéj-Mot)
Wanderung (Bemidbár)
Jüdische Judikatur (Devarím)

Von Yehuda T. Radday
unter Mitarbeit von Magdalena Schultz

Unterstützt von

Hochschule für Jüdische Studien, Heidelberg
Memorial Foundation for Jewish Culture, New York
Verein Begegnung von Christen und Juden, Bayern
Technion – Israel Institute of Technology, Haifa

IKJ

Die Deutsche Bibliothek – CIP-Einheitsaufnahme

Auf den Spuren der Parascha : ein Stück Tora ; zum Lernen des Wochenabschnitts /
von Yehuda T. Radday. Unter Mitarb. von Magdalena Schultz. –
Berlin : Inst. Kirche und Judentum.
    Einheitssacht.: Pentateuchus
    Parallelt. in hebr. Sprache. – Teilw. im Verl. Diesterweg, Frankfurt am Main und Verl. Sauerländer, Aarau

Bd. 7. Wahrheit siegt (Mikkéz), zwölf Brüder versöhnt (Wajiggásch), Jom Kippúr (Acharéj-Mot), Wanderung
(Bemidbár), jüdische Judikatur (Devarím). –
1. Aufl. – 1999
    ISBN 3–923095–45–7

לאהוביי ואוהביי
להורי־הוריי
הצדקנים והצדקניוֹת
אנה ופרדיננד בּוּדלוֹבסקי
אלברט והדוויג רייכמן

Meinen geliebten und liebenden
Großeltern
Anna und Ferdinand Budlovski
und
Albert und Hedwig Reichmann

ISBN 3–923095–45–7

1. Auflage 1999

Verlag: Institut Kirche und Judentum
          Zentrum für christlich-jüdische Studien an der Humboldt-Universität zu Berlin
          Dom zu Berlin, Lustgarten, 10178 Berlin

Satz: Andrea Siebert, Neuendettelsau
Druck und Bindearbeiten: Heinzelmann Papier- und Druckservice GmbH, 72543 Metzingen

INHALT

VORWORT

In dem vorliegenden Band erscheint wiederum die bereits aus den Bänden 1–6 bekannte Einleitung, weil wir in ihr eine hilfreiche Anweisung sehen und wir das Nachschlagen in den früheren Bänden ersparen möchten.

Da neue, bisher noch nicht benutzte Quellen diesmal nicht zitiert worden sind und keine noch nicht erläuterten Begriffe und erwähnten Personen vorkommen, fehlen das Personen- und Sachregister sowie die Quellenangaben. Dagegen fügen wir hier die Liste der Limmudim hinzu, die in den Bänden 1–6 erschienen und – mit Vorbehalt – für die folgenden Bänden vorgesehen sind.

Im allgemeinen dienen Fußnoten zur zusätzlichen Information oder zu einem bibliographischen Hinweis, daher neigen Leser/innen dazu, sie als weniger wichtig zu übergehen. Im Fall der vorliegenden Serie ist die Situation eine andere. Der oft nicht leicht verständliche Text wird erst in der Fußnote entschlüsselt, ja entfaltet und manchmal auf eine grundsätzliche Ebene gebracht. Dabei werden auch über das Zitat hinausweisende Perspektiven aufgezeigt und Bezüge zur heutigen Situation hergestellt. Aus diesem Grunde ist das „Kleingedruckte" ein integraler Bestandteil des Ganzen und für das Verständnis unverzichtbar.

Für die wertvolle Mithilfe bei der technischen Herstellung seien wieder Frau Andrea Siebert, Frau Bettina und Frau Stefanie Schultz und, neu hinzugekommen, Herr Philipp Minden aufrichtigst bedankt.

Haifa – Heidelberg   Y.T.R.
1998   M.S.

EINLEITUNG

להחזיר עטרה ליושנה

… um die Krone an ihren alten Platz zurückzubringen.

(Jomá 69)

Das Ziel

In der ganzen Judenheit ist es üblich, die ganze Torá einmal im Jahr Wort für Wort in der Synagoge am Schabbát zeremoniell vorzulesen. Sie ist zu diesem Zweck in 54 Abschnitte eingeteilt, die der maximal möglichen Anzahl der Schabbetot entsprechen. Der Reihe nach kommt, einheilich in der ganzen Welt, einer dieser Abschnitte zur Vorlesung, und von ihm erhält dann auch der betreffende Schabbat seinen Namen. Zugleich wird von einem Juden erwartet – wenn auch nicht von jedem eingehalten –, in der Woche die kommende *Paraschá* in der Schule, in einem Arbeitskreis, allein oder mit seiner Familie, auch den Kindern und nicht gerade nur den halbwüchsigen, jahraus jahrein immer wieder durchzunehmen. Dieses sogenannte *Lernen* ist eine Pflicht, die die Erfüllung aller anderen Gebote aufwiegt, jedoch nicht nur Lesen und Verstehen des Urtextes umfaßt, sondern sein gründliches Studium anhand der klassischen mittelalterlichen, ausschließlich hebräischen und modernen, auch in anderen Sprachen geschriebenen Kommentare. Denn die Torá, auf den ersten Blick relativ einfach, ist beim näheren Hinsehen infolge ihrer lapidaren Ausdrucksweise und ihrer zahlreichen legalen Passagen einerseits, andererseits wegen ihrer oft raffinierten Technik nicht selten schwer verständlich. Aber auf jeden Fall ist ihre Lektüre ohne die genannten Hilfsmittel zur Oberflächlichkeit verurteilt.

Was eine echte Auseinandersetzung mit einem Torá-Text impliziert, geht aus dem Beispiel eines Blattes der Standardausgabe der *Biblia Rabbinica* (S. 6) hervor.

Auch für einen Leser ohne Hebräischkenntnisse wird daraus klar, was *Lernen* in jüdischer Tradition bedeutet. Will er dieses *Lernen* nachvollziehen, so stehen ihm zwar Übersetzungen der Schrift zur Verfügung, ebenfalls eine von RaSCHIs Kommentar ins Deutsche und des RaMBáN ins Englische, aber fast alle übrigen, ausschließlich hebräisch verfaßten Werke sind ihm unzugänglich.

Den Rat beherzigend, man solle, was man vermißt, selbst unternehmen, wagen wir uns an die Aufgabe heran, Lernern im deutschsprachigen Raum die Schätze jüdischer Bildung, die Tiefen jüdischer Tradition und den Genuß des jüdischen Studiums sowohl in literarisch-ästhetischer wie in intellektueller Hinsicht, von der religiösen ganz abgesehen, zu erschließen, indem wir zu fünfzig meist sehr kurzen Zitaten aus der Torá in Auswahl reiches MATERIAL vorlegen, dessen Lektüre kein Hebräisch voraussetzt. Die Torá hat siebzig Facetten, heißt es in *Otiót de-Rabbí Akivá,* und einige von ihnen aufzudecken und vorzuzeigen ist das vorrangige Ziel dieser Bände, woher auch ihr Titel rührt.

Die Auswahl der Texte

Da eine Paraschá sich jeweils ungefähr über vier Kapitel ausdehnt, kann sie unmöglich in ihrem ganzen Umfang von einem *Lerner* in seiner Freizeit im Laufe einer Woche so bewältigt werden, wie es sich gebührt. Deswegen haben wir aus jeder nur ein paar Verse ausgewählt und dann dieses „Stückchen Torá", wie es im jüdischen Sprachgebrauch liebevoll heißt, eingehend und vielseitig beleuchtet. Vorausgesetzt ist, daß der *Lerner* sie im breiteren Kontext liest, bevor er an sie herangeht.

Bei der Auswahl der „Stückchen" haben wir nicht die Absicht verfolgt, ein Kompendium der Grundideen der Torá oder des Judentums zusammenzustellen, noch waren wir bestrebt, vollständig (weil unmöglich), originell (bis auf Ausnahmen), wissenschaftlich (was an anderen Orten geschieht) und objektiv zu sein, letzteres aus der Überzeugung, daß in Dingen des Geistes persönliches Engagement (selbstverständlich gepaart mit Toleranz gegenüber anderen Ansichten) der Objektivität vorzuziehen ist. Wichtiger waren uns andere Gesichtspunkte, vor allem Fragen, die wir vom modernen *Lerner* vermuten. Darunter, ob die Torá ihm heute noch etwas zu sagen hat, und wenn ja, dann was; worüber er (und sogar auch seine

Lehrer) vielleicht als langweilig oder anstößig hinweggehen; was ihm als sinnlos vorkommen mag; und endlich welchen Sinn wohl die ihm, z.B. aus der frühen Schulzeit bekannten, aber zugleich oft mißverstandenen Stellen haben könnten.

Die Auswahl trägt einem fundamentalen Standpunkt des traditionellen Judentums Rechnung, nämlich daß wegen der als fraglos angenommenen göttlichen Herkunft der Torá nicht gewagt werden darf, zwischen wichtigen und unwichtigen Passagen zu unterscheiden: Ein Wort wird so ernst genommen wie das andere, auch wenn die Torá manchmal schmunzelnd spricht. Ist der Sinn einer Stelle nicht sogleich erkennbar, so muß gerade ihre Sprödigkeit, Redundanz oder ihr anscheinend „korrumpierter" Wortlaut Anlaß zu vertieftem Nachdenken und Nachfragen sein. Getreu diesem Vorhaben wählten wir mit Absicht just Perikopen, die bedeutungslos dünken und deren Bedeutsamkeit sich erst durch *Lernen* entfaltet. Die Torá will gelernt, nicht gelesen, auch nicht gebetet werden.

Legende zur *Biblia Rabbinica*

Musterblatt aus der Biblia Rabbinica

רשי   אבן עזרא   **[12]** במדבר ו נשא **[13]**

(Hebräischer Mustertext mit Kommentaren und numerierten Markierungen 1–11)

רמבן   ספורנו   חסידי

ste Bibelübersetzung (ins Griechische) wegen ihrer vielmaligen späteren Rezensionen für Juden nicht genug verläßlich ist, ist dies die älteste von ihnen anerkannte und einem gewissen Onkelos (2. Jh.) zugeschriebene ins galiläische Aramäisch.

(5) Der am weitesten verbreitete פירוש *Perúsch* (= Kommentar) des RaSCHI aus Troyes-Worms (11. Jh.), in kursiver, der sog. RaSCHI-Schrift gedruckt.

(6) Der Kommentar des R. Avrahám ibn Esrá (11. Jh.) aus Todela-Rom-Narbonne-London.

(7) Der Kommenater des RaMBÁN (13. Jh.) aus Barcelona.

(8) Der Kommentar des R. Ovadjá Seforno (15. Jh.) aus Bologna, Reuchlins Lehrer.

(9) Dieser Auszug aus dem Kommentar des R. Jaakóv ben Aschér (14. Jh.) aus Toledo ist für den größten Gelehrten seiner Zeit wenig charakteristisch und für jene gedacht, die Gefallen an Sprachspielereien finden.

(10) Die מסורה *Massorá* ist ein System von Regeln und Anmerkungen zur Anleitung eines Torascheibers und des Vorlesers in der Synagoge, wie sie sich im Laufe von rund einem Jahrtausend bis zur Erfindung der Buchdruckerkunst zwecks endgültiger Fixierung des Textes angesammelt haben. Sie notiert auch Eigentümlichkeiten der Vokalisation und der Akzente, Position und Größe der Buchstaben u.dgl.

(11) Ein Index, genannt *Toledót Aharón*, jener Stellen im Talmúd, Sóhar u.ä. und späterer Gelehrter, die sich auf Text (1) beziehen, verfaßt von R. Aharón, Kaufmann aus Pesaro (16. Jh.), und von R. Aharón aus Deutschland ein Jahrhundert danach erweitert.

(12) ist der Name jenes *Chummásch* (= Fünftel) der Torá, dem (1) entnommen ist, hier Bemidbár (4.Buch = Numeri).

(13) ist der Name des Wochenabschnittes, hier *Nassó*. Zwischen (12) und (13) steht die Nummer des Kapitels, hier ו (*waw* = 6). Die kleinen Buchstaben zwischen den Versen numerieren diese mit hebräischen Zahlen.

Die Biblia Rabbinica, hebr. מקראות גדולות *Mikraót Gedolót*, wurde zum ersten Male in Venedig im frühen 16. Jh. bei Daniel Bomberg unter der Aufsicht von R. Jaakóv b. Chajjím gedruckt. Die Neudrucke folgen ihrem Vorbild.

(1) Der Text der *Torá*, mit ניקוד *nikúd* (= Vokalzeichen) und טעמים *Teamím* (= Kantilationszeichen) versehen, ist in פרשיות *Paraschijót* (= Wochenabschnitte), פרקים *Perakím* (= Kapitel) und פסוקים *Pessukím* (= Verse) eingeteilt. Die Aufteilung in Kapitel stammt aus der Hand von Stephan Langton, Erzbischof von Canterbury (13. Jh.), und wurde von Juden übernommen, um in religiösen Disputationen mit ihren Gegnern für diese sofort Stellen aufschlagen zu können.

(2) Dieser Buchstabe ס (*ssámech*) zeigt das Ende eines behandelten Gegenstandes an und erinnert den סופר *ssofér* (= Toráschreiber), hier einen Abstand von der Länge eines Wortes auszulassen, während

(3) Der Buchstabe פ (*pé*) bedeutet, daß hier ein völlig neuer Gegenstand und darum eine neue Zeile beginnt.

(4) Da die von jüdischen Gelehrten hergestellte und älte-

(Spätere Ausgaben der Biblia Rabbinica
bringen auch noch den Kommentar des RaSCHBáM,
des R. Luntschitz, eine Paraphrase,
einen Superkommentar zu (6) und mehr.)

Es stammt nur wenig in dem vorgelegten MATERIAL von uns selbst, weil wir uns nicht als Wegweiser, sondern als Mittler sehen. Doch im letzten Teil eines jeden „Stückchens" kommen wir selbst kurz zu Wort. Ansonsten zitieren wir aus Mischná, Talmúd, Midrásch, aus den Kommentaren der großen Exegeten des Mittelalters und vornehmlich aus den Ergebnissen der deutsch-jüdischen Gelehrsamkeit, deren letzte hervorragende Vertreter vor der Katastrophe S.R. Hirsch, David Hoffmann, Leo Baeck und Benno Jacob waren, um nur einige zu nennen. Von den scharfsinnigen Hypothesen der zum großen Teil ebenfalls auf deutschem Boden entstandenen Bibelwissenschaft des 19. und 20. Jahrhunderts bringen wir nur Proben zu Vergleichszwecken, weil diese Fachliteratur ausnahmslos in jeder Universitätsbibliothek zugänglich ist und auf ihr die Lehre in den theologischen Fakultäten beruht.

Die Methode

Die Bewahrung bzw. Vermittlung der typisch jüdischen Lernmethode, die von der an Seminaren und Universitäten üblichen so sehr absticht, ist uns fast ebenso wichtig wie die des Inhalts. Bei ihr spielt der Altersunterschied zwischen Lehrer und Lernendem keine Rolle – es kommt nur auf die Auffassungkraft der beiden an. Wir glauben, daß unser Konzept diesem Lerntypus entspricht, ihm entgegenkommt und ihn fördert, indem in der Behandlung einer jeden *Paraschá* die Kombinationsmöglichkeit offengelassen und hohe Flexibilität beim *Lernen* möglich ist. Es können Schwerpunkte gesetzt, gewisse Details je nach Vorkenntnissen der Lerner und gemäß der verfügbaren Zeit aufgegriffen und *Lernen* auf eigene Faust wie gruppenweises *Lernen* praktiziert werden.

Mit voller Intention haben wir bisher die Bezeichnungen Student, Hörer und Schüler vermieden. Das Erziehungs- und Bildungsideal des Judentums ist der *Talmíd-Chachám*, also nicht der Gelehrte, sondern wer sein Lebtag Schüler der Gelehrten bleibt, immer weiter *lernt,* keine Reifeprüfungen ablegt und nie zum Abschluß gelangt.

Der ideale *Talmíd-Chachám* ist eben nicht jener, der auf alle Fragen des Lehrers die einzig richtige Antwort weiß, nein, es ist, wer möglichst viele und schwere Fragen stellt, auf die Lehrer oder Lehrerin keine Antwort wissen und darum selbst weiterlernen müssen. Dies entspricht allerdings nicht genau der gängigen Religionspädagogik, dennoch sind wir überzeugt, daß gerade derart vorzugehen auf lange Sicht pädagogisch am wirksamsten ist. Die Methode empfinden die *Lernenden* als attraktiv, weder über- noch unterfordert sie, doch überläßt sie ihnen die Option, ihr Studium selbst zu organisieren, was alles – die Hauptsache! – zu selbständigem Denken anregt. In der Tat redet die Torá selbst lobend von fragenden Kindern (2.M. 13:14, 5.M. 6:20) wie auch die erzieherische Institution *par excellence* des jüdischen Kalenders, der *Séder* am Vorabend des Péssach-Festes, von Fragen der Kinder eingeleitet wird. Man hat übrigens neuerdings damit begonnen, bei Intelligenztests nicht mehr die richtigen Antworten, sondern die Fähigkeit zu bewerten, zu einem Problem richtige und wichtige Fragen zu stellen.

Die Struktur

Diese Reihe besteht aus zehn Bänden, jeder wiederum aus fünf je einem der fünf Bücher der Torá entnommenen „Stückchen". Die Zahl der verhandelten Abschnitte ist 50 von den insgesamt 54 Wochenabschnitten, denn auch in der Synagoge werden aus kalendarischen Gründen manchmal zwei, aber immer nur gewisse, genau festgesetzte und benachbarte *Paraschijot* zusammengelegt. In jedem Band ist also in der Regel jeder der fünf *Chummaschim* vertreten.

Jede der fünf Einheiten in jedem Band ist folgendermaßen zusammengesetzt:

(1) Der hebräische TEXT begleitet von der Buber-Rosenzweigschen Übersetzung;

(2) FRAGEN zu (1) für den Fall, daß dem Leser oder den Lesern in der Gruppe Unstimmigkeiten u.ä. weder auf- noch einfallen, um mit ihnen (1) zu attackieren.

(3) Das LEITBLATT legt dem Frager versuchsweise eine meist kurze Antwort vor oder verweist ihn auf jene Zitate in (4), die ihm Aufschluß gewähren.

(4) Das MATERIAL bringt ein reiches Assortiment von sehr oft recht widersprüchlichen, aber dennoch, ganz der oben skizzierten Methode gemäß, miteinander koexistierenden Ansichten, wenn möglich, chronologisch angeordnet. Diese Ansichten möge der *Lerner* nunmehr nicht einfach hinnehmen, weil sie gedruckt sind, sondern derselben, ja vielleicht noch schärferer Kritik unterziehen, wie er es soeben mit dem TEXT getan hat. Sehr oft schlagen die klassischen Exegeten ihre Lösungen vor, ohne anzugeben, worin die Schwierigkeit liegt, die sie durch die Lösung aus dem Wege zu räumen hoffen, denn sie vertrauen auf die Intelligenz des Lesers, sie selbst zu entdecken oder die FRAGE aus der Antwort zu rekonstruieren. Bei diesem Vorgang läßt sich die Situation mit der einer Person vergleichen, die ein Telefongespräch mitanhört und an der es liegt, ob sie aus den Worten des anwesenden Gesprächspartners die Worte des anderen zu erraten vermag.

(5) LIMMUD: Das Wort bedeutet einfach Belehrung, gemeint ist aber ein Essay, diesmal fast immer aus unserer Hand, über ein mit (1) mal eng, mal lose zusammen-

hängendes Thema, gelegentlich begleitet von einer es beleuchtenden
(6) ANEKDOTE.
(7) Die THESEN schlagen jeweils ein Problem vor, das sich nach dem Studium der Einheit in einer Gruppe für eine mündliche Diskussion eignet. Den Abschluß bildet
(8) die HANDREICHUNG. Sie schlägt den archimedischen Punkt vor, an dem der individuell studierende *Lerner* oder der Leiter der Gruppe ohne abzuschrecken beginnen könnte, wie die ersten Hürden zu nehmen sich empfiehlt, und gibt ähnliche gute Ratschläge. Denn obwohl die meisten Einheiten nur wenige Verse behandeln, so umfaßt das MATERIAL soviel Stoff, daß ihn wahr-

scheinlich nur der geübte *Lerner* in einer Woche durchnehmen kann, während Anfänger entweder langsamer oder selektiv vorgehen können.
Für Kinder ist das Angebot zu schwer. Wir hielten es auf diesem Niveau, weil wir meinen, die Torá sei für ein erwachsenes, geduldiges und zu lesen gewohntes Publikum geschrieben und nicht für ABC-Schützen und den wöchentlichen zweistündigen Religionsunterricht. Das will aber nicht besagen, daß ein reges und begabtes Kind von dreizehn Jahren sich nicht auch schon mit dem Stoff messen kann. Von diesem Alter an paßt er, so glauben wir, für jedes.

Die Sprache

Hebräischkenntnisse sind hilfreich, aber keine Vorbedingung. Schon der Talmúd lehrt in jer. Ssotá 32–33, Studium in einer Fremdsprache sei seiner völligen Vernachlässigung vorzuziehen. Daß die Verhandlung einer Schriftstelle in Übersetzung ein Notbehelf und ihr nur ein Minimum zu entnehmen ist, ja daß die intellektuelle Herausforderung vermindert ist und der literarische Genuß verloren geht, ist sicherlich nicht nötig zu unterstreichen. Zum Trost sei gesagt, daß Kenntnis des Modernen Hebräisch zwar den allergrößten Teil der sprachlichen Schwierigkeiten aus dem Wege räumt, aber das wahre und echte Verständnis keineswegs garantiert. Mehr als das: Gar manche Vokabel hat seit der biblischen Epoche einen Bedeutungswandel durchgemacht, so daß der Hebräischsprechende sie zwar ohne weiteres zu verstehen glaubt, jedoch in Wirklichkeit auf eine falsche Fährte gerät.
Viele hebräische Wörter, insbesondere häufig wiederkehrende und inhaltlich ausschlaggebende, sind neben ihrer Übersetzung sowohl in hebräischer Druckschrift wie auch in Transliteration in lateinischen Buchstaben wiedergegeben und obendrein mit Akzenten versehen, die die richtige Betonung anzeigen. Auf diese Weise erwirbt der *Lerner* Übung im Lesen des Hebräischen und erwirbt sich mühelos und unversehens einen kleinen hebräischen Wortschatz. Die Vokalzeichen fehlen, weil sie nur noch in biblischen Texten und in heutiger Dichtung angegeben sind.

Das System der Transliteration des Hebräischen ist bis heute ein ungelöstes Problem, das dem Eingeweihten nur zu gut bekannt ist und das zu lösen unsere Bände nicht vermögen. Das von uns angewandte ist alles andere als wissenschaftlich und ebenfalls nicht einheitlich, weil uns in erster Linie an korrekter Aussprache lag.
Bei unserem Unternehmen, eine auf einem drei Jahrtausende zurückliegenden literarischen Werk basierende Gedankenwelt im Lichte der im Laufe von zwei Jahrtausenden organisch ohne Unterlaß aus ihr hervorgegangenen weiteren Literatur auf Deutsch, in einem ihm so wesensfremden Medium, darzustellen, ist es unvermeidlich, daß uns Irrtümer unterlaufen sind, wie sehr wir uns auch unserer Verantwortung bewußt waren. Unsere Bemühungen, unsere Arbeit befreundeten Sachverständigen und Kollegen zur Korrektur vorzulegen, blieben erfolglos – kein Wunder, denn wem kann man zumuten, 1500 Seiten auf Fehler jedweder Art zu prüfen. In Ermangelung einer solchen Kontrolle hoffen wir auf Nachsicht, wenn wir unser Ergebnis Lehrern, *Lernern* und Lesern vorlegen – ganz im Sinne des Ausspruchs unserer Weisen, gesegneten Angedenkens, in Pirkéj Avót 2,6: ובמקום שאין איש השתדל להיות איש „Und wo es niemanden gibt, bemühe [wenigstens] du dich, jemand zu sein."

Haifa/Heidelberg

Y.T.R.
M.S.

Bemerkungen

Wenn wir *Lerner* u.ä. der Einfachheit halber immer nur männlich schreiben, so enthält dies keineswegs eine Mißachtung der *Lernerinnen*, was dem jüdischen Denken zudem zuwider liefe. Akzente gibt es in der hebräischen Orthographie nicht, jedoch haben wir sie eingesetzt, um richtige Aussprache und Betonung zu garantieren, sie aber aus didaktischen Gründen wieder weggelassen, in der Voraussetzung, daß sie nach wiederholtem Vorkommen überflüssig geworden sind. Dasselbe gilt von der

Transliteration hebräischer Wörter, wenn sie nach öfterem Vorkommen bereits bekannt sein sollten. Die Wiedergabe der hebräischen Laute ס (*ssámech*), שׂ (*ssin*) ist ebenfalls nicht einheitlich, und zwar abermals mit taktischer Absicht, denn möge sich der Nutzer unserer Bücher daran gewöhnen, beiden Wiedergaben sogar in wissenschaftlichen Veröffentlichungen zu begegnen. R. steht für *Rabbi*, b. für *ben* (= Sohn).

WAHRHEIT SIEGT
oder
WIE JOSSÉF TRÄUME DEUTETE

1.M. 41:38–44   בראשית מא, לח־מד
Buber-Rosenzweigs Übersetzung

Pharao sprach zu seinen Dienern:	38	וַיֹּאמֶר פַּרְעֹה אֶל־עֲבָדָיו
Könnten wir noch einen finden wie dieser,		הֲנִמְצָא כָזֶה
einen Mann, in dem Geist eines Gottes ist?		אִישׁ אֲשֶׁר רוּחַ אֱלֹהִים בּוֹ:
Pharao sprach zu Jofsef:	39	וַיֹּאמֶר פַּרְעֹה אֶל־יוֹסֵף
Nachdem ein Gott dich dies alles hat erkennen lassen,		אַחֲרֵי הוֹדִיעַ אֱלֹהִים אוֹתְךָ אֶת־כָּל־זֹאת
ist keiner verständig und weise wie du,		אֵין־נָבוֹן וְחָכָם כָּמוֹךָ:
du also sollst über meinem Haus sein,	40	אַתָּה תִּהְיֶה עַל־בֵּיתִי
auf deines Munds Geheiß soll all mein Volk sich rüsten,		וְעַל־פִּיךָ יִשַּׁק כָּל־עַמִּי
nur um den Thron will ich größer sein als du.		רַק הַכִּסֵּא אֶגְדַּל מִמֶּךָּ:
Pharao sprach zu Jofsef:	41	וַיֹּאמֶר פַּרְעֹה אֶל־יוֹסֵף
Sieh, ich gebe dich über alles Land Ägypten.		רְאֵה נָתַתִּי אֹתְךָ עַל כָּל־אֶרֶץ מִצְרָיִם:
Pharao streifte seinen Siegelring von seiner Hand	42	וַיָּסַר פַּרְעֹה אֶת־טַבַּעְתּוֹ מֵעַל יָדוֹ
und gab ihn an die Hand Jofsefs,		וַיִּתֵּן אֹתָהּ עַל־יַד יוֹסֵף
er kleidete ihn in Linnengewänder		וַיַּלְבֵּשׁ אֹתוֹ בִּגְדֵי־שֵׁשׁ
und legte die goldene Kette um seinen Hals,		וַיָּשֶׂם רְבִד הַזָּהָב עַל־צַוָּארוֹ:
er ließ ihn fahren in seinem Zweitgefährt	43	וַיַּרְכֵּב אֹתוֹ בְּמִרְכֶּבֶת הַמִּשְׁנֶה
und vor ihm ausrufen: »Abrek«, Achtung! –		אֲשֶׁר־לוֹ וַיִּקְרְאוּ לְפָנָיו אַבְרֵךְ
er gab ihn über alles Land Ägypten.		וְנָתוֹן אֹתוֹ עַל כָּל־אֶרֶץ מִצְרָיִם:
Pharao sprach zu Jofsef:	44	וַיֹּאמֶר פַּרְעֹה אֶל־יוֹסֵף
Ich bin Pharao,		אֲנִי פַרְעֹה
aber ohne dich hebe niemand seine Hand		וּבִלְעָדֶיךָ לֹא־יָרִים אִישׁ אֶת־יָדוֹ
und seinen Fuß in allem Land Ägypten.		וְאֶת־רַגְלוֹ בְּכָל־אֶרֶץ מִצְרָיִם:

FRAGEN

1. Nach BR-Übersetzung von V.40 sollen sich die Ägypter nunmehr auf Josséfs Geheiß „rüsten". Dieser hatte sich zwar soeben als Experte auf dem Gebiet der Nationalökonomie erwiesen, aber in seiner Vergangenheit als Hirt, *maior domus* bei einem reichen Aristokraten und endlich als Häftling konnte er schwerlich Erfahrung in Sachen militärischer Aufrüstung gewonnen haben. Hat er vielleicht durch seine Gewandtheit und sein einnehmendes Aussehen den Pharao bezaubert und ihn so zu dieser unüberlegten Ernennung verleitet?

2. Genauso sonderbar ist *avréch* in der Übersetzung (V.43).

3. Alle Ägypter, so V.44, sollen wie versteinert oder gelähmt dastehen, solange ihnen der neue Statthalter nicht – vielleicht sogar schriftlich – erlaubt, sich zu bewegen?! Richtig, Ägypten war ein Beamtenstaat, aber soweit konnte auch seine Bürokratie nicht gehen.

4. Warum schweigt Josséf und bedankt sich nicht einmal mit einem „Hoch Seine Majestät!"?

5. Warum hebt Pharao bei jedem Satz von neuem an? Eine Thronrede muß anders klingen.

6. Wieso benutzt Pharao im V.39 einen israelitischen Gottesnamen?

7. Oberster der Schenke und Oberster der Bäcker sind leicht komische Titel.

8. Alles in allem zeugt Josséfs Rat, in einer Periode des Überflusses solle man Reserven anlegen, von gesundem Menschenverstand so wie Lafontaines Fabel von der emsigen Ameise und der leichtsinnigen Grille. Wie konnte Pharao auf dergleichen hereinfallen und ihn sofort zum Vizekönig machen?

9. Das ganze Kap. 41 handelt von Träumen, und alle deutet Josséf zu der Träumer Zufriedenheit, bis auf den des Oberbäckers. War das Zufall, Augenwischerei, Aberglauben oder Magie?

LEITBLATT

1. Das so übersetzte hebräische Wort ermöglicht unterschiedliche Wiedergaben, und doch ist keine befriedigend. Beispiele liefern MATERIAL Nr. 1a, 4a und 5. Schön muß Josséf jedenfalls gewesen sein, ist er doch die einzige männliche Person, von der die Torá es aussagt (39:6), und auch die Aggadá liebt es, diesen Vorzug zu betonen (MATERIAL Nr. 3b). Aber an schönen jungen Männern dürfte es auch in Ägypten nicht gemangelt haben. Eher waren es seine Anmut, Offenheit und sein unbefangenes Benehmen, die gleich beim ersten Anblick für ihn einnahmen.

2. Das oben zu FRAGE Nr. 1 Gesagte gilt auch hier – siehe MATERIAL Nr. 1b, 2, 4b und 6.

3. Jedes einzelne Wort ist klar, zusammen und wörtlich genommen geben sie wenig Sinn. Dies ist aber genau der Fall bei einem Idiom, d.h. einer für eine Kultur und ihre Sprache spezifischen Redensart, die, wenn in eine andere Sprache wörtlich übersetzt, sinnlos ist, weil diese eine andere Vergangenheit hinter sich hat. Gemeinsame kulturelle Gegebenheiten sind Voraussetzung zum Verständnis eines Idioms. Das deutsche „im Schilde führen" bleibt rätselhaft, auch wenn man die Bedeutung des Nomens *Schild* im Wörterbuch finden kann. Der vorliegende Ausdruck ist daher am besten als ein Ägyptismus hinzunehmen, der uns unverständlich bleiben wird. Der Fall ist also hoffnungslos, aber übersetzt muß er eben dennoch werden. Onkelós in MATERIAL Nr. 1c versucht, vom Original zu bewahren, was zu bewahren ist.

4. Entweder weiß Josséf, daß man schweigen soll, wenn man nicht gefragt ist, oder es versagt ihm die Sprache. Im übrigen siehe zu FRAGE Nr. 5.

5. Das ist keine Thronrede, sondern ein Gefühlsausbruch – siehe MATERIAL Nr. 7a – mit vielen Hintergründen, die MATERIAL Nr. 7b andeutet: In dieser Audienz wurde das Fundament zu einer innigen Beziehung zwischen den beiden Gesprächspartnern gelegt. Eine gegenteilige Ansicht vertritt MATERIAL Nr. 3a, wird aber der Absicht der Torá aus in der Anmerkung angeführten Gründen nicht gerecht.

6. Diese FRAGE rollt vielerlei auf: Theologisches, Bibelkritisches, Menschliches. Siehe MATERIAL Nr. 7c.

7. Siehe MATERIAL Nr. 10.

8. und 9. Das sind die kardinalen FRAGEN, die in dieser Erzählung und an ihren Erzähler gestellt werden müssen. MATERIAL Nr. 8 zeigt auf, wie leicht sich eine Kapazität die Antwort macht, und MATERIAL Nr. 9 erklärt, wo diese Nonchalance herrührt. Eine umfassende Antwort erhält der Frager in MATERIAL Nr. 11.

MATERIAL

1. אונקלוס *Onkelós z. St.:*
(a. V.40) Nach deines Mundes Spruch soll mein Volk sich nähren.

(b. V.43) Das ist der Vater des Königs!

(c. V.44) Ohne deinen Befehl hebe niemand seine Hand, zur Waffe zu greifen, und seinen Fuß, auf einem Roß zu reiten.

2. תרגום יונתן *Targúm Jonatán z. St.:*
(V.43) Vivat der Vater des Königs, groß an Weisheit und jung an Jahren!

3. במדבר רבה, סוטה לו *Bemidbár Rabbá, Ssotá 36:*
(a. 89) R. Chijjá bar Abbá sagte, R. Jochanán hatte gesagt: Als Pharao zu יוסף *Josséf* sagte „Ohne dich usw.", sagten zu ihm seine Wahrsager: Einen Knecht, den sein Herr für 20 Silberlinge gekauft hat, willst du über uns einsetzen? Er sagte zu ihnen: Ich habe an ihm Anzeichen von [etwas] Königlichem bemerkt. Sie sagten: Ist dem so, [dann möge er sich beweisen:] er verstehe siebzig Sprachen. Er sagte zu ihnen: Morgen werde ich ihn prüfen. In der Nacht kam der Bote Gavriél zu Josséf und lehrte ihn siebzig Sprachen. Am Morgen – in jeder Sprache, die [Pharao] mit ihm sprach, antwortete er ihm. Am Schluß begann יוסף *Josséf* in לשון הקודש *leschón ha-kódesch* (= die heilige Sprache) zu sprechen, doch Pharao verstand nicht, was er sagte. Pharao sprach zu ihm: Schwöre mir, niemandem zu verraten [, daß ich Hebräisch nicht erlernen konnte]. Er schwor ihm. Als [viel später] יוסף zu Pharao sagte: „Mein Vater beschwor mich [, ihn im Lande seiner Väter zu begraben]" (50:5), sagte Pharao zu ihm: Geh und ersuche [ihn, dir] deinen Schwur [zu erlassen]. יוסף sprach zu ihm: Dann ersuche ich auch dich, mir jenen Schwur zu erlassen, den ich dir geschworen habe. Widerwillig sagte [darauf] Pharao: „Zieh hinauf und begrabe deinen Vater, wie du geschworen hast" (50:6).[1]

(b. 98) „Mädchen schritten auf der Mauer" (49:22) – du findest [die Umstände, worauf sich diese dunkle Stelle bezieht, darin,] daß, wenn Josséf [in der königlichen Karosse] durch Ägypten zog, Prinzessinnen durch die Fensterspalten lugten und ihm Kettchen und Spangen und Nasenringe und Fingerreife zuwarfen, nur damit er

auf sie ein Auge werfe und sie ansehe, doch er blickte nicht hin.[2]

4. רש"י *RaSCH'I z. St.:*
(a. V.40) „ישק *jischschák*" = soll sich ernähren, jedes Bedürfnis durch dich erfüllt werden, wie es heißt (15:2) „Verwalter meines משק *méschek* (= Haushalt)" und (Ps 2:12) „נשקו *naschschekú*[3] (= haushalten?) בר *bar* (= Getreide)", wie [wir heute sagen] garnison (= *garnissement* = Versorgung) בלעז *be-láas* (= auf [alt-]französisch).[4]

(b. V.43) „אברך *avréch*" – [ganz] wie seine Übersetzung [bei Onkelos]: רך *rech* ist König [besser: Edler] auf aramäisch. In der אגדה *Aggadá* bezog R. Jehudá [das ähnliche Wort in Ssifré Devarím] auf יוסף *Josséf* als אב *av* (= Vater) an Weisheit und רך *rach* (= zart) an Jahren, doch Ben Dormaskít sagte zu ihm: Wie lange verdrehst du uns noch Schriftworte? אברך *avréch* ist nichts als [abgeleitet von] ברך *bérech* (= Knie) [und daher ein Befehl an die Gaffer: „Nieder auf die Knie vor ihm!"].

5. *Verschiedene Wiedergaben von* ישק *jischschák:*
Dem Befehl gehorchen (Vulgata); an den Mund fügen (Dillmann); ägyptisch für *die Speise küssen*, d.h. an den Mund führen, essen (Yahuda).

6. *Verschiedene Wiedergaben von* אברך *avréch:*
Fußkuß (Delitzsch); Paß auf! (ägyptisch, Yahuda), „unverständlich" (Speiser).

---

1   Indem diese אגדה *Aggadá* ein unfreundliches Bild von Pharao zeichnet, weicht sie zwar von dem in der תורה *Torá* ab, was aber nicht bedeutet, daß sie diese korrigiert. Für R. Jochanán (gest. ca. 280) dient Pharao als Personifikation der verhaßten römischen Fremdherrschaft, deren Beamtenschaft feindselig, verständnislos und korrupt war. Im Grunde macht er sich über die römischen Prokuratoren lustig, die nicht imstande waren, etwas von der Kultur und Sprache und erst recht nicht von der Religion ihrer widerspenstigen jüdischen Untertanen zu begreifen.

2   Die אגדות *Aggadót* ergehen sich in Beschreibungen von Josséfs Schönheit, durch die er es Potiphars Gattin angetan hatte (Kap. 39). Bei einem Nachmittagstee in ihrem Palast, als gerade ihre Freundinnen, die Gattinnen anderer hoher Beamten, bei ihr zu Gast waren und Obst schälten, ließ sie, so die Aggadá, ihres Gatten Knecht rufen, um bei Tisch zu bedienen, woraufhin dessen Anblick alle anwesenden Damen so überwältigte, daß sie sich alle mit den Obstmesserchen in ihre Finger schnitten.

3   Die grammatische Frage ist, ob des schwierigen Wortes erster Stammlaut ein מ *mem* oder ein נ *nun* ist, oder ob vielleicht die beiden so ähnlich lautenden miteinander abwechseln.

4   Um Unklarheiten zu vermeiden, behilft sich RaSCHÍ manchmal damit, ein französisches Wort in hebräischer Schrift in Klammern o.ä. hinzuzufügen. Diese Wörter sind demnach phonetisch wiedergegeben, also so, wie RaSCHÍ sie hörte, und daher ein höchst willkommenes Mittel festzustellen, wie Französisch zu seinen Zeiten ausgesprochen wurde. Mit dem Worte לעז *láas* teilt er dem Leser mit, daß es sich um ein Fremdwort handelt. Mit ihm hat es aber auch eine besondere Bewandtnis. Wahrscheinlich ist es eine Nebenform von לעס *laáß* (= kauen) und bezeichnet herabsetzend jede Sprache außer der eigenen, weil sie nicht gesprochen, sondern gekaut klingt, ganz wie die Griechen alle Fremdsprachen *barbarisch* nannten, eine Lautmalerei, mit der sie deren Unverständlichkeit nachahmten. Die jüdische Volksetymologie löst לעז auf als Abkürzung der Wörter מפי עם לועז *mi-pi am loés* (vgl. Ps 114:1).

7. Y.T. Radday:

(a) Pharao bezeugt dem jungen Traumdeuter siebenmal seine Gunst, wobei jede Gunst die ihr vorangegangenen übersteigt. Josséf empfängt sie schweigend, weil es sich wohl bei einer Audienz so schickt (woher kannte er solch angemessenes Benehmen? Hat er denn je vor einem König gestanden?), und auch, weil er überwältigt und sprachlos ist, und darum bedankt er sich auch nicht. Die sieben – die Zahl, die immer auf göttliche Intervention anspielt – sind: (1) Die Frage: Gibt es noch seinesgleichen? (2) Diesen Mann ernenne ich zum Vizekönig und (3) zugleich auch zum Statthalter über ganz Ägypten; (4) Investitur mit Ring, Amtsrobe und Goldkette; (5) Prozession entlang dem Spalier des gewöhnlichen Volkes; (6) Übergabe aller Vollmachten; (7) Einbürgerung und Erhebung in den Adelsstand durch Namensänderung und Erteilung der Hand einer Priestertochter und Prinzessin von Geblüt.[5]

(b) Zwischen Pharao und seinem Günstling knüpfen sich Freundschaftsbande an. Wie entzückt der König von dem jungen, schönen (39:6) und klugen Fremdling ist und wie sehr er auf ihn eingeht, zeigt sich darin, daß er Wörter verwendet, die auch dieser soeben benützt hat: In V.44 sagt er „Ohne dich", so wie יוֹסֵף soeben (V.16) bescheiden „Ohne mich" sagte, und, ganz wie dieser (ebenda) den Gott seiner hebräischen Väter bat, ihm die richtige und hoffentlich günstige Deutung in den Mund zu legen, nennt Pharao in V.39 bei der offiziellen Ernennung Josséfs nicht einen seiner vielen Götter, sondern jenen, von dem er bisher nie gehört hat und dem sein neuer Freund vertraut. Er lernt von diesem, nicht dieser von Pharao. Freud dagegen vermutet in *Der Mann Mose,* Mosché hätte den Monotheismus von einem (späteren?) Pharao übernommen.

(c) In der Torá kommen zwei verschiedene Gottesnamen vor: *J-H-W-H* und *Elohím.* In den letzten anderthalb Jahrhunderten wurde von der nichtjüdischen Bibelforschung dies damit erklärt, daß zwei Autoren bei der Abfassung der תורה *Torá* abwechselnd am Werke waren. Deswegen wurde auch die doch recht einheitlich anmutende Josséfgeschichte (Kap. 37–50) einem der beiden, und zwar dem sogenannten Elohisten zugeschrieben, weil in ihr nur der Name *Elohím* vorkommt. Aber schon diese Feststellung ist unrichtig, denn auch der andere Name steht in der Erzählung fünfmal (39:3 [2x], 5 [2x], 23 [1x]), abgesehen von seinem Vorkommen in einem Gedicht (49:18). Das übersah selbstverständlich die Forschung nicht, sie zog aber vor, diese Ausnahmen als Einschiebsel aus einer späteren Hand zu bezeichnen, um so ihre Hypothese zu retten, anstatt sie zu revidieren. Was diese fünf Stellen aber verbindet, ist, daß sie sich immer nur auf die Person Josséfs beziehen und Gottes gütige Lenkung seines Schicksals in der

Fremde. Dieser Name wird auch nur vom Erzähler und nicht von den Akteuren gebraucht, während an allen anderen Stellen gleichfalls ausnahmslos *Elohím* in direkten Reden zwischen יוֹסֵף und seinen jeweiligen ägyptischen Gesprächspartnern steht. Da aber *J-H-W-H* ein hebräischer Eigenname ist, welcher im Götterverzeichnis von Mizrájim selbstverständlich nicht vorkam, und zudem *Elohím* im Grunde eine oberste richterliche Behörde bezeichnet (vgl. 2.M. 21:6), versteht sich von selbst, daß das abwechselnde Auftreten dieses oder jenes Namens von literarischen und theologischen Erwägungen regiert und nicht Resultat einer vielfachen Verfasserschaft ist. Die letztere Hypothese hat seit Mitte dieses Jahrhunderts ihre Vorherrschaft teilweise, aber noch nicht gänzlich eingebüßt.[6]

(d) Statt sich mit müßigen Fragen zu beschäftigen, wer was geschrieben hat und wieviele Anonymi Hand an den überlieferten Text angelegt haben, sollte man lieber das Augenmerk darauf richten, daß, wann immer יוֹסֵף auch nur einen einzigen Satz spricht, er das Wort *Elohím* im Munde führt, ein feines Mittel, mit dem die תורה ihn charakterisiert. Geruht dann auch Pharao diesen Namen in V.38 in seiner Ansprache vor seinem Hofstaat zu gebrauchen, so gleicht es fast einer Anerkennung der Tatsache, daß Josséfs Gottheit von anderer Art als die seiner Götter ist.

8. E. Speiser z. St.:

Als begabter Traumdeuter hat Josséf wie so manches Orakelmedium das Talent, seine Eröffnungen in evokativen Stil zu kleiden [...] Was tatsächlich vorfiel, ist durch reiches literarisches Material fast gänzlich verdeckt.[7]

---

5 Die Aggadá kann sich mit dieser Mischehe nicht abfinden und läßt die Braut vor der Hochzeit konvertieren. Viel ist damit nicht erreicht, denn die Zahl weiterer Mischehen ist zu groß, um alle wegzukonvertieren.

6 Die Hypothese von der vielfachen Verfasserschaft der Torá taucht immer wieder in der Diskussion auf und ist daher anläßlich vieler Stellen in dieser Serie ausführlich erörtert.

7 Jede Einzelheit ist hier leider unrichtig. Das zugestandenerweise „reiche literarische Material" der Josséfgeschichte ist keine Notwendigkeit, um dadurch zu einem Juwel der Weltliteratur zu werden, sondern ist vom Aufbau des Buches Bereschít her bedingt. An anderen Stellen klagt Speiser, die Torá sei zu kurz angebunden – also kann sie es ihm niemals recht machen. Zudem verschweigt sie anderswo gar vieles, hier just weniger, nirgends aber ist ihre vorrangige Absicht, wie Speiser vermeint, mitzuteilen, „was tatsächlich vorfiel". Woher Speiser weiß, daß Josséf ein begabter Traumdeuter war, verrät er uns nicht, weil er dafür keinen Anhaltspunkt hat, wo doch Josséf dieses Lob von sich ausdrücklich abweist (V.16). Auch hatte er bis zu der Szene im Kerker noch nie einen Traum interpretiert und nicht einmal seine eigenen verstanden (siehe MATERIAL Nr. 11). „Evokativ" ist der Stil nicht, sondern kompakt und sachlich und der Inhalt praktisch. Wie MATERIAL Nr. 11 ausführt, sind seine Deutungen so unähnlich denen eines Orakelmediums, daß sie aus dem Munde eines geschulten Psychologen stammen könnten. Jeder weitere Kommentar zu Speisers Kommentar ist überflüssig.

9. Z. Kurzweil (mündliche Mitteilung):

Typisch für die Art und Weise, wie über wesentliche Dinge seitens mancher Kommentatoren hinweggegangen wird, ist der Mangel an Aufmerksamkeit, die sie der schließlich kardinalen Frage schenken, wie denn יוסף imstande war, so erfolgreich Träume zu deuten. Diese Fähigkeit beweist er zweimal in Kap. 41, nämlich vor den beiden Höflingen und vor Pharao, nicht aber – interessanterweise – als es um seine eigenen Träume ging (Kap. 37), die seine Brüder mißverstanden und die ihm selbst rätselhaft waren. Die Kommentare bleiben die Antwort auf obige Frage schuldig. Die jüdischen traditionellen unter ihnen machen es sich auch leicht: Es war göttliche Eingebung, und damit ist für sie die Angelegenheit beigelegt. Moderne Exegeten erledigen sie auf einem anderen und nicht weniger kavalierhaften Weg: Sie halten die so wunderbar gelungenen Deutungen für legendär und deswegen jenseits jeder kritischen Untersuchung. Ob Methoden der Psychologie hier angebracht sind, ist Ansichtssache: Weit kommt man mit dieser auch nicht.

10. Y.T. Radday:

In Ägypten waltete eine hochorganisierte Bürokratie, für die Bibel ein Ziel des Spottes. Jeder Beamte, ob hoch oder niedrig, hieß שׂר ssar (= Oberst), in jedem Örtchen beaufsichtigten solche שׂרים ssarím die Bewässerung – vgl. die שׂרים von Zóan und Nof (= Memphis) in Jes 19:11, 13 –, andere waren Herdenaufseher (1.M. 47:8) und Gefängniswärter, wieder andere die berüchtigten Fronvögte in 2.M. 1:11 und 2:14. Dem Pharao direkt unterstanden „Bäckerei-Oberste" und „Oberschenke", die aber kaum in der Küche ihres Amtes walteten, sondern Pharao bei Tisch Getränke und Dessert aufzutischen hatten. Ein שׂר הטבחים ssar ha-tabbachím (= Oberkoch) ist woanders in der Bibel erwähnt als oberster Scharfrichter oder Generalinspekteur einer fremden Armee. Auf diese Weise stand über jedem ein שׂר und über jedem שׂר wieder ein שׂר, so daß eigentlich alle Ägypter שׂרים waren – aber nur von unten gesehen, denn von oben waren sie alle Pharaos עבדים avadím (= Knechte). Der Stolz und Nachruhm der Pharaonen, die Pyramide, war also das echte Symbol der sozialen Struktur ihres Landes. Nicht umsonst nennt die תורה Torá Ägypten im Dekalog (2.M. Kap.20) „Haus der Knechte", besser wohl „Heimat der Knechtschaft", und nicht zufällig beginnt das Bundesbuch nach der Erteilung der תורה am Ssináj mit der מצוה mizwá (= Gebot) der Freilassung hebräischer Knechte.

11. B. Jacob (sinngemäß und stark gekürzt) z.St.:

<u>Die Träume der beiden Obersten (40:9–11, 16–17)</u>
(Das 1. Paar: Speise und Trank)

Der Oberste der Schenke erzählte seinen Traum
und sprach:
In meinem Traum –
da ein Weinstock vor mir,
und am Weinstock drei Ranken,
und wie er ausschlägt, stieg schon seine Blüte,
schon reiften seine Trauben, Beeren, und
in meiner Hand Pharaos Becher,
da nehme ich die Beeren
und presse sie in Pharaos Becher
und gebe den Becher in Pharaos Hand.

Als der Oberste der Bäcker sah, daß יוסף zum
Guten gedeutet hatte, sprach er:
Auch ich in meinem Traum –
da, drei Körbe Weißbrot auf meinem Kopf,
im obersten Korb allerhand Eßwaren für Pharao, Backwerk,
und das Vogelvolk frißts aus dem Korb von
meinem Kopf hinweg.

Die beiden Träume unterscheiden sich voneinander nicht bloß in der Länge ihrer Berichte, obzwar auch diese etwas aussagt: Der Oberbäcker ist in Eile, an seinen Traumbildern liegt ihm wenig, weil er möglichst rasch dieselbe günstige Deutung hören möchte, die sein Kollege zu hören bekam. Auch ist er abergläubisch, denn er meint, eine günstige Deutung könne von selbst einen günstigen zukünftigen Ausgang zeitigen. Weiter denkt er recht unkollegial, der Oberschenk solle erst einmal den Traumdeuter ausprobieren, ob er wohl zu den „guten" Deutern gehöre, die Günstiges voraussagen und dadurch Günstiges verursachen. Noch dazu ist er pflichtvergessen und in Ausübung seines Amtes nachlässig, denn Backwerk trägt man nicht in einem unbedeckten Korb auf dem Kopf, geschweige denn wenn es für den König bestimmt ist. Den Ausdruck „allerhand Eßware" auf Torten anzuwenden, die er seinem königlichen Herrn kredenzen soll und, anders als sein Kollege und Mithäft-

ling, nicht eigenhändig zubereitet hat, beweist obendrein, daß ihm an ihnen, an der Würde seiner hohen Funktion bei Tafel und gleichfalls an Pharao nicht gerade viel liegt. Auch nennt er diesen übrigens nur einmal mit seinem Titel. All das summiert sich für Josséf zu der Folgerung, daß der Oberbäcker aller Wahrscheinlichkeit nach zu Recht eingekerkert ist. Und weil er von seinem alten Vater Jaakóv gelernt hat, es herrsche ein gerechter göttlicher Richter über Menschen und man solle von Menschen, Könige mit eingeschlossen, immer das Beste voraussetzen, so ist er überzeugt, Pharao sei gerecht, der Oberbäcker hätte sich also etwas Ernstes zu Schulden kommen lassen müssen und würde deshalb das verdiente schlimme Ende nehmen.

Der Oberschenk ist sich dagegen seiner Unschuld so sicher, daß er unbefangen seinen Traum zuerst und ausführlich berichtet. Er träumt im Detail davon, wie er bei Hofe mit viel Zeremoniell seinem allerhöchsten Herrn, den er gleich dreimal nennt, einen Becher des von ihm persönlich bereiteten Weins einschenkt. Von seinem Beruf träumt bloß, wer ihn liebt und wer denjenigen liebt, der ihn dazu bestallt hat. Einen solchen läßt Josséfs Gott nicht zu Schanden werden, und einen solchen läßt auch ein gerechter König nicht im Kerker verrecken.

Beide Deutungen Josséfs sind daher weit entfernt von Wahrsagerei, dafür aber rational, zeugen von einem hohen Grad von Einfühlung in Mitmenschen, von Glauben an ihre angeborene Rechtschaffenheit und von jenem Gottesbild, das ihren Lesern einzupflanzen die Absicht der noch zu erteilenden Weisung ist und sie vorbereitet.

Was vielleicht den Anschein gibt, er könne doch bloß geraten haben, ist die von ihm vorausgesagte Frist der drei Tage. Jedoch war es just diese Einzelheit, von der die beiden Träumer selbst wußten! Aus 41:1 erfahren wir, daß Pharao in der Nacht seines Geburtstages träumte – nebenbei: deshalb maß er auch seinen Träumen solch hohe Wichtigkeit bei – und daß seit der Traumnacht der beiden Häftlinge auf den Tag zwei Jahre vergangen waren. Daher hatten sie kurz vor dem Geburtstage des Kö-

nigs geträumt, in der Hoffnung auf Amnestie für in Ungnade gefallene Höflinge an diesem Festtage. Dergleichen geschah denn auch prompt, aber nur einem der beiden, nämlich dem Oberschenk. Sein Versprechen, sich für יוסף einzusetzen, hielt er allerdings nicht, wie aus 40:23 hervorgeht. Dem Begnadigten war es natürlich peinlich, den König mit dem Fall seines ehemaligen Mithäftlings daran zu erinnern, daß er selbst eingekerkert gewesen war, weshalb er sich lieber „seiner nicht entsann" (40:23a). Ein Jahr später, wieder am Termin der Amnestien, hatte er ihn ganz „vergessen" (40:23b). Schmachtet aber ein hebräischer Sklave, angeklagt der versuchten Vergewaltigung seiner Gebieterin, schuldlos im Gefängnis, dann greift sein Gott ein: Dem Pharao träumen zwei so beunruhigende Alpträume in ein und derselben Nacht – der Nacht seines Geburtstages! – und seine Astrologen blamieren sich derart, daß er – *ultima ratio* – sich auf die Klugheit und Deutung eines offensichtlich kriminellen ausländischen Häftlings angewiesen findet.

<u>Die beiden Träume Pharaos (41:2–8,17–24)</u>
(Das 2. Paar: Viehzucht und Ackerbau)

Der Erzähler berichtet:	Pharao selbst berichtet:
Da, er steht am Fluß,	Ich stehe am Ufer des Flusses
	und da, aus dem Fluß steigend sieben Kühe,
schön von Aussehen und fett von Fleisch	fett von Fleisch und schön von Gestalt,
	und weideten im Ried,
	und da, ihnen nachsteigend
aus dem Fluß	
	sieben andere Kühe,
übel von Aussehen und mager,	elend und sehr übel von Gestalt und hager von Fleisch,
	in allem Land Ägypten habe ich nie ihresgleichen an Übelbeschaffenheit gesehen,
und sie standen neben den Kühen am Ufer des Flusses,	
und die von Aussehn übeln und von Fleisch mageren	und die sieben hageren und übeln
Kühe fraßen	
die von Aussehn schönen und	die sieben ersten, die
fetten Kühe,	
	sie kamen in ihren Leib, aber daß sie in ihren Leib gekommen waren, nicht wars zu erkennen: ihr Aussehn war übel wie zu Beginn.

*   *
*

Da, an einem einzigen Halm steigend sieben Ähren,
fett und gut, | voll und gut,
und da, ihnen nachschießend sieben Ähren,
                           | hart,
mager und vom Ostwind versengt, und die
                           | sieben
magern Ähren verschlangen die sieben
fetten und vollen Ähren. | guten Ähren.

Daß sich die beiden Versionen, die objektive des Erzählers und die subjektive des Träumers selbst, voneinander unterscheiden, ist schon R. Mosché ha-Darschán, einem

Zeitgenossen RaSCHIs, in seinem מדרש Midrásch (Mikkéz 41) aufgefallen. Bab. Berachót 10b bemerkt, im Traum würde einem Menschen nichts anderes zu sehen gegeben, als was in seinem Innern vorgeht. Die sonst mit Worten so sparsam umgehende Torá gibt die beiden Träume deswegen zweimal wieder, ein schlagender Beweis, daß man nicht, wie in der kritischen Forschung üblich, eine Wiederholung kurzerhand als „Doublette" und Anzeichen einer vielfachen Verfasserschaft brandmarken darf, vielmehr ihren Gründen nachzuspüren hat, welche hier auf der Hand liegen. Es kommt bei der Traumdeutung nicht nur darauf an, was der Träumer geträumt hat, sondern weit mehr, was und wie er seinen Traum erzählt – das wird jeder Psychiater bestätigen. Um uns dies wissen zu lassen, müssen wir erst die objektive Version zu lesen bekommen. Pharaos Abweichungen von ihr sind alle von ein und derselben Art: Sie zeugen von besonders hoher Erregung, von der wir schon aus V.8 sowieso Kenntnis haben. Sie konnte יוסף nicht entgangen sein. Sie nur dem Datum des königlichen Geburtstags zu zuschreiben, wäre zu simpel, denn mit seinem persönlichen Schicksal hatten die Kühe und Ähren nichts zu tun. Daß die Träume dagegen für ganz Ägypten, wenn überhaupt, dann von bedrohlicher Bedeutung waren, mußte er intuitiv, auch ohne professionelle Deuter begriffen haben. Feinhörig bemerkt deshalb die Aggadá, seine Hofzauberer hätte ihn durch ihre einschmeichelnden Interpretationen von sieben Siegen, sieben Töchtern und ähnliches unvernünftiges Geschwätz nur enerviert. Nun konnten sie aber wirklich gar nicht anders, weil sie nicht wagten, dem gottgleichen Pharao, der als „Sohn des Nils" (Ezek 29:3) über Ägyptens Wohlstand herrschte, eine Hungersnot vorauszusagen: Das hätte ja geheißen, ihm just diese Herrschaft abzusprechen. Erst recht durchschaute er sie, weil er wohl an seiner eigenen Allmacht zweifelte. Jedenfalls gereichen ihm seine Träume zur Ehre: Er ist, anders als einer seiner Vorgänger auf dem Throne (Kap.12:10), kein Lüstling, und, anders als einer seiner Nachfolger (2.M. Kap.1–11), kein Despot.

Das am wenigsten Bewundernswerte an Josséfs Auftreten ist also die so überaus einleuchtende Deutung: Sie allein konnte für Josséfs Erhöhung deswegen nicht den Ausschlag gegeben haben. Sein Rat war allerdings vortrefflich, wäre es aber auch ohne Traum gewesen. Entscheidend, speziell für Pharao, war das Wort Gott (Elohim), das fünfmal vorkommt. Wer Gott vor Augen hat, ist demütig und zugleich furchtlos. Priesternimbus, feierlich vorgetragener Hokuspokus, geheimnisvolle Vorzeichen aus der Leber des Opfers, Verbeugungen vor fratzenhaften Göttern spielen auch nicht die geringste Rolle, ebensowenig die für die sprichwörtliche Weisheit Ägyptens (vgl. Jes 19:11) selbstverständliche Unabänderlichkeit der Naturgesetze, die allein schon jede Initiative lähmt.

Das Große an Josséfs Deutung sind sein Mut zur Wahrheit und seine Bescheidenheit. Eigentlich deutet er weniger Pharaos Träume, als daß er ihn an seine Pflichten erinnert, und gerade dadurch erobert er ihn. Herrlich! Herrlich! hören wir den König ausrufen wie Saladin in Lessings *Nathan*. Es ist die gesunde Vernunft, die in ihm der offiziellen Wissenschaft zum Trotz durchbricht. Pharao ist weise oder weise geworden, seine Diener sind weise, der Erzähler erst recht – alle sind weise außer den beruflichen „Weisen" – eine gar nicht so seltene humorvolle Note. Josséfs Weisheit, die von Gott kommt und zu ihm führt und eins ist mit „Gottesfurcht", siegte. Sie ist die glückliche Mischung von Tiefblick und Weitblick, von Klugheit und Humanität, warmer Sorge für Land und Leute und praktischem Verstand, kurz die echt jüdische Verbindung von Kopf und Herz.

Weisheit, hebr. חכמה *chochmá*, stand im Altertum in höchsten Ehren und umfaßte Wissenschaft, Gelehrsamkeit, Philosophie, Erfahrung und Lebensklugheit. Sie machte von jeher als Geistigkeit, Wissensdurst und Lernen einen Grundzug von Israels Wesen aus, die Bibel ist voll von ihrem Preis, und einige ihrer Bücher sind ihr gewidmet. Weil ihre israelitische Art sich in Josséf zum ersten Male mit fremder Weisheit mißt, hat die Torá das Wort חכם *chachám* (= weise) bisher noch nie gebraucht und es aufgespart, bis יוסף vor Pharao steht.

Josséfs Träume (37:7,9)
Das 3. Paar: Erde und Himmel

> Da, wir binden Garbenbündel inmitten des Felds,
> und meine Garbe richtet sich auf und steht auch
> schon, und da, eure Garben umringen sie und
> neigen sich vor meiner Garbe.
> Da, die Sonne und der Mond und elf Sterne neigen sich vor mir.

Aus der Erzählung entnehmen wir, daß Josséfs Brüder dessen Träume mißverstanden und als Ausdruck seiner Hochnäsigkeit interpretierten, und daß auch sein greiser Vater Jaakóv wenig mit ihnen anzufangen wußte, außer daß er von ihrer Bedeutsamkeit überzeugt war. Und יוסף selbst? Darüber erfahren wir vorläufig gar nichts, doch infolge der Unbefangenheit, mit der er sie seinen Brüdern erzählte, wäre es unbillig, ihm Arroganz zu unterstellen. Denn da sie ihn schon vorher ihren Neid haben spüren lassen, wäre es unvorsichtig, gehässig und dumm von ihm gewesen, sie durch Berichte von seinen Träumen noch mehr zu reizen – und diese Eigenschaften kennzeichneten ihn nun gerade nicht, wie sich aus seinem späteren Lebenslauf zweifellos herausstellt.

Der Traum von den Gestirnen bedeutet vermutlich, daß יוסף sich für Höheres bestimmt hielt, als sein Leben lang Flöte spielend hinter der Herde einherzugehen, woraus man einem begabten Jüngling keinen Vorwurf machen kann. Auf die Deutung des Traumes von den Garben, den er mit siebzehn Jahren träumte, mußte er jedoch zwanzig Jahre warten: Mit dreißig Jahren, dreizehn Jahre nach seinen Träumen, stand er vor Pharao und ward sein Traum Realität. Darauf folgten die sieben „Jahre der Sättigung". Im zweiten der Hungerjahre zogen seine Brüder hinab nach Ägypten, um Korn zu kaufen, und verneigten sich vor dem Vizekönig, vor den sie – aus ihnen unbegreiflichen Gründen – statt zu einem der vielen „Obersten der Kornkammern" gebracht wurden.

Dies erst war der Augenblick, in dem der „Meister der Träume" (37:19) den Garbentraum erfaßte, doch ist dieses Detail vielen Kommentatoren und Übersetzern entgangen. Die Lösung hängt an zwei Buchstaben in 42:9: einem fehlenden ע *ájin* und einem י *jod* (dem kleinsten im Alphabet). Der Vers lautet wie folgt und wird zumeist folgendermaßen übersetzt:

להם	חלם	אשר	את החלומות	ויזכור ←·············
lahém	*chalám*	*aschér*	*et ha-chalomót*	*wa-jiskór*
von ihnen	er geträumt hatte	welche	der Träume	er gedachte

Allgemein wird dieser Satz so verstanden, daß Josséf Genugtuung empfand, seine Brüder vor sich aufs Angesicht fallen zu sehen. Ob so rachsüchtig und nachtragend zu sein in seinem Charakter lag, sei vorläufig dahingestellt, doch war für Genugtuung gar kein Anlaß: Vor einem Höherstehenden verbeugt man sich eben, und wer hungrig ist, erniedrigt sich bereitwillig vor jedem, bei oder von dem es etwas zu essen gibt – und da die auf dem Boden liegenden zehn Brüder nicht wußten, wer vor ihnen saß, erniedrigten sie sich überhaupt nicht vor ihrem Bruder.

Jedoch entspricht die Übersetzung nicht dem Original. Täte sie es, müßte es in ihm heißen חלם עליהם *chalám alehém* (= von ihnen) und nicht להם *lahém* (= ihnen, ihnen zuliebe), ein *dativus ethicus*, wie er auch im Gebot der Nächstenliebe (3.M. 19:18) steht. Jetzt erst werden יוסף seine einstigen Träume klar. Er hatte zuerst von einer hohen Position geträumt, und eine solche war ihm zuteil geworden. Diese Position ermöglicht ihm, den zweiten Traum von den Garben zu verwirklichen: seinen um Getreidesamen bittenden Brüdern über eine Reihe von Trockenjahren hinwegzuhelfen. Schon damals, so begriff er jetzt, fühlte er sich im Unterbewußtsein für seine Familie verantwortlich, was er jetzt endlich zu beweisen Gelegenheit hatte.

Das ist kein lahmer Versuch, den jungen Josséf in den Augen des heutigen Lesers zu rehabilitieren, der geneigt ist, in ihm ein verzogenes Söhnchen und einen dünkelhaften Angeber zu sehen: Alles was die Torá von ihm erzählt, wenn nur geduldig und nachempfunden gelesen, bestätigt, wie richtig ihn die jüdische Tradition beurteilt, die bekanntlich mit biblischen Personen recht kritisch umgeht, ihm aber und nur ihm allein das Epithet הצדיק *ha-zaddík* (= der Bewährte) beilegt.

LIMMÚD
Ist die Josséfsgeschichte nichts als schön?

Insofern als man sie zu dem Genre der Biographien rechnen kann, finden sich in der literarischen Mannigfaltigkeit der Bibel nur zwei dieser Art: In den Büchern Schemuél (= Samuel) die des jungen und späteren Königs Davíd und die Josséfs im Buche Bereschít (1.M.). Aus dem Leben aller übrigen Gestalten erfahren wir nur episodale Streiflichter – auch Mosché, die zentrale Figur der Torá, ist keine Ausnahme. Daß dem so ist, darf nicht verwundern: Die Bibel ist kein Buch der schönen Geschichten, Legenden, Sagen und Märchen. Wenn sie schön zu erzählen versteht, dann, weil sie nicht anders erzählen kann – aber nur, wenn solche Exzellenz am Platze ist. Das gilt in verstärktem Maße von der תורה Torá. Wie diese besonders in דברים Devarím (5.M.) wiederholt betont, sieht sie sich selbst als ein göttliches Geschenk an den Menschen, um ihn zu einem lebenswerten, d.h. glücklichen, vollen, reichen, nützlichen und gottgefälligen Dasein anzuleiten. Zu diesem Ziel sollen ihre Anleitungen führen in Form einer sehr langen Reihe von מצוות mizwót Normen, Regeln u. dgl., kurz die Gebote, die dann, ganz wie es eine erfahrene Lehrerin tun würde, aus didaktischen Gründen von aus der Geschichte und/oder dem Leben gegriffenen kurzen und die Anleitung illustrierenden Beispielen unterbrochen sind. In einem solchen literarischen Werk ist kein Platz für umfassende Biographien. Wenn die Dinge jedoch so liegen, dann fragt sich, mit welcher Berechtigung die Lebensgeschichte Davíds in Schemuél und erst recht die Josséfs in der תורה Torá stehen.

Was das Buch שמואל Schemuél angeht, ob es wirklich eine Biographie Davíds ist oder eine Chronik, die Autobiographie eines anonymen Verfassers oder vielleicht sogar ein in Form einer Schilderung gekleidetes Lehrbuch für einen Thronfolger aus dem Hause Davíds, so liegt die Erörterung dieser Möglichkeiten außerhalb unseres momentanen Interesses, das allein der „Biographie" Josséfs gehört. Zu überlegen ist, was die dreizehn Josséf-Kapitel, ein volles Viertel des ersten Buches der Torá, darin zu suchen haben, wenn von אברהם Avrahám kaum ein Dutzend kurzer Episoden berichtet werden, die sich noch dazu erst in seinem hohen Alter zugetragen haben, und über Moschés erste vierzig Jahre nur ein Kapitel (2.M. Kap.2) Auskunft gibt.[8]

Die klassische jüdische Exegese, dankbar wie sie für jedes Wort der Torá ist, hat sich, so hat es den Anschein, mit dieser Frage nicht beschäftigt, anders die modernen Forscher, die verschiedene Antworten auf sie vorschlagen.

Eine lautet, ein (für die Bibelforschung unbekannter) Verfasser, für den die Juden Mosché halten, erzähle von Josséf, weil er die auf ihn von altersher überkommene Novelle so schön fand. Diese Begründung ist wenig überzeugend, denn manche Strecken im Torá-Text sind nicht ausgesprochen schön, sondern dünken – freilich nur

beim ersten Hinsehen – langweilig und stereotyp, so daß der Grad der „Schönheit" für den Autor nicht das ausschlaggebende Kriterium dafür gewesen sein konnte, sie in das Werk zu inkorporieren oder nicht.

Eine zweite Ansicht besagt, die Josséfsgeschichte sei notwendig gewesen, um zwischen den Vätergeschichten und dem Auszug aus מצרים Mizrájim (= Ägypten) zu überbrücken, mit anderen Worten, um zu erklären, wie denn die עברים Ivrím (= Hebräer) überhaupt dorthin gelangten. Doch auch das kann schwerlich die Ausführlichkeit des Josséf-Zyklus rechtfertigen, der wir hier begegnen: In Kap. 12 genügt im ersten Satz die Erwähnung einer Hungersnot, um Avraháms „Abstieg" nach Mizrájim dem Leser notwendig erscheinen zu lassen, und wegen einer eben solchen, hier aber detailliert geschilderten, zogen auch die Brüder dorthin.

Andere erledigen die Frage, indem sie den letzten Teil des Buches Bereschít wie die Bücher Mischléj (= Sprüche) und Kohélet (= Prediger) zur Gattung der sogenannten Weisheitsliteratur rechnen. Dann würde die Erzählung lehren wollen, wie man es in der Welt weit bringen kann, wenn man alles nur richtig und gescheit anstellt. Für diese Auffassung spricht, daß aus der alten ägyptischen Literatur wirklich solche Ratgeber (mit Illustrationen!) für strebsame Jünglinge überliefert sind. Auch wird geltend gemacht, daß die Rolle Estér von einer ähnlichen meteorischen Karriere erzählt, wie dort der Jude Mordecháj, bis dahin nicht „im Staatsdienst" angestellt, es buchstäblich über Nacht bis zum Premier brachte. Ist aber vorstellbar, es läge im Sinne und Charakter der Torá, gleich in ihrem ersten Buch und nach den hehren Gestalten der drei Väter das Exempel eines Emporkömmlings zu bringen und damit zu empfehlen, nur recht ambitiös und tüchtig zu sein? Das Folgende ist ein Versuch, den breiten Raum, den die Geschichte Josséfs einnimmt, mit den Absichten in Einklang zu bringen, wie sie bei einem globalen Blick auf das Fünfbuch erkennbar werden. Zu diesem Zweck ist es jedoch notwendig, weit auszuholen.

Die Torá ist, wie gesagt, eine Sammlung von Lebensregeln. Darin sind sich alle jüdischen klassischen Kommentatoren einig. Sie könnte demnach nur aus ihnen allein bestehen, auf die Erzählungen verzichten und erst mit 2.M. Kap.12 beginnen, wo die Gebote, sprich Lebensregeln, plötzlich wie eine Lawine auf uns Leser hereinbrechen. Daß der Verzicht auf das ganze erste Buch möglich wäre, erwägt schon RASCHI im allerersten Satz seines Kommentars. Für ganz unentbehrlich jedoch erachtet er es nicht, denn Israels Anspruch auf jenes Land basiert auf den betreffenden, immer wieder in ihm bis hin zum fünften Buch wiederholten Verheißungen. Im übrigen stehen auch in Bereschít schon drei der 613 Gebote. Die literarische, man könnte sagen ästhetische Exzellenz der Bereschít-Erzählungen hervorzuheben fällt weder ihm noch einem anderen der klassischen Kommentatoren ein.

---

8   Siehe Abschnitt Schemót in dieser Serie.

Stellen wir uns vor, die Torá hätte in der Tat mit den Gesetzen vom Kalender in Kap. 12 ihres zweiten Buches und kurz danach von Péssach, von den Pflichten der geschichtlichen Belehrung der Kinder, vom Umgang mit den Erstlingen der Tiere, von Auslösung der erstgeborenen Söhne und ähnlichem begonnen: Hätte dann jemand in ihr weitergelesen? Hätte sie einem Kind vorgelegt werden können, um es zu erziehen, zu belehren, zu fesseln? Wer außer Fachleuten liest heutzutage das Bürgerliche Gesetzbuch? Nun ist aber nicht nur das Anliegen der Torá ein pädagogisches, sondern sie selbst ist auch eine vorzügliche Erzieherin und geht deswegen auf folgende pädagogische Weise vor.

Von ihren insgesamt 187 Kapiteln (in einer der üblichen Ausgaben 350 Druckseiten) widmet sie, bevor sie an obiger kritischen Wende (2.M. Kap.12) zu juristischer Beschaffenheit gelangt, 61 Kapitel, also ein Drittel (106 Seiten), „schönen Geschichten", mit denen sie ihr Publikum – nennen wir es getrost beim Namen – ködert. Alles beginnt mit einer Hymne (1.M. Kap. 1), darauf folgt die Behandlung existentieller Probleme wie das Wesen des Glücks, eingekleidet in die dramatischen Vorgänge im Garten Eden, danach spricht sie exemplifikatorisch zuerst kurz von dem Frevler Kájin (Kap. 4–5), von seiner Schuld, Reue, Sühne und Vergebung. Jetzt tritt Noách, der „Bewährte", auf, wodurch wir in relativer Breite (Kap. 6–9) belehrt werden, daß seiner Rechtschaffenheit der Fortbestand der Menschheit zu danken ist, daß alle Menschen Vettern sind und der eine mehr, der andere weniger, doch jeder etwas von dieser Rechtschaffenheit geerbt hat.

An diesem Wendepunkt angelangt, berichtet die Schrift von den drei „Vätern", besser Vorbildern, wie sie sich an die Gebote, obzwar noch nicht erteilt, intuitiv im großen ganzen in ihrem Leben hielten, wie es ihnen eigentlich infolgedessen recht gut erging und sich für sie letztendlich alles zum Guten wandte.

Hier, nach 1.M. 35 oder 36, hätte sie ohne weiteres zu

den Geboten übergehen können, tat es aber nicht und begann mit der detaillierten „Biographie" einer Gestalt namens Josséf. Der Grund hierfür läßt sich vielleicht nachvollziehen, obgleich nicht mit Sicherheit.

Nehmen wir an, der Leser und die Leserin haben alles bis Kap. 36 gelesen und, ob ganz, ob nur teilweise überzeugt, doch eine gewisse Propädeutik genossen und fühlen sich geneigt weiterzulesen. Wer weiß, ob nicht einer von ihnen sich sagen mag, das Beispiel jener drei sei nachahmenswert, zeige es doch, daß dem, der die „Regeln" befolgt, eine erfolgreiche Zukunft garantiert und er gegen alle Unbilden des Lebens gefeit ist.

Aber so einfach geht es im Leben denn doch nicht zu, und nur in Märchen wird mechanistisch jede gute Tat sofort belohnt. Mit der Befolgung der Gebote ist dem „Bewährten" keine Versicherungspolice ausgestellt, durch die er sich gegen jede Katastrophe absichert. Nein, auch der Super-Bewährte ist Mißgeschicken und Verhängnissen ausgesetzt, bloß ganz verloren und „gottverlassen" ist er nicht: Am Ende (oder, mag sein, schon vorher) winkt ihm mit Gewißheit Heil.

Ob diese Lebenstheorie mit der tatsächlichen Erfahrung eines jeden, der Mehrzahl oder nur einer Minderheit übereinstimmt, steht augenblicklich nicht zur Diskussion, doch ist dies das Muster, nach dem der Bibel zufolge menschliches Schicksal verläuft. Darum sagt der Psalmist (37:25) vertrauensvoll: „Ein Knabe war ich, alt bin ich geworden, und habe [doch in meinem langen Leben] keinen Bewährten gesehen, dessen Nachkommen um Brot betteln [müßten]", wo er allerdings zugibt, das Heil ließe manchmal eine Generation auf sich warten. Noch deutlicher schreibt es Spr 24:16 aus: „[Und] wenn sieben[mal] ein Bewährter fällt, so steht er [dennoch wieder] auf". Es ist nicht unmöglich, daß sich dieser Spruch auf Josséf selbst bezieht, beschreibt er doch fast genau seinen Lebenslauf:

Erfolge:		Schicksalsschläge:
Er ist Vaters Liebling, sie räumen ihm das Feld, erbarmen sich seiner	1	was ihm seiner Brüder Haß und Neid einträgt,
	2	doch planen seinen Tod,
	3	und werfen ihn in eine Zisterne, wo er ertrinken oder verschmachten möge –
doch ist die Zisterne leer!	4	Er wird ins Ausland als Sklave verkauft
und gerät dort sofort an einen Herrn, der ihn lieb gewinnt, dessen Frau ihn aber begehrt.	5	
		Weil er sie verschmäht, verleumdet sie ihn, so daß ihm der Tod bevorsteht.
Sein Herr schenkt seiner Frau zum Glück keinen Glauben,	6	
Der Kerkermeister gewinnt ihn lieb, wie jeder, der ihn kennt.	7	läßt ihn aber dennoch einkerkern.
		Ein mitgefangener Minister ist ihm verpflichtet, verspricht, wenn begnadigt, sich für ihn einzusetzen, aber „vergißt" ihn.

Jetzt, als alles verloren zu sein scheint, läßt ihn der König selbst holen, schätzt ihn sofort hoch und ernennt ihn zum Gouverneur über ganz Ägypten, dem berühmtesten Land der Welt.

Hat der Leser die Szene von Josséfs Erhöhung erreicht, ist er wenigstens einigermaßen vorbereitet, um ohne übermäßige Besorgnis der Knechtung in Ägypten entgegenzusehen und die wenige Tage vor ihrer glücklichen Beendung erteilten ersten Gebote zu erfahren. Zudem müßte er gelernt haben, in seinem eigenen Leben nicht zu verzweifeln. Zu bedenken ist jedoch noch etwas. So wie im Obigen beschrieben, rührt die Josséfsgeschichte an das zentrale und quälende Problem der Theodizee, das der Talmud kurz und bündig beim Namen nennt: „Ein Bewährter – und [es ergeht] ihm schlecht?" Diese Frage zieht sich wie ein roter – ein sehr roter! – Faden durch die ganze Bibel-Bibliothek, angefangen von Avraháms Aufschrei „Der Richter der Welt tut [selbst] nicht recht?" (1.M. 19:25) über des Propheten „Warum ist der Weg der Frevler glückhaft?" (Jer 12:1) und

Kohélet, der zwar nicht verzweifelt, aber zweifelt, bis hin zum Buche Hiob, das von nichts anderem handelt. Genügt das nicht, um einer Erzählung, wie es die von Josséf ist, einen so breiten Platz schon fast am Anfang jener Bibliothek einzuräumen? Sie flößt Vertrauen auf Gerechtigkeit, auf Lohn der Liebe und auf Sieg der Wahrheit ein.

Der Josséf-Zyklus ist nichts weniger als eine Rechtfertigung Gottes und Bestätigung seiner gütigen Vorsehung. Wer es nicht glaubt, der lese in ihm selbst nach, was seine These ist: In der literarischen Konvention der Bibel unerläßlich, steht sie in 45:7–8, der Mitte der Josséfsgeschichte: „Gott hat mich euch [, liebe Brüder] vorausgesandt, euch ein Überbleiben auf Erden zu bereiten, euch am Leben zu erhalten, zu großer Errettung [...] Nun also, nicht ihr habt mich hierher gesandt, sondern Gott."

THESE
Waren die Hebräer tatsächlich in Ägypten geknechtet?

Gegengründe:

Der Aufenthalt der Hebräer ist in ägyptischen Quellen nirgends belegt, der Name Josséf nicht erwähnt, die zehn Plagen, sogar die dreitägige Finsternis und das Sterben der Erstgeborenen werden in den Annalen nicht vermerkt, und von einem Exodus *en masse* und von einem Untergang der ganzen Reiterei im gespaltenen Meer melden sie auch nichts. So bedauerlich es für die Juden ist, diese Ereignisse haben sich nie abgespielt und sind nichts als eine schöne Legende.

Gründe:

Einwanderer aus Kenáan waren in Ägypten keine solche Seltenheit, daß eine Familie unter ihnen Erwähnung verdiente. Einige gelangten sogar bis auf den Thron. Semitische Eigennamen, darunter sogar solche, die in ähnlicher Form auch in der Bibel vorkommen, sind in den ägyptischen Texten zu finden. Die Geschichten von Josséf, von Israels Anwesenheit in und seinem Auszug aus Mizrájim zeugen von genauer Lokalkenntnis. Weitere Indizien sind, daß sich das Gesetz der Torá entschieden von ägyptischen Zuständen distanziert – vgl. 3.M. 18:3ff. Auch die Abwesenheit von Totenkult und von der obsessiven Beschäftigung der Ägypter mit dem Leben nach dem Tode scheint in der Bibel eine bewußte Abgrenzung von der ägyptischen Religion zu sein. Was von enormer Bedeutung für die Hebräer war, hatte kaum welche für die Ägypter. Dazu kommt, daß was in der Bibel und insbesondere in der Torá über Ägypten geschrieben steht, wenig schmeichelhaft für sie ist und ihnen nicht gerade zum Ruhme gereicht: Wozu sollten sie diese Dinge der Nachwelt überliefern? Die Geburt der israelitischen Nation im Zustand der Knechtschaft fand in Mizrájim statt, und Sklaven waren allseits in alten Zeiten so verachtet, daß kein Volk seine Herkunft von einem entflohenen Sklavenhaufen abgeleitet hätte, wenn sie nicht auf Wahrheit beruhte.

HANDREICHUNG

Sind einmal die drei sprachlichen Absonderlichkeiten (FRAGEN Nr. 1–3) überwunden, d.h. durchdiskutiert, und ebenso die nächsten vier FRAGEN Nr. 4–7, die ja eigentlich relativ Nebensächliches betreffen, ist die Reihe an FRAGE Nr. 8 und 9. Sie berühren den Kern der Szene zwischen König und Knecht, die Technik der Traumdeutung des letzteren, zugleich aber auch deren religiöse und weltanschauliche Hintergründe.

Im Buche Bereschít stehen zehn Träume, angeordnet in fünf Paaren:

Die Träume des Königs von Ägypten (Kap. 12) und des Königs von Gerár (Kap. 20), die der beiden Gegenspieler Jaakóv (Kap. 28:11) und Laván (31:29), Josséfs zwei Träume (Kap. 37), die der beiden eingekerkerten Minister und die zwei Träume Pharaos. Mit Neulingen diskutiere man am besten die Paare so, wie es MATERIAL Nr. 11 darlegt. Es bietet sich hier – und auch anläßlich der restlichen Träume – eine gute Gelegenheit, die Lernenden aufzufordern, sie selbst zu analysieren und zu interpretieren. Wenn sie es beim ersten Paar, vorzugsweise bei den Kerkerträumen, geübt haben, werden sie bei Pharaos Träumen der Lösung näher kommen und ein Erfolgserlebnis genießen. Das oben zuerst genannte Paar ist lieber nicht zu behandeln, um so mehr als 1.M. Kap. 12 den Gegenstand einer der Abschnitte bildet, die die vorliegende Serie schon behandelt hat. Von großer Wichtigkeit ist, Josséfs eigene Träume nicht zu übersehen, weil sie weitgehend mißverstanden werden und dabei just den Schlüssel zu seinem Charakter und zum ganzen Josséf-Zyklus bilden. Als Abschluß diene der LIMMÚD.

ZWÖLF BRÜDER VERSÖHNT

1.M. 44:18–45:3   בראשית מד, יח – מה, ג
Buber-Rosenzweigs Übersetzung

Jehuda trat vor zu ihm und sprach:	18
Ach, mein Herr,	
möge doch dein Knecht Rede in meines Herrn Ohren reden	
dürfen,	
und nimmer entflamme dein Zorn wider deinen Knecht, –	
denn du bist wie Pharao!	
Mein Herr hat seine Knechte gefragt, sprechend:	19
Habt ihr noch Vater oder Bruder?	
und wir sprachen zu meinem Herrn:	20
Wir haben einen alten Vater	
und einen jungen Sohn seines Alters,	
dessen Bruder ist tot,	
so ist er allein von seiner Mutter überblieben,	
und sein Vater liebt ihn.	
Und du sprachst zu deinen Knechten: Führt ihn herab zu mir,	21
ich will mein Auge auf ihn wenden.	
Wir aber sprachen zu meinem Herrn:	22
Nicht kann der Knabe seinen Vater verlassen,	
verließe er seinen Vater, der stürbe.	
Du aber sprachst zu deinen Knechten:	23
Fährt euer jüngster Bruder nicht mit euch herab,	
seht ihr mein Antlitz nicht mehr.	
Wie wir hinaufgezogen waren	24
zu deinem Knecht, meinem Vater,	
meldeten wir ihm die Rede meines Herrn.	
Dann sprach unser Vater: Kehrt nochmals zurück,	25
ermarktet uns ein wenig Eßware!	
Wir aber sprachen: Wir können nicht hinab –	26
wenn unser jüngster Bruder mit uns ist,	
wollen wir hinab,	
denn wir können	
das Antlitz des Mannes nicht sehn,	
ist unser jüngster Bruder nicht mit uns.	
Dein Knecht, mein Vater, sprach zu uns:	27

וַיִּגַּשׁ אֵלָיו יְהוּדָה וַיֹּאמֶר
בִּי אֲדֹנִי
יְדַבֶּר־נָא עַבְדְּךָ דָבָר
בְּאָזְנֵי אֲדֹנִי
וְאַל־יִחַר אַפְּךָ בְּעַבְדֶּךָ
כִּי כָמוֹךָ כְּפַרְעֹה׃
אֲדֹנִי שָׁאַל אֶת־עֲבָדָיו לֵאמֹר
הֲיֵשׁ־לָכֶם אָב אוֹ־אָח׃
וַנֹּאמֶר אֶל־אֲדֹנִי
יֶשׁ־לָנוּ אָב זָקֵן
וְיֶלֶד זְקֻנִים קָטָן
וְאָחִיו מֵת
וַיִּוָּתֵר הוּא לְבַדּוֹ לְאִמּוֹ
וְאָבִיו אֲהֵבוֹ׃
וַתֹּאמֶר אֶל־עֲבָדֶיךָ הוֹרִדֻהוּ אֵלָי
וְאָשִׂימָה עֵינִי עָלָיו׃
וַנֹּאמֶר אֶל־אֲדֹנִי
לֹא־יוּכַל הַנַּעַר לַעֲזֹב אֶת־אָבִיו
וְעָזַב אֶת־אָבִיו וָמֵת׃
וַתֹּאמֶר אֶל־עֲבָדֶיךָ
אִם־לֹא יֵרֵד אֲחִיכֶם הַקָּטֹן אִתְּכֶם
לֹא תֹסִפוּן לִרְאוֹת פָּנָי׃
וַיְהִי כִּי עָלִינוּ
אֶל־עַבְדְּךָ אָבִי
וַנַּגֶּד־לוֹ אֵת דִּבְרֵי אֲדֹנִי׃
וַיֹּאמֶר אָבִינוּ שֻׁבוּ
שִׁבְרוּ־לָנוּ מְעַט־אֹכֶל׃
וַנֹּאמֶר לֹא נוּכַל לָרֶדֶת
אִם־יֵשׁ אָחִינוּ הַקָּטֹן אִתָּנוּ
וְיָרַדְנוּ
כִּי־לֹא נוּכַל
לִרְאוֹת פְּנֵי הָאִישׁ
וְאָחִינוּ הַקָּטֹן אֵינֶנּוּ אִתָּנוּ׃
וַיֹּאמֶר עַבְדְּךָ אָבִי אֵלֵינוּ

23

Ihr selber wißt,

אַתֶּם יְדַעְתֶּם

daß zwei mir mein Weib geboren hat,

כִּי שְׁנַיִם יָלְדָה לִּי אִשְׁתִּי:

der eine ist von mir hinweg,

28   וַיֵּצֵא הָאֶחָד מֵאִתִּי

ich sprach: Wahrlich, zerfleischt ist er, zerfleischt! –

וָאֹמַר אַךְ טָרֹף טֹרָף

ich habe ihn bislang nicht wieder gesehn!

וְלֹא רְאִיתִיו עַד־הֵנָּה:

nähmt ihr auch diesen

29   וּלְקַחְתֶּם גַּם־אֶת־זֶה

     von meinem Antlitz hinweg –

מֵעִם פָּנַי

     träfe ein Leides ihn,

וְקָרָהוּ אָסוֹן

     ihr ließet mein Grauhaar

וְהוֹרַדְתֶּם אֶת־שֵׂיבָתִי

     im Jammer zum Gruftreich hinabfahren!

בְּרָעָה שְׁאֹלָה:

Und nun,

30   וְעַתָּה

wann ich zu deinem Knecht, meinem Vater komme,

כְּבֹאִי אֶל־עַבְדְּךָ אָבִי

     und der Knabe ist nicht mehr mit uns

וְהַנַּעַר אֵינֶנּוּ אִתָּנוּ

     – und mit dessen Seele ist seine Seele verknotet! –

31   וְנַפְשׁוֹ קְשׁוּרָה בְנַפְשׁוֹ:

so wirds geschehn,

וְהָיָה כִּרְאוֹתוֹ

wann er sieht, daß der Knabe nicht da ist, wird er sterben,

כִּי־אֵין הַנַּעַר וָמֵת

und deine Knechte haben das Grauhaar

וְהוֹרִידוּ עֲבָדֶיךָ אֶת־שֵׂיבַת

     deines Knechts, unsers Vaters,

עַבְדְּךָ אָבִינוּ

     im Jammer zum Gruftreich hinabfahren lassen.

בְּיָגוֹן שְׁאֹלָה:

Denn dein Knecht hat den Knaben

32   כִּי עַבְדְּךָ עָרַב אֶת־הַנַּעַר

     von meinem Vater erbürgt, sprechend:

מֵעִם אָבִי לֵאמֹר

     Bringe ich ihn dir nicht,

אִם־לֹא אֲבִיאֶנּוּ אֵלֶיךָ

     gesündigt habe ich meinem Vater alle Tage.

וְחָטָאתִי לְאָבִי כָּל־הַיָּמִים:

Und so sitze doch nun dein Knecht statt des Knaben

33   וְעַתָּה יֵשֶׁב־נָא עַבְדְּךָ תַּחַת הַנַּעַר

     als meinem Herrn verknechtet,

עֶבֶד לַאדֹנִי

der Knabe aber ziehe mit seinen Brüdern hinauf.

וְהַנַּעַר יַעַל עִם־אֶחָיו:

Denn wie sollte ich zu meinem Vater hinaufziehn,

34   כִּי־אֵיךְ אֶעֱלֶה אֶל־אָבִי

     und der Knabe ist nicht mehr mit mir!

וְהַנַּעַר אֵינֶנּוּ אִתִּי

Ich müßte ansehn das Übel, das meinen Vater befände!

פֶּן אֶרְאֶה בָרָע אֲשֶׁר יִמְצָא אֶת־אָבִי:

Nicht vermochte Josef sich zu bezähmen

1   וְלֹא־יָכֹל יוֹסֵף לְהִתְאַפֵּק

     vor allen, die ihn umstanden,

לְכֹל הַנִּצָּבִים עָלָיו

er rief: Schafft jedermann von mir hinaus!

וַיִּקְרָא הוֹצִיאוּ כָל־אִישׁ מֵעָלַי

Und niemand weilte bei ihm,

וְלֹא־עָמַד אִישׁ אִתּוֹ

     als Josef sich seinen Brüdern zu erkennen gab.

בְּהִתְוַדַּע יוֹסֵף אֶל־אֶחָיו:

Er ließ seine Stimme in Weinen aus,

2   וַיִּתֵּן אֶת־קֹלוֹ בִּבְכִי

die Ägypter hörtens, das Haus Pharaos hörte es.

וַיִּשְׁמְעוּ מִצְרַיִם וַיִּשְׁמַע בֵּית פַּרְעֹה:

Josef sprach zu seinen Brüdern:

3   וַיֹּאמֶר יוֹסֵף אֶל־אֶחָיו

Ich bin Josef. Lebt mein Vater noch?

אֲנִי יוֹסֵף הַעוֹד אָבִי חָי

FRAGEN

1. In Jehudás Zusammenfassung der Ereignisse fehlen zwei operative Einzelheiten, ohne die sie nicht verständlich sind: die Beschuldigung der Spionage und des Diebstahls des Bechers.

2. „Du bist wie Pharao" (V. 18) – was soll das bedeuten?

3. Wie konnte Jehudá sagen, Josséf sei tot (V. 20)? Für ihn konnte er doch nur spurlos und unerklärlicherweise, wie von der Erde verschluckt, verschwunden sein, wenn wir akzeptieren, wie im Abschnitt Wajéschev das Durcheinander in Kap. 37 gelöst wurde.

4. Die Torá hat in V. 27 übersehen, daß Jaakóv nicht nur eine, sondern gleich vier Frauen hatte.

5. „Gesündigt habe ich meinem Vater alle Tage" (V. 32) – bezieht er sich auf die Vorgänge in Dotán, wie sie Kap. 37 berichtet, dann gibt „alle Tage" keinen Sinn, denn die spielten sich höchstwahrscheinlich an ein und demselben Tag ab. Welche „alle Tage" also?

6. Josséf hat bei der ersten Audienz der Brüder, als die ganze Affäre begann, gar nicht nach der Familie der Bittsteller gefragt, wie es jetzt Jehudá behauptet.

7. Josséfs Frage, ob sein Vater noch lebe, ist unbegreiflich, denn seit seiner ersten Begegnung mit seinen Brüdern und auch soeben in Jehudás Plädoyer, besser Anklage, war von wenig anderem die Rede als von der Sorge um den alten Mann, der demnach noch am Leben sein muß.

8. Das Ausmaß der Rollen, die die Brüder im Buche Bereschít spielen, ist sehr ungleich: Die meisten spielen überhaupt keine. Ascher, Gad, Dan, Naftalí, Jissachár und Sevulón sind nichts als Statisten; Schimeón und Leví überfallen in Kap. 34 mörderisch eine ganze Stadt, aber danach hört man nichts mehr von ihnen, außer, daß Schimeón sich ohne Widerstand von Josséf verhaften läßt; Benjamín sagt nicht ein Wörtchen, nur wird er zuerst von Josséf bevorzugt und dann fälschlich des Diebstahls bezichtigt; Reuvén erscheint dreimal, davon zeichnet er sich zweimal nicht sehr rühmlich oder tatkräftig aus. Alles scheint sich um Jehudá und Josséf zu drehen. Sind die beiden Gegenspieler? Und wozu die Erwähnung der anderen?

9. Warum hat sich Josséf nach seiner Erhöhung nicht bei seinem Vater als noch am Leben gemeldet?

10. Zu welchem Zweck trieb Josséf mit seinen Brüdern ein so grausames Katz-und-Maus-Spiel?

11. Jehudas Rede mutet einen an wie eine sehr trockene Rekapitulation der Ereignisse und nicht mehr.

LEITBLATT

1. Ja, sie fehlen, und zwar nicht aus Vergeßlichkeit, sondern mit Absicht. Das MATERIAL liefert gleich zwei Erklärungen für ihre Abwesenheit, eine in Nr. 6c und eine in Nr. 13a.

2. Diese Redewendung ist wirklich seltsam. RaSCHI bringt zwei Wege, ihr einen Sinn abzugewinnen (MATERIAL Nr. 3a), und Avrabanél einen dritten (MATERIAL Nr. 6a).

3. Es gibt unter den Kritikern der Bibel solche, denen nichts größere Genugtuung bereiten kann, als eine ihrer Gestalten bei einer Unwahrheit zu ertappen. Möglicherweise sind sie selbst obsessive Fanatiker, die niemals vom Pfad der Wahrheit abgewichen sind, oder sie sind von dem lauteren Charakter der biblischen Akteure so überwältigt und geraten in ein Maß der Verherrlichung der „Heroen" der Bibel, das weit übertrifft, was diese selbst von ihrer Person aussagt. Daß es im Leben Ungenauigkeiten geben kann, entgeht ihnen leider bei dieser Gelegenheit, z.B. schmerzliche Notlügen, die vor Todesgefahr retten. Da wird gar schnell der Stab über eine Figur gebrochen, ohne zu überlegen, was sie wohl zu lügen bewogen, ja gezwungen haben könnte. Berichtet aber die Schrift dann in der Tat von einer solchen Lüge, bleibt immer noch übrig, genau zu erwägen, weshalb sie es tut, könnte sie sie doch ohne weiteres verschweigen, weil sie schließlich ein Gespräch nicht wie ein Tonband wiedergibt. Der Anlaß von Jehudás Aussage, der fehlende zwölfte Bruder sei tot, wäre ein zu geringfügiger, um soviel Worte darüber zu verlieren, wenn er nicht dazu dienen möge, vor vorschneller Akzeptanz der Ansichten gewisser Kommentare zu warnen, deren Verfasser ihre Unvoreingenommenheit durch Kritik zu demonstrieren wünschen, obgleich Objektivität bei Beurteilung von Literatur vielleicht gar nicht wünschenswert ist. Zu Jehudás Lüge äußern sich unterschiedlich MATERIAL Nr. 3b, 9, 10, 11, 12a und 13b, aber auch LIMMÚD.

4. Übersehen wurde hier nichts. Zwar hatte Jaakóv vier Frauen, aber nur eine, Rachél, Josséfs und Benjamíns Mutter, wünschte er zur Frau zu bekommen, drei andere erhielt er *nolens volens*. Rachél war die Frau seines Lebens und blieb sie rund vierzig Jahre nach der Hochzeit und rund dreißig Jahre nach ihrem Tode bis zum Augenblick der gegenwärtigen Szene. Ihrer, und nur ihrer gedenkt er noch einmal, kurz bevor er selbst stirbt (48:7). Daß dagegen Jehudá, ein Sohn der zurückgesetzten Leá, den Vater *verbatim* so zitiert, gereicht ihm zum Lobe bei dem, der ihn hörte, und bei dem, der es jetzt liest.

5. Was hier gemeint ist, ist nicht eindeutig. Manche verstehen den Passus als sich auf die Zukunft beziehend: Bringe ich Benjamín dem Vater nicht zurück, werde ich mein Leben lang mich nicht vor ihm sehen lassen dürfen. Andere glauben, er spreche von der Vergangenheit: Seit dem Verschwinden Josséfs habe ich keinen Tag ohne Gewissensbisse dem Vater gegenüber durchlebt. Ganz anderes und eine Lehre von hoch-ethischem Niveau liest MATERIAL Nr. 8 in diese vier Wörter.

6. Diese Schwierigkeit beheben MATERIAL Nr. 6b und 6h.

7. Darauf gibt es einige Antworten, z. B. in MATERIAL Nr. 6d und 7.

8. Es muß zwölf Jaakóv-Söhne geben, weil die Schrift zu verschiedenen Gelegenheiten und aus Gründen, die an einer anderen Stelle dieser Serie zur Sprache kommen, eine Vorliebe für die Zahl 12 hat. Das bedeutet aber noch nicht, daß uns Lesern zwölf Biographien mitgeteilt zu werden brauchen. Aber genannt müssen sie werden, weil die Stämme ihre Herkunft von zwölf *heroi eponymoi* ableiten. Was aber diese gelegentlich miteinander sprachen, ist nicht der schriftlichen Überlieferung wert. Auf der Bühne der Kap. 37–50 stehen nur die drei, die einen entscheidenden Anteil an den Vorgängen haben: Benjamín, Jehudá und Josséf. Diese drei, und speziell Jehudá und Josséf, sind es aber auch, die in der späteren Geschichte Jissraéls entscheidenden Anteil hatten, was in den Aggadót in MATERIAL Nr. 1 und 2 zum Ausdruck kommt.

9. Darüber, worüber sich der Frager wundert, wundern sich auch MATERIAL Nr. 5 und 13d und gelangen zu zwei unterschiedlichen Ergebnissen. Gemeinsam ist beiden, daß Josséfs über zwanzigjähriges Schweigen nicht seiner Indifferenz dem Vater gegenüber entspringt, sondern im Gegenteil seiner feinfühligen Rücksichtnahme auf ihn und seine Söhne.

10. Das ist das Kernproblem des Josséfzyklus, und von seiner Lösung wird abhängen, wie wir seine Hauptperson beurteilen. Ist Josséf ein nachtragender, ja rachsüchtiger Sadist, der Gefallen daran hat, seine Brüder zwei Jahre lang zu quälen? MATERIAL Nr. 4, 6g und 13e sehen die Dinge in anderem Licht.

11. Beim genaueren Hinsehen wird der Frager vielleicht anderer Meinung werden. Lasse er sich von MATERIAL Nr. 12b und 13a,c und f leiten.

MATERIAL

1. בראשית רבה צג *Bereschít Rabbá 93:*
(V.19) „Mein Herr hat seine Knechte gefragt" – יהודה
Jehudá sprach zu יוסף *Josséf:* Von Anbeginn bist du mit
einer [von dir selbst erfundenen] Anschuldigung gegen
uns gekommen. Von so vielen Ländern kam man hin-
unter nach מצרים *Mizrájim* (= Ägypten), um Nahrung
zu kaufen – hast du denn einen von ihnen [, die kamen,
so] ausgefragt, wie du uns ausgefragt hast? Kamen wir
denn, deine Tochter zu ehelichen, oder hattest du im
Sinn, unsere Schwester zu heiraten? Dennoch haben wir
nichts vor dir verheimlicht. Da sprach zu ihm יוסף
Josséf: יהודה *Jehudá!* Bist du denn der Sprecher aller
deiner Brüder? Sehe ich doch in meinem [Zauber-]Be-
cher, daß es ältere unter ihnen gibt als du! Er antwortete:
Alle stehen außerhalb der Bürgschaft, ich aber – mein
Inneres krümmt sich wie bei [einem Weib in] den We-
hen. Er sagte: Warum denn? Er sagte: Weil ich für ihn
gebürgt habe. Er sagte: Warum bürgtest du dann nicht
für deinen Bruder, den ihr dem Jischmaeliten verkauftet
für zwanzig Silberlinge, und hast deinem alten Vater
Kummer bereitet und gesagt „Zerfleischt, zerfleischt ist"
(37:33), wo doch jener nichts verbrochen hatte, dieser
aber ein Verbrecher ist, da er den Becher stahl – geh und
sage deinem Vater: „Der Strick folgt [eben] dem Eimer".
Als יהודה *Jehudá* das hörte, schrie er auf und weinte
laut: „Denn wie sollte ich hinaufziehen usw."

2. ילקוט שמעוני ויגש *Jalkút Schimeoní, Wajiggásch:*
Es sagte Rav Schemuél bar Nachmaní, es hat R. Jonatán
gesagt: Als יהודה *Jehudá* und יוסף *Josséf* miteinander
rechteten, sprachen die מלאכי־שרת *malachéj-scharét*
(= Dienstengel) zueinander: Kommt, laßt uns hinunter-
gehen und zusehen, wie ein שור *schor* (= Stier) und ein
אריה *arjé* (= Leu) aufeinander losgehen. Üblich ist es in
der Welt, daß der שור sich vor dem אריה fürchtet, und
jetzt: שור und אריה gehen aufeinander los und [beide]
halten stand.[1]

3. רש"י *RaSCHI z. St.:*
(a. V.18) „Denn du bist wie Pharao" – du bist in meinen
Augen so angesehen wie Pharao [selbst], das ist der
פשט *peschát* (= einfache Wortsinn), aber sein מדרש
midrásch (= erweiterter, ausgebauter Sinn) [ist]: Dein
Ende wird sein, seinetwegen (= wegen der Weigerung,
Benjamín freizulassen) aussätzig zu werden, so wie
Pharao aussätzig wurde wegen einer [einzigen] Nacht,
während der er Großmutter Ssará in seinem Hause fest-
hielt [und nicht freiließ] (12:17).[2]

(b. V.20) „dessen Bruder ist מת *met* (= tot)" – aus
Furcht ließ er ein Lügenwort aus seinem Mund fahren.
Er sagte [sich]: Wenn ich ihm sage, daß er [noch irgend-
wo] besteht, wird er verlangen, ihn hierher zu bringen.

4. רמב"ם, יד, ה' תשובה ב, א *RaMBáM, Jad, H. Teschuvá 2,1:*
[Wahre Umkehr ist es erst,] wenn einer Gelegenheit
findet, dieselbe Übertretung zu tun, die er schon einmal
verübt hat, sich aber zurückhält und sie nicht verübt.[3]

5. רמב"ן *RaMBáN zu 45:27:*
Mir scheint es die einfachste Erklärung dafür zu sein,
daß Jaakóv sein Lebtag lang nicht mitgeteilt wurde, daß
die Brüder Josséf verkauft hatten. Im Gegenteil, er war
der Meinung, daß Josséf sich in den Feldern verirrt hatte
und daß jene, die ihn fanden, ihn erfaßten und nach
Ägypten verkauften. Die אחים *achim* (= Brüder) zogen
vor, dem אב *av* (= Vater) ihre Verfehlung zu verheimli-
chen. יוסף *Josséf* wiederum, seines reinen Charakters
wegen, zog auch vor, ihn nichts davon wissen zu lassen.

---

1 Zum Verständnis dieser Aggadá ist die Kenntnis zweier
   Schriftworte in der Torá und einiger Ereignisse aus der
   Epoche des Ersten Tempels בית־מקדש *Bet-Mikdásch*
   notwendig. Als der sterbende Jaakóv seinen Söhnen seinen
   hochpoetischen Segen (Kap. 49) erteilte, verlieh er die
   künftige Führerschaft seinem vierten Sohn, Jehudá, nicht
   zuletzt wegen seiner Rolle, die er in der Versöhnung der
   zwölf Brüder und in seinem Auftreten vor dem Vizekönig
   Ägyptens gespielt hatte, und verglich ihn mit einem jungen
   Löwen. Seitdem ist dieser zum Wappentier des Stammes
   Jehudá geworden. Zugleich segnete Jaakóv besonders
   überschwenglich und liebevoll Josséf. Dessen Symbol, ein
   Stier, stammt aus einem Vers aus Moses' Abschiedssegen
   in Devarím (5.M.) 33:17. Soweit der Hintergrund der Aggadá, was die in ihr genannten Tiere betrifft. Der Wett-
   kampf zwischen ihnen bezieht sich jedoch nicht auf literarische Assoziationen, sondern auf Geschichtliches. Unter
   den Königen Davíd und Schelomó (= Salomon) war das
   Reich vereinigt, aber nachdem Schelomó gestorben war,
   spaltete es sich. Unter der Herrschaft der davidischen Dy-
   nastie blieb der Stamm Jehudá (und Teile von Benjamín
   und Leví) mit der Bezeichnung Königreich Jehuda. Die
   restlichen Stämme, rund „die Zehn" genannt, sagten sich

vom Hause Davíd los und gründeten das Nordreich mit
dem Namen Königreich Jissraél, in welchem die Nachkommen der Söhne Josséfs, nämlich die Stämme Efrájim
und Menasché, die Mehrheit bildeten. Die Grenze zwischen den beiden Reichen verlief von West nach Ost unweit nördlich von *Jeruschalájim*. Der Bericht von diesen
Begebenheiten steht im Ersten Buche der Könige, Kap. 11–
12. Was nun die Aggadá im Wettstreit zwischen Leu und
Stier vorwegnimmt, sind die erbitterten Kriege zwischen
den beiden Reichen, die bis auf kurze Unterbrechungen
zweihundert Jahre tobten.

2 RaSCHI schlägt zwei Interpretationen der eigenartigen
   Eröffnung von Jehudás Rede vor: entweder ist sie ein Ausdruck seiner Höflichkeit gegenüber Josséf oder, recht weit
   hergeholt, bezieht sich Jehudá auf einen anderen Pharao,
   der in Kap.12 aufgetreten ist (siehe Band 6, Abschnitt 1
   Lech lechá).

3 MATERIAL Nr. 13e versucht plausibel zu machen, daß
   Josséf nicht aus Rachsucht, sondern aus Wohlwollen seine
   Brüder einer Prüfung unterzog, um zu ermitteln, ob sie sich
   in ihrer Stellung zum Vater und zu den Rachél-Söhnen geändert hatten. In dieser Absicht konstruierte er eine Situation, die jener entsprach, in der sie ihn verkauften (oder zu
   verkaufen bereit waren – siehe Band 3, Abschnitt *Wajéschev*). Darum forderte er von ihnen, eine Prüfung zu bestehen, die darin bestand, was zweieinhalb Jahrtausende
   später RaMBáM (MATERIAL Nr. 4) als die Probe auf
   echte Reue definierte.

6. דון יצחק אברבנאל *Don Jizchák Avrabanél z.St.:*
(a) „Denn du bist wie Pharao" (V.18) – nur widerwillig
rechte ich mit dir. [Du gleichst Pharao selbst und nimmst
eigentlich seine Stelle als Richter ein:] Bei wem könnte
ich dich denn verklagen?

(b) אדוני *adoní* „(= Mein Herr) hat gefragt" (V.19) –
יוסף *Josséf* hatte aber gar nicht gefragt (siehe 42:9).
Denn wir haben ungefragt von unserer Familie zu erzählen begonnen. Also ist dieser Satz als eine Frage zu
verstehen: „Hat אדוני *adoní* denn gefragt usw.?" Daraus
geht klar hervor, daß wir ein reines Gewissen haben, denn
sonst hätten wir nichts von unserer Familie verraten.

(c) „Wir haben einen alten Vater" (V.20) – [so sonderbar
hast du dich uns gegenüber verhalten, daß wir noch
allerlei Vorwürfe von dir erwarten konnten, z.B. die
Frage: „Wenn euer Vater euch so lieb ist,] warum habt
ihr dann nicht einen von euch bei ihm zurückgelassen,
um ihn zu pflegen?" [Darum erwähnten wir Benjamín.]
Und überhaupt: Wozu brauchtest du den Knaben, es sei
denn, um ihn hier festzuhalten [, was immer er auch
getan hat oder nicht,] was beweist, daß alles von dir
eingefädelt wurde.

(d) Uns alle willst du [vor lauter Gerechtigkeitssinn]
nicht zu deinen Knechten machen, weil wir doch nichts
verbrochen haben (44:16–17) [, sondern nur einen von
uns, der angeblich ein Dieb ist] – und wie willst du dann
unseres Vaters Tod verursachen, der sich doch bestimmt
nicht des Geringsten schuldig gemacht hat? Und was das
betrifft, daß [Josséf] sagte „Lebt mein Vater noch?", so
war seine Frage nicht, ob er noch am Leben sei, denn sie
hatten ihm das doch eben bestätigt, und auch er hatte
soeben gefragt „Geht es euerem Vater gut?". Er wollte
bloß mit ihnen ins Gespräch kommen, weil er zuerst
dachte, da sie sich dessen schämen könnten, was sie
getan hatten, solle er sie nicht an die Vorgänge seines
Verkaufs erinnern und lieber von anderen Dingen zu
sprechen beginnen. Auch sagte er jetzt [erleichtert und
zum ersten Male ohne sich zu verstellen] אבי *aví*
(= mein Vater) und nicht [euer oder] unser Vater.

(e) Jehudá erwähnt mit keiner Silbe, daß יוסף *Josséf* die
אחים *achím* (= Brüder) beschuldigt hatte, מצרים
Mizrájim (= Ägypten) auskundschaften zu wollen (42:9),
denn er wollte [dem hohen Herrn] keine Gelegenheit
geben, auf diesen [absurden] Punkt zurückzukommen.

(f) „daß zwei mir mein Weib geboren" (V.27) – das
hatte Jaakóv ja gar nicht gesagt [vgl.42:36ff.]! So [,
nämlich als ob es für seinen Vater bloß יוסף *Josséf* und
בנימין *Benjamín*, die Söhne der geliebten רחל *Rachél*,
gäbe und nicht noch zehn von anderen Frauen geborene,
darunter Jehudá selbst] kann nur einer sprechen, der
keinen Neid mehr kennt.

(g) Noch immer aber hegte יוסף *Josséf* Zweifel, ob
seine Brüder [, die von anderen Müttern stammten,]
בנימין [, der wie er selbst ein Sohn Rachels war] liebten

oder noch immer die Rachelsöhne haßten. Deswegen
wünschte er, sie mögen den בנימין [nach מצרים
Mizrájim] bringen, und erfand er den Schlich mit dem
angeblich von בנימין gestohlenen Becher. So würde es
sich zeigen, dachte er, ob sie בנימין vor der Schuld-
knechtschaft retten würden und ob sie echte Reue ver-
spürten.

7. ר' י"צ מקלנבורג *R. I.Z.Mecklenburg z. St.:*
„Lebt mein Vater noch?" (V.3) – [Daß sein Vater noch
lebte, hatte er doch schon vorher einige Male zu hören
bekommen, somit ist seine Frage an diesem Platze sinnlos. Aber] Josséf konnte auf den Gedanken kommen, sie
hätten bisher ihm ihren Vater als noch lebend dargestellt,
um [sein Mitleid zu erwecken und] Benjamín gehen zu
lassen, während in Wirklichkeit der Greis nicht mehr am
Leben sei. Er konnte diesen Verdacht hegen, weil der
alte Mann nach all der Mühsal und Trennungsschmerz
unschwer gestorben sein könnte.

8. ר' אליהו בן־המוזג *R. Elijáhu Benamosegh z. St.:*
„Gesündigt habe ich meinem Vater alle Tage" (V.32) –
dieser schöne Satz birgt in sich eine hochwichtige Lehre,
die in der תורה *Torá* aber nicht wortwörtlich ausgeführt
ist, und zwar: Eine Strafe ist nichts anderes als die Ver-
sündigung selbst; anders ausgedrückt: in der Versündi-
gung liegt bereits die Bestrafung seitens des göttlichen
Gerichts.[4]

9. *H. Holzinger, Kurzer Handkommentar Genesis, z. St.:*
(a) „Dessen Bruder ist tot" (V.20) – Juda lügt ganz ent-
schlossen.

10. *O. Eißfeldt z. St. (S. 222):*
Es kann nicht zweifelhaft sein, daß es sich um die Zu-
sammenverarbeitung mehrerer Parallelerzählungen handelt[5] [...] Ein sprechendes Beispiel ist die Joseph-Erzäh-
lung, die [...] sich deutlich als Addition zweier ganz
parallel laufender Erzählungen [von *J* und *E*] zu erkennen gibt. Dieses Nebeneinander ist es also, was unserem

---

4   Rabbi Benamoségh liest in diesen nicht leicht verständlichen Passus hinein, was kaum ursprünglich von dem Sprecher zu lehren beabsichtigt war, und zwar, daß die Frage
nach der manchmal ausbleibenden Bestrafung eines
menschlichen Vergehens eine müßige ist, denn das Vergehen selbst, bzw. das Bewußtsein, sich vergangen zu haben,
sei Strafe genug. Der Gedanke ist nicht neu und steht,
aphoristisch von dem Tanná Ben Somá formuliert, schon
in Pirkéj Avót 4,2: „Lohn für [eine] *mizwá* (= Gebot, bzw.
dessen Ausübung)] ist [diese] [selbst], und Lohn für [eine]
averá (= Vergehen) ist [dieses] [selbst]".

5   Dieses Zitat rührt aus Eißfeldts Erörterung von Josséfs
überraschender Frage, ob sein Vater noch lebt, wo er doch
von Jehudá soeben einige Male gesagt bekam, dem alten
Mann müsse jetzt jeder Kummer erspart bleiben. Er löst,
was ihm ein Problem zu sein scheint (und gar keines ist,
denn die Frage ist psychologisch in diesem Augenblick er-
klärlich), indem er die Erwähnung von Jaakóvs bis auf den
heutigen Tag andauernder Trauer um Josséf dem einen (E),
die Frage aber einem anderen Verfasser (J) zuschreibt, die
von einem späten Redaktor miteinander und manchmal,
z.B. hier, [mit wenig Geschick (Y.T.R.)] verflochten wurden.

Pentateuch sein Gepräge gibt. In Kap. 37 stellt die eine *(J)* Juda, die andere Ruben *(E)* als Sprecher der Brüder hin.[6] Da in Kap. 44 Juda als Sprecher erscheint, wird dies Kapitel als Fortsetzung des *J*-Anteils zu betrachten sein.[7]

11. *E. A. Speiser z. St.*
Wörtlich übersetzt fragte er: „Ist mein Vater noch am Leben?" Wenn dieser Passus dem Verfasser *E* zuzuschreiben ist, dann liegt keine Redundanz vor. War aber *J* der Verfasser[8], dann mag er so gefragt haben, um sich zu vergewissern: Sagt mir die Wahrheit, geht es ihm wirklich gut? Das Nomen [Vater] steht hier zwar mit dem Possessivsuffix (mein), denn ohne dieses wäre [*Vater* allein] unidiomatisch. [In meiner Übersetzung] zog ich vor, es auszulassen [und nur *Vater* zu schreiben].[9]

12. *B. Jacob z. St.:*
(a) Holzingers Bemerkung geht daneben. Entschlossenheit hätte nichts geholfen. Jehuda gebraucht מת *met* (= tot), weil es der Vater ausgesprochen hatte.

(b) Es ist die bewunderungswürdige Kunst der תורה *Torá*, wie sie Jehuda gerade von den ergreifendsten [Re-

6 Eißfeldt und die Schule, der er angehört, finden Unterstützung der in Anm. Nr. 5 angedeuteten Hypothese der multiplen Verfasserschaft der Josséfsgeschichte, weil in Kap. 37 (Abschnitt *Wajéschev*), sowohl Reuvén wie auch Jehudá ihren Bruder zu retten versuchen, also eine der sogenannten „Doubletten", die nach dieser Hypothese in einer wohlorganisierten Erzählung nicht vorkommen dürfte. Einem naturalistischen Schriftsteller des 19. Jahrhunderts wie G. Hauptmann wäre so etwas kaum passiert, aber sind „Doubletten" nicht bei Ingmar Bergmann, dem Regisseur des 20. Jh.s, ein beliebtes Stilmittel in der Kinomatographie?

7 Ob Bibelkritik, wie Eißfeldt und seine Schule sie betreiben, eine Wissenschaft ist, wie behauptet wird, ist eine Frage, die in den Bereich der Wissenschaftstheorie gehört. Nun argumentiert Eißfeldt hier wie folgt: (1) In Kap. 37 erscheinen zwei Brüder, die – siehe Anm. Nr. 5 – Josséf zu retten versuchen; (2) daß sich zwei Brüder Josséfs annehmen, ist für Eißfeldt unmöglich, daher stammt jeder der beiden Anwälte Josséfs aus einer anderen der beiden hypothetischen vorbiblischen Quellen *J* oder *E*, (bloß daß bisher noch niemand auch nur einen der zweien zu Gesicht bekommen hat); (3) hier ergreift Jehudá das Wort, wie dort, deshalb stammt dieser Satz aus derselben Quelle, aus der auch Jehudás Fürsprache in Kap. 37 herrührt. Ob diese Folgerung richtig ist, unterliegt nicht wenigen Zweifeln, aber eines steht fest: wissenschaftlich ist so ein *argumentum in circulo* nicht.

8 Während für Eißfeldt – siehe die vorigen Anmerkungen Nr. 5–7 – feststeht, daß Josséfs Frage, ob der Greis nicht vielleicht schon tot ist, aus der *J*-Quelle entstammt, optiert Speiser für die *E*-Quelle, doch mit Vorbehalt. Einig sind die beiden nur darin, daß ein Widerspruch zwischen Jehudás Rede und Josséfs Frage vorliege und nur durch die Quellentheorie zu lösen sei, und diese ist für beide axiomatisch.

9 Darf ein Übersetzer nach eigenem Gutdünken ein im Original stehendes Possessivpronomen auslassen? Des Wunderns, daß mit dem Torá-Text von Übersetzern wie mit keinem anderen Werk eigenmächtig umgegangen wird, ist kein Ende.

dewendungen Jaakóvs im Laufe der letzten zwanzig Jahre] überkommen läßt[10] [...]. Er verrät damit den unauslöschlichen Eindruck, welchen sie auf ihn und die Brüder gemacht haben, und daß dieser Eindruck die wahre Ursache ihrer Umwandlung geworden ist. Diese Verse sind ein Klagegesang Jaakóvs, anfangend mit der Erinnerung an sein Liebesglück und endend mit dem nahen Grabe, nachdem von den Menschen, die er am meisten geliebt hat, ihm auch noch der letzte geraubt werden soll.

13. *Y. T. Radday:*
(a) Jehudás Plädoyer ist die längste Rede des Buches בראשית *Bereschít* und erstreckt sich dennoch nur auf achtzehn Verse (oder etwas über zweihundert Wörter). Er faßt auf glänzende Weise die Begebenheiten zusammen, für welche die תורה *Torá* bei aller ihrer lakonischen Diktion sieben Kapitel (37, 39–44) benötigt. Er verliert nie seine Selbstbeherrschung, auch nicht im Augenblicke höchster Erregung, und läßt geflissentlich bestimmte Einzelheiten aus, obgleich ohne sie der Ablauf der Dinge fast unverständlich ist. So zum Beispiel deutet er nur an, יוסף *Josséf* hätte die אחים *achím* (= Brüder) der Spionage verdächtigt – das Wort selbst fällt gar nicht – als ob es unter seiner Würde wäre, auf eine solche abwegige Idee einzugehen, ebenso aber auch, um den Ankläger und zugleich Richter, vor dem er steht, nicht der Voreingenommenheit und des Mangels jeglicher Logik beschuldigen zu müssen. Gleichfalls übergeht er schweigend den Vorfall mit dem Becher, den בנימין *Benjamín* gestohlen haben soll: Unsereiner ist ehrlich und stiehlt nicht, weder kostbare noch so wertlose Gegenstände wie ein (bloß) kleines Tischgerät, und ist auch klug genug, um so etwas nicht zu tun. Also stimmt etwas an der ganzen Angelegenheit nicht, „das wissen Sie, Durchlaucht, so gut wie wir, weswegen der Sache nicht gedacht werden möge".

(b) Allerdings spricht er einmal nicht die Wahrheit, indem er sagt, einer der אחים *achím* sei מת *met* (= tot). Diese Notlüge beunruhigt die Kommentatoren, von denen einige ihn streng verurteilen, andere bereit sind, sie als *lapsus linguae* durchgehen zu lassen, wieder andere ihm zugestehen, er hätte in der Tat יוסף *Josséf* für מת *met* gehalten oder einfach seinen Vater zitiert. Ohne viel apologetische Bemühungen verzeihen wir, anders als Holzinger [MATERIAL Nr. 9], seine Notlüge, weil er so seine ganze Familie vor dem Untergang oder zumindest vor Versklavung bewahrt. Hätte er den abwesenden Bruder als „abwesend, vermutlich tot" oder „verschollen" erklären oder die תורה *Torá* das Wort מת *met* (= tot) zwischen Anführungszeichen setzen sollen? Dergleichen ist nicht ihr Stil und nicht ihre Art, und über Satzzeichen verfügt sie eben nicht. Kurzum, wie in seiner ganzen Rede, so auch in diesem Detail bewährt sich der Sprecher als hervorragender Diplomat. Die jüdischen klassischen Quellen, für die in Todesgefahr alle Mittel

10 Diese Beobachtung Jacobs bezieht sich auf V. 28, ein Zitat aus 37:33.

כשר *kaschér* (= anwendbar, recht) sind, vergeben יהודה *Jehudá* daher gern das Wörtchen מת *met*. Aber ohne Nachsicht tadeln sie, seinen Vater als den עבד *éved* (= Knecht) des Pharao bezeichnet zu haben. Es ist im übrigen ein oft diskutiertes Problem, ob peinlich präzise Mitteilung einer verletzenden Wahrheit oder eine leichte Abweichung von ihr aus Rücksicht auf die Gefühle des Mitmenschen den Vorrang hat. Die חכמים *chachamím* sind diesbezüglich nicht im geringsten Zweifel.

(c) Bemerkenswert ist, daß es יהודה *Jehudá* gelingt, ohne die Fassung zu verlieren, die doch immerhin komplizierten Vorgänge seit Josséfs Verschwinden in eine Reihe direkter Reden zu komprimieren, wodurch sie an Objektivität gewinnen und gleichzeitig dramatischer wirken.

(d) Romanhafte Rührseligkeit hätte gewünscht, daß Josséf sofort nach seiner Amtseinsetzung den in Fabeln immer rechtzeitig auftretenden reitenden Boten an seinen Vater sende mit der glücklichen Botschaft, er sei am Leben und hätte im wahren Sinne des Wortes *fabel*hafte Karriere gemacht. Doch um so etwas zu schreiben, ist die Torá zu wenig sentimental, und um so etwas zu tun, Josséf viel zu weise. Wir brauchen nicht zu phantasieren, ob, hätte er sich beim Vater als lebend gemeldet, er dann sein hohes Amt niedergelegt und zu den Herden in כנען *Kenáan* zurückgekehrt wäre, ob der Vater ihm einen kurzen Besuch in Ägypten abgestattet hätte oder ob sie einander auf halbem Wege getroffen hätten – alles nach Hollywoods Rezept. Wie immer auch, Jaakóvs Trost, seinen geliebten Josséf wiederzusehen, wäre ein kurzer gewesen, und der Neid und der Haß der Brüder hätten schon ein paar Tage nach dem Wiedersehen von neuem eingesetzt, so daß die kaum verheilten Wunden Jaakóvs alsbald wieder aufgebrochen wären. Josséf klärte daher den Greis gerade aus Rücksicht nicht über die Tatsachen auf, solange er sich nicht überzeugt hatte, daß seine Brüder anderen Sinnes geworden waren.

(e) Wer einsieht, warum Josséf seinen Vater über sein Überleben im unklaren gelassen hat, wird sofort verstehen, was er mit seinen Brüdern vorhatte, als sie bittstellig bei ihm ansuchten, ihnen Korn zu verkaufen. Mit einer aus der Luft gegriffenen Beschuldigung manövriert er sie in eine Situation, in der sie einen von ihnen, und zwar Schimeón, im Ausland zurückzulassen gezwungen sind: Ob sie ihn wohl dort verschmachten lassen würden, wie sie es in seinem eigenen Falle bereit waren zu tun? Inzwischen überhäuft er sie mit Freundlichkeit und schenkt (!) ihnen das erwünschte Korn – mehr zu ihrem Schrecken als zu ihrer Freude. Die Brüder kommen übers Jahr wieder, um Schimeón auszulösen, womit sie

die Prüfung bestanden haben – zum Teil! Denn Schimeóns Fall war dem Josséfs nicht analog, weil jener zu den sich etwas besseres dünkenden Söhnen Leás gehörte, dieser aber, wie Benjamin, Rachéls Sohn war. Daher inszeniert Jossef jetzt die zweite Prüfung: Benjamin wird als Dieb überführt und in ägyptische Knechtschaft gebracht – ein zweiter Jossef. Würden sich die zehn Brüder jetzt anders und rücksichtsloser als gegen Schimeón verhalten? Im kritischen Augenblick tritt im Namen der Brüder kein anderer heran als jener Jehudá, der damals in Dotan (37:26) so verantwortungslos versagte, und bietet sich selbst, in Stellvertretung für Benjamin, als Knecht an, nur damit diesem kein Leid geschehe und dem Vater nicht neuer Kummer verursacht werde. Nunmehr ist die Sinnesänderung der Brüder offenbar und Josséf fragt unter Tränen: „Ich bin's – ist mein Vater [wirklich] noch am Leben?"

(f) Es lohnt sich, das Vokabular der Rede genauer zu untersuchen. Während Personennamen nicht vorkommen – weswegen, wird sich sofort erweisen – finden wir sehr häufig in den Zitaten der Rede die Verba אמר *amár* (= sagen), daneben noch ירד *jarád* (= sehen, mitansehen), sonst keine. Die häufigsten Nomina sind אב *av* (= Vater), אח *ach* (= Bruder), עבד *éved* (= Knecht), נער *náar* (= Knabe), ילד *jéled* (= Kind), אם *em* (= Mutter), אשה *ischschá* (= Gattin). Die einzigen drei Adjektive sind קטן *katán* (= klein, jung), זקן *sakén* (= alt) und מת *met* (= tot), wie die Torá allgemein mit Adjektiven sehr sparsam umgeht und die Plastizität ihrer Gestalten auf weniger billige Weise erzielt als durch Aufzählung ihrer Eigenschaften.

Die Rede ist eingebaut zwischen אדוני *adoni* (= Monsieur) und אבי *aví* (= mein Vater). Diese wenigen Hauptwörter nehmen ein volles Drittel der Anzahl aller ihrer Wörter ein. In ihrem Zentrum und im Zentrum ihres Vokabulars steht die Familie, und damit ist sie, die Rede, ein Abbild der Welt, in der sich die Ereignisse der Vätergeschichten abspielen. Es geht im ersten Buch nicht um Kriege und Helden, nur um die Sorge, ob wohl Kinder zur Welt kommen würden, ob sie wohlgeraten und, wenn erwachsen geworden, die richtigen Ehepartner heiraten würden. Und es geht hier nicht um Mitleid für einen alten Mann namens יעקב *Jaakóv*, auch nicht um Gnade für einen unschuldigen jungen namens בנימין *Benjamín*, es geht um einen gebrochenen Vater und um einen geliebten Sohn – daher sind keine Eigennamen am Platze. Mit seiner Rede hat sich Jehudá als begabter Fürsprecher, engagierter Anwalt, gewandter Diplomat, treuer Sohn und verantwortungsvoller Bruder erwiesen und sich dadurch für jene führende Rolle qualifiziert, die ihm sein Vater auf dem Totenbette zuweisen und die er in der Geschichte seiner Familie denn auch tatsächlich spielen wird.

LIMMÚD
Was die Schrift verschweigt

Der angesehene Jerusalemer Gelehrte und Hebraist Davíd Jellin (1864–1941) sagte einmal in einer Vorlesung, die unbeschriebenen (oder unbedruckten) weißen Fleckchen auf einem Blatt der Torá seien nicht weniger aufschlußreich als die schwarzen, mit Buchstaben und seltsamen Pünktchen und Zeichen übersäten, und verdienten genau wie diese das Augenmerk des Lese- und Lernpublikums. Beherzigen wir also seinen Hinweis, soweit es der Platz erlaubt.

In der תורה *Torá* wird ישראל *Jissraél* an unzähligen Stellen dringlichst ermahnt, ja nicht der עבודה זרה *avodá sará* (= „fremder Dienst", d.h. Götzendienst) anheimzufallen. Um nur einige Beispiele anzuführen: „Nach dem Tun des Landes Ägypten [...] tut nicht, nach dem Tun des Landes Kenáan [...] tut nicht" (3.M. 18:2), „Von denen deines Samens sollst du nicht hergeben, sie dem Mólech darzuführen" (3.M. 18:21), und von der großen Mehrzahl der davidischen und anderen jüdischen Herrschern erzählt das Buch der Könige, sie hätten „das [religiös] Falsche in SEINEN Augen" getan. Doch nur aus Andeutungen und selten aus dem Zusammenhang läßt sich erraten, worin dieses Falsche bestand, was an dem fremden „Tun" so verabscheuungswürdig war und beispielsweise, ob der Mólechdienst darin bestand, daß Eltern ihre Kinder dessen Priestern wirklich als Brandopfer übergaben oder nur symbolisch von diesen durch eine Flamme hindurchgetragen wurden. Über all das informiert die Schrift uns nicht, aus guten, nämlich praktisch erzieherischen Gründen: Man erteilt nicht genaue Anweisungen, wie man etwas ausführen kann, wenn man es sogleich danach auszuführen untersagt. Erst die תורה שבעל-פה *Torá sche-be-al-pe* (= Mündliche Lehre) faßt das als götzendienerisch Verbotene unter dem Begriff דרכי אמורי *darchéj ha-Emori* (= Lebensweisen der Emoriter, einer der kanaanitischen Völkerschaften) zusammen. Unter sie fallen alle Verhaltensweisen, kultische Handlungen u. dgl., die auch nur von fern den götzendienerischen ähneln. Er ist somit so vage geworden, daß er sich heute je nach Frömmigkeitsgrad auf alles beziehen kann, angefangen von abergläubischen Redewendungen und endend mit eher Unwesentlichem wie Nachahmung von kirchlichem Glockengeläute und Baustilen, die für fremde Kultstätten typisch sind (RaMBáM, H. Akúm, Kap. 11).

Neben der religiösen Sphäre, in der gewisse Praktiken untersagt sind und deswegen verschwiegen werden, handelt die Schrift nach demselben Prinzip auch im Bereich der Sexualität. Nicht, daß ihre Erzählung diesen Aspekt des menschlichen Daseins totschweigt – im Gegenteil: sie kennt, anerkennt, bejaht und ihre Gesetzgebung regelt ihn, doch für die Bibel ist Sexualität weder die Zielscheibe ihres Humors, noch eignet sie sich zu augenzwinkernder Beschreibung.[11] Beispiele hierfür,

wie sie die Dinge beim Namen nennt, zugleich jedoch über Details schweigend hinweggeht, sind der Vorfall von der Jaakóv in der Finsternis der Hochzeitsnacht anstelle Rachéls untergeschobenen falschen Braut (1.M. 29:23–25) und die Überflutung des Lagers mit Scharen von Midjaniterinnen, um die Häupter der aus Ägypten ausziehenden Stämme durch ungezügelten Geschlechtsverkehr zum religiösen Abfall zu verführen (4.M. 25:1–9). Ein extrem wortkarges Exempel ist die Affäre der Batschéva (2.Sam Kap. 11), wo von den 27 Versen des Kapitels die ersten drei die Vorgänge einleiten, und das Gespräch zwischen דוד *Davíd,* dem Verführer der Frau, und deren Mann die letzten dreiundzwanzig (V. 5–27) einnimmt. Für die Verführung selbst vom Augenblick, in dem Davíd die Frau erblickt, bis zum Augenblick, in dem sie heimkehrt, bleibt ein einziger Vers (V. 4) von insgesamt vierzehn Wörtern übrig. Das Bestreben der Schrift, sexuelle Themen einerseits nicht auszuklammern, andererseits sie so knapp wie möglich zu erörtern, ist im *Talmúd* perpetuiert. Dort lernen wir zwar an einer Stelle von intimen Mitteln zur Empfängnisverhütung und der empfohlenen Frequenz des Geschlechtsverkehrs zwischen Eheleuten, lesen aber in bab. Schabbát 33a: „Jeder weiß, zu welchem Zweck die Braut unter die חופה *chuppá* (= Brautbaldachin) geführt wird, aber jeder, der den Mund darüber aufreißt, verdient Tadel."

Die Tendenz, unflätige Ausdrucksweise zu vermeiden, zeigt sich auch außerhalb des Umgangs mit sexuellen Themen. So mangelt es dem Hebräischen z.B. an Flüchen. Die Etymologie des deutschen Verbums *fluchen,* so Kluges *Wörterbuch,* leitet sich von „mit der Hand eine Verwünschungsgeste vollziehen" ab, impliziert(e) demnach Aberglauben, ganz wie das lateinische *maledicere,* die Bereitschaft, jemandem, wenn schon nicht tätlich, so doch wenigstens mündlich etwas Schlimmes anzutun, eine solche Hoffnung zu hegen oder herbeizuwünschen. In עברית *Ivrit* (= Hebräisch) gibt es den Wörterbüchern zufolge zwei Verba für fluchen: קילל *killél* und ארר *arár.* Das erste, von קל *kal* (= leicht) abgeleitet, ist das Gegenteil von כיבד *kibbéd* (= ehren), welches wiederum von כבד *kavéd* (= schwer, gewichtig) kommt. Daß die Torá nicht glaubt, Segenswünsche gingen auf magische Art in Erfüllung, beweist der erschlichene Segen in 1.M. Kap. 27. Dasselbe gilt von קללות *kelalót* (= mangels einer Alternative: Verwünschungen), wie 2.Sam 16:7 zeigt. Beides blieb ohne praktischen Erfolg. Somit bedeutet קילל *killél* nicht fluchen, sondern jemandes Ehre *leicht*nehmen, abschneiden und vermindern. Das zweite Verbum ארר

---

11 Über den Humor der Bibel siehe Band 2, Abschnitt *Nóach,*

LIMMUD Nr. 1. Ebenso Y. T. Radday (Hrsg.) *et al., On Humour and the Comic in the Hebrew Bible,* Sheffield 1990 (Sheffield Academic Press), und ders., „Sex and Women in Biblical Narrative Humour", in *Humor – International Journal of Humor Research* 8/4 (1995), S. 363–384.

arár deutet S. R. Hirsch (zu 1.M. 3:14) aus sprachlichen Gründen als vereinsamen, veröden, freudlos machen – also wiederum nicht fluchen.

Die Konsequenz aus dem Gesagten, daß nämlich die Bibel überhaupt kein Wort für *fluchen* besitzt, ist sowohl Resultat als auch Ursache dafür, daß es in der Schrift bis auf einen einzigen Fall keine Flüche gibt. Die Ausnahme bildet 1.Sam 20:30, was Luther mit „Sohn einer ehrlosen Mutter" übersetzt, die Septuaginta mit „Sohn eines widerspenstigen Mädchens", Lagarde mit „Sohn einer von Disziplin abgewichenen" und *The New English Bible* mit „You son of a crooked and unfaithful mother". So unverständlich dieses Schimpfwort ist, im Vergleich mit nichthebräischen antiken und modernen Flüchen klingt es recht milde.

Es ist auch kein Zufall, daß das Moderne Hebräisch, dem es gelungen ist, im Laufe der letzten achtzig Jahre neue hebräische Wörter für Begriffe wie Transformator und Verdrängung zu schaffen, wenige Schimpfwörter – abgesehen von Esel und Idiot, die ja keine sind – und noch weniger Flüche zur Verfügung hat und sich mit aus dem Arabischen entlehnten oder von Neueinwanderern aus Ungarn oder Rußland importierten behelfen muß. Gewisse Psychologen sehen darin ein Manko, gewisse fromme Kreise einen Beweis für die immanente Besonderheit der לשון הקודש *leschón ha-kódesch* (= die heilige Sprache).

In vorigen Bänden dieser Serie ist schon zur Sprache gekommen, daß die Torá einerseits geographische Angaben macht, die der Wirklichkeit nicht entsprechen oder bei flüchtiger Lektüre überflüssig erscheinen,[12] andererseits geographische Angaben unterschlägt, die wir Leser von ihr erwarten. Eine solche widersprüchliche Diktion haben selbstverständlich schon חז"ל *chasál* bemerkt und deswegen konstatiert, „Die Worte der Torá sind karg an ihren [bestimmten] Stellen und reich an anderen". Beides, so hat es den Anschein, verfolgt dasselbe Ziel: Die Leser mögen ihre immer aktuelle geistige Botschaft nicht über faktische Informationen von vergangenen Vorgängen vergessen, mit anderen Worten, nicht die auf dem Ssinaí erteilten Gebote für überholt halten, dagegen aber einen Ausflug zum Ssinaí unternehmen, um am Ort gewesen zu sein und sich dort photographieren zu lassen. Jetzt begreifen wir, weshalb die תורה *Torá* uns die Lage des Berges der Offenbarung vorenthält und uns obendrein verwirrt, indem sie ihm zwei Namen – Ssinaí und Chorév[13] – beilegt, warum sie Moría, den Ort der עקידה *Akedá* (= Bindung Jizcháks), nicht näher bestimmt, weshalb sie die Stelle verbirgt, an der sich das Meer bei יציאת מצרים *jeziát Mizrájim* (= Auszug aus Ägypten) spaltete, und aus welchem Grunde sie Mosché einmal hoch oben auf dem Berge und einmal tief unten im Tale begraben sein läßt (vgl. 5.M. 34:1 und 6).

Worüber sich die Torá fast vollends ausschweigt, sind die sogenannten טעמי המצוות *taaméj ha-mizwót* (= Sinn(e) der Gebote). Zugegeben, sie wiederholt einige Male, besonders im Buche דברים *Devarím* (5.M.), daß, global gesprochen, der Zweck der Gebote sei, dem Menschen zu einem richtig gelebten Leben zu verhelfen und ihn gegen die Unbilden desselben möglichst gefeit zu machen – oder, wie sie es ausdrückt, למען ייטב לך *lemáan jitáv lechá* (= auf daß es dir wohlergehe), wie dort in 5:26,30; 6:18; 12:25,28; 22:7 wörtlich angeführt und an vielen anderen Stellen umschrieben. Ein sehr großer Teil der מצוות *mizwót* (= Gebote) ist nun wirklich so einleuchtend, daß sie nach der Ansicht einiger חז"ל *chasál* gar nicht hätten anbefohlen werden müssen, weil der Mensch von selbst auf sie gekommen wäre, ja sogar von diesem oder jenem richtiges Verhalten hätte lernen können. Sie tragen die Bezeichnung משפטים *mischpatím*.

Manche wiederum scheinen zwar auf den ersten Blick ohne jeden Zweck, auf den zweiten und erst recht dritten ist er jedoch erkennbar. Schließlich bleibt aber immer noch ein nicht unbedeutender Rest der sogenannten חוקים *chukkím*, für welche auch die größten למדנים *lamdaním* (= „Lerngrößen") keinen Grund und Zweck oder zuviele Gründe und Zwecke entdecken konnten – was ja dasselbe ist.[14] Da fragt sich, weswegen die Torá, die uns so vieles mitteilt, die Antwort darauf schuldig geblieben ist. Als Beispiel mögen dienen die מילה *milá* (= Beschneidung), die מאכלות אסורות *maachalót assurót* (= verbotene Speisen) und das Verbot, ein Böcklein in der Milch seiner Mutter zu kochen. Klar spricht sich die תורה nicht über ihre Motive aus.

Eine originelle Rechtfertigung des Ausbleibens jeglicher Antwort auf das Problem bringt der תלמוד *Talmúd* gerade am Beispiel der doch ziemlich plausiblen und dennoch mit einer Begründung versehenen Vorschrift (5.M. 17:17), der König „mehre sich Weiber nicht, auf daß sein Herz nicht abweiche". König Salomon, der weiseste von allen, habe – so der תלמוד – gedacht, diese Gefahr bestünde nicht für ihn, denn zu groß sei seine Weisheit, als daß Weiber ihn verwirren könnten, und darum dürfe er sich ihrer viele nach Belieben nehmen. Und siehe da: „er liebte viele fremde Weiber [...], und sie kehrten sein Herz ab zu fremden Göttern" (1.Kö 11:1-4)! Es war just sein Versuch, ein Verbot zu begründen, der ihn zur Übertretung verführte, daher lieber keine Begründung.

Wer für den „Apfel" verantwortlich ist, in den חוה *Chawwá* (= Eva) biß und der auf den bildlichen Darstellungen ihres ungehorsamen Appetits klar zu sehen ist, ist ein Problem, mit dem sich Kunsthistoriker wenig beschäftigt haben: Im Urtext steht nämlich nichts von ihm. Legten ihr die Maler vielleicht einen Apfel in die Hand wegen des Zankapfels des Paris, den sie fast ge-

---

12 Zum Beispiel in dieser Serie in den Abschnitten *Bereschít* und *Mattót-Masséj*.
13 Siehe Abschnitt *Jitró*.

14 Darüber ausführlich in Abschnitt *Behár*, LIMMUD Nr. 1 und 2.

nauso gern abbilden? Die jüdische Tradition meint, den Schöpfer, dem jedes Teilchen der Schöpfung lieb ist, litt es um die Ehre des Baumes, und er verbarg dessen botanische Definition, damit man nicht mit Fingern auf ihn zeige und sage: „Der da ist an allem schuld!".

Wenn in der Torá Namen wichtiger Personen fehlen, wo doch Dutzende von anderen aufgezählt sind, deren Träger nicht die geringste Rolle spielten, so muß der Sache nachgegangen werden. In seiner Rede vor Josséf (1.M. 44:18–24) spricht Jehudá nicht von Jaakóv und Benjamin, sondern – fast exemplarisch – von einem alten Vater und einem jungen Bruder, denen Unrecht geschieht, und nennt sie aus diesem Grunde nicht beim Namen.[15]

Obzwar es zweifelsohne Avraháms *maiordomus Eliéser* war, der in 1.M. Kap. 44 von seinem Herrn auf Brautschau ausgesandt wurde, heißt er dort immer bloß „der Knecht", um seine Treue und Gewissenhaftigkeit bei der Erfüllung des Auftrags seines Herrn unter Zurücksetzung der eigenen Person zu unterstreichen. Ähnlich in 1.M. Kap. 23: Avrahám verhandelt in Chevrón (Hebron) wegen Ankaufs einer Höhle als Grabstätte für seine gestorbene Frau Ssará. Von dem Moment an, in dem er vor dem Rat der kenaanitischen Ortsältesten steht, fällt Ssarás Name nicht mehr: Er spricht nur noch von „meinem Toten" – im männlichen Geschlecht! Nicht nur seine Trauer teilt er nicht mit den Fremden, auch den Namen, das Geschlecht und was ihm diese Leiche zu ihren Lebzeiten bedeutete, läßt er sie nicht wissen, denn all das geht sie nichts an: Ein Avrahám läßt sich zu solchen Gefühlsdemonstrationen nicht herab.

Es verwundert, daß wir von Moschés Söhnen Gerschóm und Eliéser seit ihrer Geburt in 2.M. 2:22 und dann noch einmal ganz kurz in 2.M. 20–25 nie wieder hören, als ob sie noch vor ihrem Vater, mit dessen Tod die Torá schließt, gestorben wären. In Wirklichkeit verschweigt sie aus Zartgefühl, welche Bewandtnis es mit ihnen hatte. Nachdem sie die Enttäuschungen berichtet hat, die Mosché an seinem Volk, seinem Stamm Leví und seinen Geschwistern erleben mußte, und daß es ihm nicht vergönnt war, das verheißene Land zu betreten, erspart sie ihm die Schmach, die Treulosigkeit eines seiner Söhne der Nachwelt zu überliefern. Von ihr wissen wir durch eine taktvoll getarnte Andeutung im Buch der Richter Kap. 18:30. Dort heißt es, der Stamm Dan hätte unter Mißachtung des zum ersten Male im Dekalog angeordnet und danach oftmals wiederholten Bilderverbotes im Norden des Landes ein Schnitzbild errichtet, vor dem ein gewisser Jehonatán ben Gerschóm ben Menaschéh das Priesteramt ausübte. Daran ist nun einiges auffallend. Unter Menaschés Nachkommen, die wir alle mit Namen kennen, gibt es keinen namens Gerschóm, Gerschóm aber hieß einer der beiden Söhne Moschés. Zudem ist etwas Ungewöhnliches in der Schreibweise des Namens מנשה *Menasché*, wie ihn die Massorá nur für sein Vor-

kommen an dieser einen Stelle dem Kopisten (und Drukker) vorschreibt: sein zweiter Buchstabe נ *nun* muß um eine halbe Zeile höher stehen als die übrigen, als ob er ein Einschiebsel wäre. Dann aber – und weil der Urtext nicht vokalisiert war – hieß der Vater dieses Gerschóm in Konsonantenschrift nicht *M-N-Sch-H*, sondern ohne das Einschiebsel *M-Sch-H*, also Mosché, und damit war dessen Enkel ein bestallter Götzendiener! Das hochgestellte נ *nun* (N) ist eine postume Ehrenrettung Moschés.

Zum Schluß: אדם *Adám* hatte drei Söhne, der älteste, Kájin, erschlug den zweiten, Hével (= Abel), wonach Schet, der dritte, geboren wurde. Dieser sowie Kájin zeugten Nachkommen (1.M. Kap.4). Schets Frau mag seine Nichte, eine der Töchter Kájins, gewesen sein, was sogar noch nach der Erteilung der Torá erlaubt ist. Aber wer war die Frau, die dem קין *Kájin* Kinder gebar? Das ist eine berühmte, von Lehrern gefürchtete Frage aufgeweckter Schulkinder, auf die die Torá die Antwort nicht weiß, anzugeben vergaß oder absichtlich schuldig bleibt. Diese Mangels wegen ist der Leser gezwungen zu schließen, Kájin hätte mit seiner Schwester, welche wie häufig bei Frauen in Genealogien die Bibel nicht beim Namen nennt, inzestuösen Geschlechtsverkehr gepflogen, obzwar er zwischen den beiden doch in 3.M. 18:9 streng verboten ist. Jetzt ist des Entsetzens kein Ende: Wie, entrüstet sich gar mancher Leser, wie kann die Torá usw. usf.?

Das Entsetzen ist übertrieben. Erstens sind die מצוות *mizwót* im Buche Wajikrá erst seit Ssinái in Kraft und war dem Kájin die Schwester noch nicht verboten, zweitens ist für die Torá der Fortbestand der menschlichen Spezies ein Selbstzweck, der – vgl. 1.M. 19:30–38 – im alleräußersten Notfall alle Mittel heiligt. Aber auch diese Ausreden, obzwar stichhaltig, heranzuziehen ist unnötig, denn es wäre der Schrift ein Leichtes gewesen, dem Entsetzen zuvorzukommen, indem sie ganz einfach zwei „erste Ehepaare" erschaffen läßt, die sich nachher, wie üblich unter Nachbarn, miteinander verschwägern. Dann hätte sie jedoch in der Urgeschichte auf eine Belehrung von allerhöchster Bedeutung verzichten müssen: auf nichts weniger als die durch gemeinsame Abstammung von einem Menschenpaar implizierte Einheit und Gleichwertigkeit aller, aber auch aller menschlichen Geschöpfe ohne Unterschied der Rasse, Hautfarbe usf. Dieser Grundsatz ist schön sogar in der hebräischen Sprache verankert, die jeden Menschen mit dem herrlichen Ausdruck *Ben-Adám* (= Adamskind) bezeichnet. Vor die Alternative gestellt, für einen der beiden Grundsätze zu optieren, entweder für den hochethischen, daß alle Menschen Vettern sind, oder für das im besten Fall traditionalisierte moralische Tabu der Geschwisterehe, entschied sich die Schrift in ihrer Weisheit fürs erste, eine Wahl, der wir nach reiflicher Überlegung aus vollem Herzen zustimmen können: So ward aus Entsetzen Bewunderung.

Im übrigen gibt es noch viel mehr, was in der Torá nicht steht, was bloß lehrt, nicht alles müsse niedergeschrieben werden – so folgen wir ihr denn auch hier.

---

15 Siehe MATERIAL Nr. 13f im vorliegenden Abschnitt *Wajiggásch*.

אֲבִיהֶם אֲשֶׁר יֹלַד לְיִשְׂרָאֵל וְאוּלָם לַיִשׁ שֵׁם־הָעִיר
לָרִאשֹׁנָה׃ וַיָּקִימוּ לָהֶם בְּנֵי־דָן אֶת־הַפָּסֶל וִיהוֹנָתָן בֶּן־
גֵּרְשֹׁם בֶּן־מְנַשֶּׁה הוּא וּבָנָיו הָיוּ כֹהֲנִים לְשֵׁבֶט הַדָּנִי עַד־
יוֹם גְּלוֹת הָאָרֶץ׃ וַיָּשִׂימוּ לָהֶם אֶת־פֶּסֶל מִיכָה אֲשֶׁר
עָשָׂה כָּל־יְמֵי הֱיוֹת בֵּית־הָאֱלֹהִים בְּשִׁלֹה׃

Der hochgehängte Buchstabe
נ *nun*
(Ri 19:30, Zeile 3)

THESE

Die Josséfsgeschichte (Kap. 37, 39–50) ist so dramatisch und ihre Thematik ist so sehr das, was sich in einer Familie abgespielt hat (und seitdem in nicht wenigen wieder in ähnlicher Weise abspielt), daß sie leicht verständlich ist und sich ganz besonders dazu eignet, Kinder zu fesseln, von ihnen mit Buntstiften illustriert und sogar aufgeführt zu werden. Deswegen ist sie ein beliebter Stoff im Bibel- und Religionsunterricht in Schulen. Aber zu diesem Zweck steht sie nicht in der Torá. Das Studium der Abschnitte *Mikkéz* und *Wajiggásch* müßte aufgewiesen haben, daß sie weder der Parabel vom Verlorenen Sohn noch Grimms *Hans im Glück* gleicht und, obzwar von Eltern und Kindern handelnd, nicht für Kinder gedacht ist. Es wird daher den Absichten der Torá in keiner Weise nachgekommen, wenn die Erzählungen von den Vätern und speziell die von Josséf in der Schule durchgenommen werden und die Schüler, wahrscheinlich bereits in den Elementarklassen, mit ihrem Inhalt, d.h. mit der Handlung und mit nichts anderem, vertraut gemacht werden. So bewirkt die Lehrerin nur, daß sie als Erwachsene das Buch mit der Bemerkung „Das haben wir schon mal in der Schule gelernt" für immer aus der Hand legt. So werden sie das Beste und Wichtigste versäumt haben. Denn dies, zugleich mit den literarischen Vorzügen der Geschichte, werden sie erst als Erwachsene oder frühestens als Heranwachsende begreifen. Heißt das, besonders den Torá-Unterricht und besonders im frühen Alter zu streichen? Das kommt nicht in Frage, weder in jüdischen noch sonstigen Schulen, unter anderen Gründen, weil solche Unterweisung als ein Torá-Gebot sogar im *Schemá* (5.M. 6:7) ausdrücklich vorgeschrieben ist. Es läßt sich zwar nicht beweisen, aber ist dennoch mit Recht anzunehmen, daß der Satz im *Schemá* sich darauf bezieht, die heranwachsende Generation zu ihrem künftigen Lebensweg anzuleiten, den die Gebote skizzieren, und nicht zur Veranstaltung von Schulaufführungen. Kinder sollten erst einmal im Elternhaus und möglichst *vor* ihrer Einschulung die Normen internalisieren, die sie zu einem vollen, nützlichen, reichen (und jüdischen!) Leben leiten werden, dann mögen sie, wenn es sein muß, auch die Josséfsgeschichte in der Schule aufführen. Das Ergebnis dieser Erwägungen ist die Empfehlung, den Bibel-Unterricht, der in Israel drei bis vier Wochenstunden im Laufe von zwölf Schuljahren erteilt wird, drastisch zu kürzen, jedoch unter der nachdrücklichen Bedingung, daß sie nach Abschluß mit 18–20 Jahren wenigstens ein Jahr lang einmal wöchentlich wenigstens zwei Stunden zum „Lernen" verpflichtet sind. Der Plan ist zur Zeit unrealistisch, dennoch z.B. in Israel nicht gänzlich utopisch und außerhalb Israels, ja vielleicht auch außerhalb des Judentums, einer vorerst theoretischen Diskussion wert, damit, wenn er beispielsweise beim plötzlichen Anbruch der messianischen Zeiten realisierbar werden sollte, die Vorbereitungen schon getroffen sind.

34

HANDREICHUNG

Um überhaupt und im großen ganzen zu verstehen, wovon Jehudá in seiner Rede spricht, ist es nötig, die ganze *Paraschát Wajéschev* (Kap. 37, 39–40, wovon Kap. 37 der Stoff von Band 3, Erster Abschnitt ist) und die ganze *Paraschát Mikkéz* (Kap. 41–44:17, wovon ein Teil von Kap. 41 den Stoff des ersten Abschnittes dieses Bandes bildet) zumindest auf deutsch gelesen zu haben. Von Nutzen ist natürlich, auch den Schluß der Erzählung bis Kap. 50 zu kennen. Dann aber bietet das Studium diesmal kaum irgendwelche Schwierigkeiten. Von speziellem Gewicht sind die FRAGEN Nr. 9, 10 und 11.

JOM-KIPPÚR
MIT RITUAL ODER OHNE?

ויקרא טז ב, ז-י, כב, כט, ל   3. M. 16:2,7–10, 22, 29, 30
Buber-Rosenzweigs Übersetzung

ER sprach zu Mosche: **2**
Rede zu Aharon deinem Bruder,
daß er nimmer zu aller Zeit eingehe ins Heilige
innseit des Verhangs,
vors Antlitz des Verdecks, das über dem Schrein ist,
daß er nicht sterbe,
denn in der Wolke
     lasse ich mich sehen über dem Verdeck

Er nehme die zwei Böcke und stelle sie vor IHN   **7**
     am Einlaß des Zelts der Begegnung,
Aharon gebe auf die zwei Böcke Lose,   **8**
ein Los: Für IHN, ein Los: Für den Räumaus.
Darnahen soll Aharon den Bock,   **9**
     auf den das Los heraufkam   Für IHN,
und ihn zur Entsündung machen,
der Bock aber, auf den das Los heraufkam: **10**
     Für den Räumaus
soll lebend gestellt werden vor IHN,
über ihm zu bedecken
und ihn hinwegzuschicken zum Räumaus
     in die Wüste. –

Der Bock trage auf sich alle ihre Verfehlungen   **22**
nach einem abgeschiednen Land,
freischicke er dann den Bock in der Wüste.

Es sei euch zu Weltzeit-Satzung: **29**
In der siebenten Mondneuung,
     am Zehnten auf die Neuung,
sollt ihr eure Seelen beugen
und sollt allerart Arbeit nicht machen,
der Sproß und der Gastsasse, der in eurer Mitte gastet.
Denn an diesem Tag bedeckt man über euch,   **30**
euch zu reinigen: von all euren Sünden
vor IHM werdet ihr rein.

וַיֹּאמֶר יהוה אֶל־מֹשֶׁה
דַּבֵּר אֶל־אַהֲרֹן אָחִיךָ
וְאַל־יָבֹא בְכָל־עֵת אֶל־הַקֹּדֶשׁ
מִבֵּית לַפָּרֹכֶת
אֶל־פְּנֵי הַכַּפֹּרֶת אֲשֶׁר עַל־הָאָרֹן
וְלֹא יָמוּת
כִּי בֶּעָנָן
אֵרָאֶה עַל־הַכַּפֹּרֶת:

וְלָקַח אֶת־שְׁנֵי הַשְּׂעִירִם וְהֶעֱמִיד אֹתָם לִפְנֵי יהוה
פֶּתַח אֹהֶל מוֹעֵד:
וְנָתַן אַהֲרֹן עַל־שְׁנֵי הַשְּׂעִירִם גֹּרָלוֹת
גּוֹרָל אֶחָד לַיהוה וְגוֹרָל אֶחָד לַעֲזָאזֵל:
וְהִקְרִיב אַהֲרֹן אֶת־הַשָּׂעִיר
אֲשֶׁר עָלָה עָלָיו הַגּוֹרָל לַיהוה
וְעָשָׂהוּ חַטָּאת:
וְהַשָּׂעִיר אֲשֶׁר עָלָה עָלָיו הַגּוֹרָל
לַעֲזָאזֵל
יָעֳמַד־חַי לִפְנֵי יהוה
לְכַפֵּר עָלָיו
לְשַׁלַּח אֹתוֹ לַעֲזָאזֵל
הַמִּדְבָּרָה:

וְנָשָׂא הַשָּׂעִיר עָלָיו אֶת־כָּל־עֲוֹנֹתָם
אֶל־אֶרֶץ גְּזֵרָה
וְשִׁלַּח אֶת־הַשָּׂעִיר בַּמִּדְבָּר:

וְהָיְתָה לָכֶם לְחֻקַּת עוֹלָם
בַּחֹדֶשׁ הַשְּׁבִיעִי
בֶּעָשׂוֹר לַחֹדֶשׁ
תְּעַנּוּ אֶת־נַפְשֹׁתֵיכֶם
וְכָל־מְלָאכָה לֹא תַעֲשׂוּ
הָאֶזְרָח וְהַגֵּר הַגָּר בְּתוֹכְכֶם:
כִּי־בַיּוֹם הַזֶּה יְכַפֵּר עֲלֵיכֶם
לְטַהֵר אֶתְכֶם מִכֹּל חַטֹּאתֵיכֶם
לִפְנֵי יהוה תִּטְהָרוּ:

FRAGEN

1. Im jüdischen Kalender sind die Feiertage sehr ungleichmäßig verteilt. Péssach, ein siebentägiges Fest, fällt auf den Frühlingsanfang, Schavuót (eintägig) schon ein paar Wochen danach, dann tut sich nichts, bis Mitte September einen Monat lang nur wenige Tage keine Feiertage sind. Darauf setzt wieder eine mehr als viermonatige Pause ein bis Péssach. Sehr effizient ist das nicht arrangiert.

2. Ganz abgesehen von der physischen Anstrengung, fastend Mitte September, wenn es in Erez Jissraél noch sehr heiß sein kann, solch ein Ritual durchzuhalten, war dem Hohen Priester ja praktisch jeder Handgriff vorgeschrieben, so daß er sich einen jeden und ihre Reihenfolge ganz genau im Gedächtnis einprägen mußte. Das geht doch über die Kräfte eines normalen Menschen hinaus.

3. Dieser ewige Wechsel der Garderobe! Man kann sich des Eindrucks nicht erwehren, daß auch dabei etwas nicht stimmt: Gerade beim Eintritt ins Allerheiligste hätte er seinen vollen Ornat anlegen sollen, aber die Torá fordert das Gegenteil, denn draußen trägt er vergoldete und drinnen leinene Gewänder!

4. Wie groß war eigentlich der Tempel? Konnte er die Menschenmengen überhaupt fassen?

5. Die Aufgaben, die der Hohe Priester zu erfüllen hatte, waren wirklich enorm. Hatte er Assistenten, durfte er von Mal zu Mal unterbrechen und ein anderer ihn zeitweise vertreten?

6. Mit diesen haargenauen Vorschriften war eigentlich nichts ihm selbst und seiner Initiative überlassen. Man kann über Opfer verschiedener Meinung sein, aber Hekatomben wurden an diesem Tag wirklich nicht dargebracht. Sicher stand es dem Hohen Priester nicht frei, weniger Tiere zu schlachten, aber mehr als das vorgeschriebene Maß und auf eigene Kosten muß ihm doch bestimmt gestattet gewesen sein!

7. Ein kleines Detail gibt zu denken. In Religionen, in denen Opferkult üblich war, galten Regeln wie „Je mehr, desto besser", „Je wertvoller, desto willkommener", „Je näher bei der Gottheit, desto wirksamer". Hier scheinen ganz andere geherrscht zu haben. Ist das richtig? Wenn ja, was hat das zu bedeuten?

8. In dem ganzen Kapitel kommt das Wort *Fasten* nicht ein einziges Mal vor. Wer hat sich diese Quälerei ausgedacht und wann?

9. Darf man wenigstens trinken?

10. Gibt es keinen Dispens, z.B. wenn man auf Reisen ist? Oder wenn keine Synagoge in der Nähe ist?

11. Völlig unbegreiflich ist die Lotterie mit den zwei Böcken. Der „Sündenbock" geht lebendig aus, der zweite, kultisch so rein, daß er andere „*ent*sühnt", wird geschlachtet. Das Kurioseste dabei ist, daß ein Los zwischen beiden entscheidet, also alles vom Zufall abhängt.

12. Auch das Wort *versöhnen* fehlt in diesem Kapitel. Das alles ist sehr sonderbar.

13. Nicht der geringste Zusammenhang läßt sich entdecken zwischen den in diesem Kapitel angeordneten Vorgängen im Heiligtum und den heute in Synagogen üblichen. Was ist da passiert, oder ist vielleicht von zwei verschiedenen Feiertagen die Rede?

14. Die Zerstörung des Tempels bereitete dem Jom-Kippúr im Tempel ein jähes Ende. Waren vorher nie Stimmen laut geworden, daß es Gott nicht oder nicht nur auf minutiös eingehaltene Riten ankommt, sondern viel eher darauf, was im menschlichen Herzen vor sich geht? Gab es nie Protest gegen das Ritual?

15. Auffällig ist, daß an diesem Tage der Hohe Priester sein Amt am Morgen beginnt, wo doch, wie bekannt, in der gesamten Judenheit Fast- und Festtage am Vorabend beginnen. Liegt hier ein Mißverständnis oder eine Abweichung von der Torá vor?

16. Fasten wird zumeist und zu Recht mit Buße assoziiert. Aber von Buße steht hier nichts geschrieben. Warum wird nicht getrauert ob der Versündigungen?

17. Buber-Rosenzweigs Übersetzung (BR) ist diesmal noch merkwürdiger als sonst. Sie weicht von jeder anderen Übersetzung ins Deutsche ab und strotzt von befremdlichen und verstiegenen, selbst einer Übersetzung bedürfenden Neuschöpfungen, z.B. *Verhang, Wickelhosen, Kopfgewind, Räumaus.* In V.2 und 13 tut Aharón sogar etwas mit einem *Verdeck:* das klingt fast komisch.

LEITBLATT

1. Die Daten, auf die die Feiertage des jüdischen Kalenders fallen, sind in der Torá vorgegeben (4.M. 28–29), und diese ist kein Handbuch für Betriebswirtschaftler, deren Sorge es ist, daß die Dinge effizient und darum in gleichmäßigem Takt verlaufen. Die Daten wurden im Abschnitt *Reé* erörtert. Im übrigen irrt der Frager, zumindest was die Wintermonate angeht. In sie fällt in Erez Jissraél die Regenzeit. In alten Zeiten waren dann manchmal die Wege so unpassierbar, daß, wie wir aus der Mischná lernen, dies Grund genug war, Péssach der Wallfahrt wegen um einen Monat zu verschieben. Die Pause im Sommer ist schwerer zu erklären. Der Midrásch Aggadá versucht das, indem er vermutet, ein Fest sei für die Mitte des Sommers vorgesehen gewesen, jedoch ereignete sich genau dann, d.h. am 17. Tammús und vierzig Tage nach der Offenbarung (*6. Ssiván*, ca. Mitte Juli), der Abfall beim Gußkalb. Vierzig Tage dauert die Reinigung des Lagers, und weitere vierzig verbrachte Mosché zum zweiten Male auf dem Berge. Am 80. Tag, 120 Tage nach dem Empfang der ersten Tafeln, empfing er die zweiten, und da ertönte ihm Gottes Wort „Ich habe verziehn auf dein Wort hin" (4.M. 14:20), mit dem der Jom-Kippúr heute nicht schließt, sondern beginnt! Vgl. MATERIAL Nr. 25a und Nr. 1.

2. Er wurde in der Tat eine Woche zuvor von den Gelehrten instruiert, auch wurden ihm die Tiere einzelnen vorgeführt, damit er sie nicht verwechsle. Korrektes Verhalten ist nun einmal das ganze Wesen eines Rituals, d.h. einer religiös oder sozial stereotypisierten Regelform, und solange der Tempel stand, war der Tag fast nichts anderes als Ritual. Was sich an ihm abspielte, detailliert MATERIAL Nr. 2. Sicher wurde der sein Amt fast schweigend ausführende Hohe Priester Schritt für Schritt beobachtet und von anderen Kohaním dirigiert. Unmöglich war das jedoch bei seinem Betreten des innersten Raumes, wo er völlig allein war. Nun lernen wir aus den Quellen, daß sich just in Bezug auf eine Handlung, die er dort unbeobachtet zu vollziehen hatte, eine heftige Kontroverse entspann. Worum es ging und die Hintergründe sind in MATERIAL Nr. 3d und 5 nachzulesen. Mißverstanden wird die Situation in MATERIAL Nr. 6b.

3. Keine Sorge, alles stimmt und alles hat seinen Sinn. Dazu MATERIAL Nr. 16 und, in anderem Lichte gesehen, Nr. 6a.

4. Wie groß das Gebäude des Zweiten Tempels war (unser Lernen betrifft nur diesen) zeigen sein Grundriß und seine perspektivische Ansicht auf Abb. 1. Seine Situation auf dem Berge Morijá ist aus dessen Plan auf Abb. 2 ersichtlich. Das zentrale Gebäude des Ersten Tempels war offenbar von denselben Ausmaßen, doch fehlten höchstwahrscheinlich alle anderen Bauten ringsum. Auf den Gemälden großer und kleiner Künstler, die ihn oder seinen Nachfolger darzustellen behaupten, ist er oft riesig, aber nicht jeder Künstler muß unbedingt Torá studiert haben, noch muß sein Werk mit ihr in Einklang stehen. Bloß darf man sich beim Studium nicht auf Phantasien eines Künstlers stützen.

5. Selbstverständlich bewegte er sich nicht allein hin und her in den Vorhöfen: Es wurden ihm die Tiere zugeführt, er wurde beim Tauchbad von anderen Kohaním bedient usf., doch war deren Aufgabe nur, ihn zu begleiten, ihm zu helfen, nicht aber ihm etwas abzunehmen. Der Zutritt ins Innerste oder gar dreinzureden war ihnen ganz verboten. Fast alles vollzog sich in Schweigen. Einzelheiten bringt MATERIAL Nr. 4.

6. Richtig. Der fungierende Kohén Gadól war kein Magier, kein Medizinmann, keiner, der, in den schwarzen Künsten bewandert, sich darauf versteht, eine zürnende Gottheit, wie MATERIAL Nr. 6b glaubt, zu „versöhnen", und, wenn ihm das beim ersten Male nicht gelingt, beim zweiten stärkere Mittel anwendet, z.B. doppelt soviel Tiere schlachtet. Er war nichts als ein ausführendes Organ, fast wäre man versucht zu sagen: ein willenloses Instrument. Damit ist jedwede eigene Initiative seinerseits ausgeschlossen. Dem Problem der Opfer ist Abschnitt *Wajikrá* gewidmet. Hier muß der Frager sich begnügen zu erfahren, daß es im eigenartigen und von parallelen Praktiken anderswo abstechenden Wesen des Kults gemäß der Torá liegt, dem heißen Wunsch des Menschen, mit Gott durch Opfer zu kommunizieren, zwar entgegenzukommen, die Erfüllung dieses Wunsches jedoch gleichzeitig in sehr engen Schranken zu halten.

7. Alles ist bedeutungsvoll, nichts dem Zufall überlassen und als willkürlich anbefohlen zu erklären. In der unmittelbaren Nähe Gottes, im Allerheiligsten, wurde überhaupt nichts geopfert. Was dort vor die Lade hingestellt wurde, war eine Pfanne glühender Kohlen, auf ihnen eine Handvoll dampfender wohlriechender Kräuter, wie sie auf dem Felde wachsen – konnte es etwas Billigeres geben, etwas Ätherischeres? Wenn jene Recht haben, die jede Art von Opfern symbolisch auf den Menschen bezogen auslegen, dann war es mit dem Räucherwerk das Psychische in ihm, was er am Jom-Kippúr emporsteigen ließ.

8. „Ausgedacht" ist danebengefragt: wie immer auch und warum immer auch, es steht geschrieben. Der Frager muß sich entscheiden, ob es ihn betrifft, und wenn ja, ob er sich an die Anordnung hält. Richtig bemerkt ist, daß wir aus dem Text allein nicht entnehmen können, daß Fasten mit Enthaltung von Speise und Trank identisch ist. Dazu benötigen wir einen biblischen Hinweis, wo das wörtlich steht, und MATERIAL Nr. 10 zitiert ihn denn auch.

9. Nein, man darf nicht: Das Verbot des Essens und Trinkens ist aus Jes Kap. 58 abgeleitet (MATERIAL Nr. 10). Die Meister der Mündlichen Lehre haben weitere drei Bedürfnisse niedergelegt, deren man sich zu enthalten hat – siehe MATERIAL Nr. 17.

10. Einen Dispens gibt es, allerdings nicht für Reisezwecke – an diesem Tage besteht ja Fahrverbot – und nicht mangels einer Synagoge. Eine solche ist keine Bedingung im Judentum, weil Gottesdienst in ihr kein Torá-Gebot ist, was aber nicht besagen soll, eine Gemeinde brauche sich nicht zu bemühen, eine zu erbauen, und, ist sie einmal errichtet, gemeinsame Gebete in ihr zu verrichten. Der heutige Nachdruck auf Anwesenheit in einer Synagoge rührt, so scheint es, von der Nachahmung christlicher Bräuche her. Bei Juden gebührt die Bezeichnung „Gotteshaus" heute keinem einzigen Gebäude, sondern viel mehr und *idealiter* dem Heim einer jeden jüdischen Familie am Ort. Zum Dispens: Kinder sind des Fastens enthoben und mögen zu ihm erzogen werden mit zunehmender Strenge von Jahr zu Jahr, bis sie religiös volljährig sind, d.h. zwölf Jahre und einen Tag alt bei Mädchen und ein Jahr später bei Knaben. Das Fasten-Gebot ist völlig aufgehoben, ja seine Übertretung geboten, wenn Lebensgefahr besteht. Beispiele bringen MATERIAL Nr. 17 (Mitte), 18, 19 und 20.

11. Diese FRAGE trifft ins Schwarze: Die ganze Zeremonie, angefangen von der Verlosung bis zum Fortschicken des einen und der Schlachtung des anderen Bockes, steht im Zentrum der Feier, ist aber zugleich das Unverständlichste an ihr und in den Augen mancher geradezu unschicklich, ganz abgesehen davon, daß die Bedeutung des Wortes *Asasél* unbekannt ist (siehe LIMMÚD). Warum unschicklich? Weil sie vorauszusetzen scheint, es gäbe Orte, wo, oder Wesen, auf die man die Sündenlast eines Volkes *in toto* abwälzen könnte: Man bürdet sie einem Bock auf, treibt ihn in die Wildnis und stürzt ihn in eine Kluft hinab – wie einfach und wie primitiv! Aber die schiere Idee der Möglichkeit eines solchen Wesens oder Ortes steht im schroffen Gegensatz zu der Exklusivität Gottes, wie sie die Torá lehrt. Schon die Gemará ergibt sich dem unvermeidlichen Schluß, daß Gottes Absichten uns hier verborgen bleiben, daß aber Juden darauf stolz sein sollten, auch jene Gebote zu beobachten, die ihnen nicht einleuchten, obwohl sie deswegen von den „Anderen" verspottet werden (vgl. MATERIAL Nr. 7). Ibn Esrá löst das Rätsel, indem er dem Leser ein neues Rätsel aufgibt, wobei er, allerdings kryptisch, die unorthodoxe Ansicht vertritt, die Zeremonie sei ein alter heidnischer Brauch. RaMBáN, in Gewissensnöten, lüftet den Schleier über Ibn Esrás Worten, distanziert sich von ihnen, aber nicht völlig (MATERIAL Nr. 8). In MATERIAL Nr. 3c beginnt Hirsch seine Antwort damit, daß er beweist, die Torá spreche hier metaphorisch. Ist dies einmal festgestellt, so Hirsch, dann ist das Schauspiel der Verlosung als die existenziell-ethische Situation des Menschen symbolisierend aufzufassen (MATERIAL Nr. 3b). Viele nichtjüdische Exegeten pflichten lieber Ibn Esrá bei und konstatieren, manchmal ein wenig schadenfroh, daß es also auch in der Torá dennoch da und dort ein Residuum von Heidentum gibt. Nicht so Wenham in MATERIAL Nr. 6c: Für ihn ist der „Sündenbock" ein gewaltiges visuelles Mittel, dem Volk die Realität von Sünde vor Augen zu führen. Offensichtlich auf dem richtigen Wege, versäumt der symbolisierende Wenham jedoch, ganz wie Ibn Esrá mit seiner diametral gegensätzlichen Lösung, die Rolle des anderen Bockes zu definieren und zu begründen. Hirsch allein geht diesem Punkt nicht aus dem Wege.

12. Ja, es fehlt, unter der Bedingung, daß man Jom-Kippúr mit *Versöhnungstag* übersetzt, ein nicht mehr rückgängig zu machendes *fait accompli*. Es wird den Frager vielleicht überraschen zu hören, daß auch das

Wort *Jom-Kippúr* nirgends in der Bibel vorkommt und der Tag ausnahmslos *Jom-ha-Kippurím* benannt ist (2.M. 29:36; 30:10,16; 3.M. 23:27; 25:9; 4.M. 5:8; 29:11). *Kippúr* ist ein *nomen actionis* des Verbums *kippér* und auf dieses und seinen Sinn kommt es an. Davon handelt MATERIAL Nr. 3a, und ihm folgen auch Buber-Rosenzweig in ihrer treuen, doch nicht gerade schönen Übersetzung „Tag der Bedeckungen".

13. Nein, es ist ein und derselbe in der ganzen Breite, Länge und Tiefe seiner wahrlich sonderbaren semantischen und religiösen Entwicklung. Auf diesen Punkt geht MATERIAL Nr. 12 ein.

14. Diese FRAGE folgt logisch aus FRAGE Nr. 13, somit gehört die dortige Antwort mit ihrem MATERIAL z.T. auch hierher. In der Tat wäre der reibungslose Übergang vom alten rituellen Jom-Kippúr des Tempels zum liturgischen der Synagoge – war er wirklich reibungs- und konfliktlos oder verschweigen nur die Quellen die Bestürzung und Ratlosigkeit der Tannaím, der damaligen geistigen Führer? – wäre also der Übergang ohne vorausgegangenen vorbereitenden Gesinnungswechsel nicht möglich gewesen. Die früheste Kritik am puren Zeremoniell, weil es total externalisiert zu werden und zu erstarren drohte, ließ schon Jesaja in einem Gedicht laut werden (MATERIAL Nr. 10), das schon ca. 700 Jahre alt war, als der Tag zum letzten Mal vor der Zerstörung des Zweiten Tempels begangen wurde. Die Hohen Priester waren in diesem letzten Jahrhundert ihres Hochmuts und Mangels an Gelehrsamkeit wegen so unpopulär geworden (vgl. MATERIAL Nr. 9), daß sich dies auch auf die Einstellung der Gelehrten und sogar des Volkes zu dem öffentlichen Schauspiel auswirken mußte. Sehr unkonventionell ist die Äußerung des R. Elasár (MATERIAL Nr. 11): Es scheint, daß er sagen will: „Gottlob sind wir die Priester los, diese Mittler zwischen Gott und uns und Überbringer unserer Gaben an ihn!" Der nächste Schritt war der Entscheid der Weisen in MATERIAL Nr. 24. Ähnliche Aussprüche sind aus dem Munde des hoch angesehenen R. Akivá überliefert – siehe MATERIAL Nr. 15 und 21d. Die Verschiebung der Schwerpunkte vom Gepränge zur Ein- und Umkehr kommt in MATERIAL Nr. 13, 14, 22, 23 zum Ausdruck. Anstelle des Bekenntnisses eines einzigen Priesters trat allmählich das jedes Einzelnen (MATERIAL Nr. 21b). Von dem dramatischen Szenario, das sich in den Höfen des Tempels abspielte, an dem oft sogar die Einwohner Jerusalems allein in Folge von Platzmangel keinen Anteil hatten, überlebt heute in der Synagoge nur noch die Sitte, sich an diesem Tage (wie sonst nur noch an Rosch ha-Schaná) wenige Sekunden der Länge nach niederzuwerfen und dabei das Bekenntnis des Hohen Priesters leise zu rezitieren (MATERIAL Nr. 21c). Proben aus der Liturgie finden sich in MATERIAL Nr. 25.

15. Der Tag im Jerusalemer Heiligtum begann auch sonst nicht wie in ganz Israel am Abend, sondern am Morgen und endete vor Sonnenuntergang, wie ja in ihm überhaupt in mancher Beziehung andere Ordnungen herrschten als außerhalb. Paradoxerweise wird der universale jüdische Brauch, den Beginn des Tages vom

Vorabend an zu rechnen, gerade aus einem Vers (3.M. 23:32) gelernt, der sich auf Jom-Kippúr bezieht.

16. Gebeichtet wird nicht, eigene Schuld wird nicht jemandem anderen berichtet, der sie dann unter Umständen erläßt. Beichten hieß aber im Deutschen einst „bejahen", und solche „Beichte" kennen auch die Juden, aber wieder mit einem signifikanten Unterschied: Laut, unisono und in der 1. Person Mehrzahl (!) sagen sie am Jom-Kippúr eine stereotype „Beichte" auf, denn sie sind ja nach Bemidbár Rabbá 10 alle füreinander verantwortlich. Ähnliches gilt von Buße: Züchtigung gibt es nicht (mehr), viel zu beten ist keine Strafe, endloses Wiederholen desselben Gebets ist verpönt, eine Wallfahrt – nur nach Jeruschalájim! – ist keine Sühne, sondern ein Freudenfest. Das deutsche Wort Buße aber kommt von Besserung – darüber zu FRAGE Nr. 14. Umkehr, wenn erzielt, ja wenn auch nur versucht oder gar nur erwogen, ist Ursache für Freude und „Garantie" für Vergebung.

Die Gewißheit, des Menschen Verfehlungen seien kraft seiner inhärenten Neigung zum Guten doch ohnehin bloß momentane Verirrungen seines zeitweise gestörten Wesens, wie es MATERIAL Nr. 21a, b darlegen, sie macht den Juden ihren Fasttag zum höchsten Feiertag, dem Schabbát in jeder Hinsicht gleich, außer daß, fällt Jom-Kippúr auf einen Schabbát, er das Verbot, am Schabbát zu fasten, aufhebt.

17. Nichts steht der Möglichkeit im Wege, einen Jom-Kippur im Wald, im Bunker, auf dem Verdeck eines Schiffes zu begehen, wenn es der Zufall will oder jemandes Herzbegehr ist, nur dem Hohen Priester war, hätte er diesen Wunsch gehabt, dergleichen versagt. Die bewundernswerten Vorzüge der BR-Übersetzung und ihre gelegentlichen Mängel sind ein Thema, das den Raum, der hier zur Verfügung steht, übersteigt. Siehe die diesbezüglichen LIMMUDÍM in deren Verzeichnis.

MATERIAL

1. אברהם דנציג ר' *R. Avrahám Danzig, Chajjéj Adám (zu Jom-Kippúr):*

Aus Liebe zu seinem Volk Jissraél überhäufte er uns mit Güte und hielt uns an, Umkehr zu tun, wann immer wir uns verirren […]. Der Monat Elúl (= der letzte vor ראש השנה *Rosch ha-Schaná* und יום כיפור *Jom-Kippúr*) ist die beste Zeit dafür, weil es die Tage des Wohlgefallens sind, seit wir als Volk bestehen. Denn nach dem Vorfall beim Gußkalb und nachdem die Tafeln [von משה *Mosché*] am 17. Tammús zerschlagen wurden, stieg er wieder hinan und betete. Da ließ jener sich erweichen, ihm die zweiten Tafeln zu geben. Daraufhin stieg [משה nach vierzig Tagen, d.h.] am 1. Elúl wieder hinan und verblieb dort [noch einmal vierzig Tage, d.h.] bis [zum 10. Tischrí, d.h.] יום־כיפור, und dieser war der Tag der Vergebung.

2. M. M. Oppen, S. 84–85:[1]

I. עבודת־חוץ *avodát-chuz* (= Dienst außerhalb) in Goldgewändern:[2]

(a) Erster קידוש *kiddúsch jadájim we-raglájim* (= Hand- und Fußwaschung), erste טבילה *tevilá* (= Tauchbad), Anlegen der Goldgewänder, Schlachten des täglichen Morgen-תמיד *tamíd* („immer"), d.h. eines כבש *kévess* (= Lamm) neben dem großen מזבח *misbéach* (= Altar) in der *asará* (= Hof), Besprengen zweier seiner קרנות *keranót* (= Hörner, Ecken) mit dem Blut des Lammes

(b) Darbringen der täglichen קטורת *ketóret* (= Räucherwerk)[3] auf dem kleinen goldenen מזבח *misbéach* im היכל *hechál* (= Hauptraum) drinnen, Verbrennen des תמיד *tamíd* auf dem מזבח *misbéach* draußen, Darbringen der täglichen מנחה *minchá* (= BR: „Hinleite" aus Feinmehl) und des נסך *néssech* (= Guß) von Wein

(c) Zweiter קידוש *kiddúsch* wie oben (a), Ablegen der Goldgewänder, zweite *tevilá*, Anlegen der Linnengewänder, dritter קידוש *kiddúsch*

II. עבודת־פנים *avodát-pením* (= Dienst innerhalb) in Linnengewändern:[4]

(a) Ablegen des ersten וידוי *Widdúj* (= Bekenntnis), des כהן גדול *kohén gadól* (= Hoher Priester) für sich selbst und seine Frau, die Hände gestützt auf die Stirn des פר *par* (= Stier)

(b) Verlosen der beiden שעירים *Sseirím* (= Böcke)[5]

(c) Ablegen des zweiten וידוי *Widdúj* für sich und die כהנים *kohaním*

(d) Schlachten des פר *par*, gestützt wie oben (a)

(e) Darbringen der קטורת *ketóret* des יום־כיפור *Jom-Kippúr*, und zwar mit einer Pfanne glühender Kohlen vom großen מזבח *misbéach* im Hof in der rechten und einer Kelle voller Spezereien in der linken Hand, Betreten des קודש־קודשים *kódesch-kodaschím* (= Allerheiligstes), Bestreuen der Kohlen mit den Spezereien, Verlassen des Raumes

(f) Betreten des קודש־קודשים *kódesch-kodaschím* mit einer Schale voller Blut des פר *par* (= Stier), Besprengen des ארון *arón* (= Lade)[6] einmal aufwärts und siebenmal abwärts, Verlassen des Raumes, Niederstellen der halbvollen Schale im היכל *hechál* vor der פרוכת *paróchet* (= Vorhang), Verlassen des היכל *hechál*

(g) Schlachten des einen der verlosten שעירים *sseirím* (= Böcke) für 'ה (lies: השם *ha-Schem*)

(h) Betreten des קודש־קודשים *kódesch-kodaschím*, Besprengen des ארון *arón* mit dem Blute des שעיר

---

1 Die Beschreibung des Rituals folgt der Mischná Jomá und Middót und bezieht sich naturgemäß auf den Zweiten Tempel, während unser Text das Wanderheiligtum in der Wüste vor Augen hält. Dabei sind der Mischná, obzwar erst nach mehr als einem Jahrhundert nach dem חורבן *churbán* (= Zerstörung) kompiliert, alle damaligen Einzelheiten der Vorgänge anschaulich präsent, weil einstige Augenzeugen sie getreu ihren Nachkommen tradiert hatten. So lesen wir in Middót 1,2, einer von ihnen, R. Eliéser ben Jaakóv, konnte sich entsinnen, von seinem Onkel erzählt bekommen zu haben, er, ein Lewite, sei einmal auf der nächtlichen Tempelwacht eingeschlafen und aufgewacht, weil sein Obergewand brannte: Sein Vorgesetzter hatte es dem pflichtvergessenen Wächter zur Strafe angezündet. Über den Jom-Kippúr im Ersten Tempel wissen wir nichts. Was die Handlungen des Hohen Priesters betrifft, so lassen sie sich am besten anhand der Illustrationen verfolgen.

2 In 2.M. Kap.28 sind für die Amtshandlungen der Kohaním vier Linnengewänder vorgeschrieben: *ketónet* (= Leibrock), *michnassájim* (= Hosen als Unterwäsche), *miznéfet* (= Kopfbedeckung), und *avnét* (= Schärpe). Zusätzlich trug der Hohe Priester (außer bei seinen Amtshandlungen „innerhalb", bei denen er wie irgend ein anderer Kohen gekleidet war) vier weitere und goldgewirkte Kleidungsstücke: den *chóschen* (= BR: Gewappen), eine Art Brustschild, den *efód* (= BR: Umschurz), den *meíl* (= Mantel) und den *ziz* (= Stirnband).

3 Die Ingredienzen des Räucherwerks sind samt ihren entsprechenden Quantitäten in bab. Keritót 6a überliefert. In seiner Zubereitung waren die Kohaním der Familie Avtinás Experten und nahmen ihr Privileg so ernst, daß die Mädchen aus diesem Hause unparfümiert unter den Brauthimmel traten, damit niemand Verdacht schöpfe, sie hätten sich des Räucherwerks bedient.

4 Siehe Anmerkung Nr. 2.

5 Dazu siehe MATERIAL Nr. 3b.

6 Die Lade mit den Bundestafeln wurde von König Salomon in das Allerheiligste gebracht und seither von niemandem wieder draußen erblickt. Zwei lange Tragstangen, die zu ihrem Transport während der Wüstenwanderung dienten, waren an ihrer Breit- und nicht, wie auf Abbildungen oft zu sehen ist, Längsseiten angebracht und durften niemals entfernt werden. Bei der Zerstörung des Ersten Tempels ist die Lade verlorengegangen, und während die übrigen Geräte im Zweiten Tempel durch neue ersetzt wurden, blieb seitdem das Allerheiligste leer.

ssaír, Verlassen des Raumes, Niederstellen der Schale im היכל *hechál* vor der פרוכת *paróchet* (= Vorhang)

(i) Besprengen der פרוכת *paróchet* mit dem דם הפר *dam ha-par* (= Stierblut)

(j) und mit dem *dam ha-ssaír* (= Bockblut)

(k) Vermischen des Blutes des פר *par* mit dem des שעיר *ssaír*, Bestreichen der vier קרנות *keranót* des kleinen goldenen מזבח *misbéach* im היכל *hechál*, Besprengen desselben, Verlassen des Raumes

(l) Ablegen des zweiten וידוי *Widdúj* über dem שעיר המשתלח *ssaír ha-mischtalléach* (= fortzuschickender Bock) von den beiden verlosten, gestützt auf seine Stirn in I (a), für das ganze Volk

(m) Fortschicken dieses שעיר *ssaír* zum עזאזל *Asasél* durch einen vorher dazu bestimmten *Nicht-Kohén*

(n) Verbrennen der inneren Teile des פר *par* und des unter (g) geschlachteten שעיר *ssaír* auf dem großen äußeren מזבח *misbéach* und Verbrennen ihrer Überreste außerhalb der Stadt[7]

(o) Vorlesen von ויקרא *Wajikrá* (3.M.) Kap. 16 aus einer Torá-Rolle und auswendiger Vortrag von במדבר *Bemidbár* (4.M.) 29:7–11, beides in der עזרת־נשים *esrát-naschím* (= Frauenvorhof)

(p) Vierter קידוש *kiddúsch*, dritte טבילה *tevilá*, fünfter קידוש *kiddúsch*, Anlegen der Goldgewänder

III. עבודת־חוץ *avodát-chuz* in Goldgewändern:
(a) Schlachten des איל *ájil* (= Widder) des כהן גדול *kohén gadól* als עולה *olá* (= BR: „Darhöhung", Brand- oder Ganzopfer) neben dem äußeren מזבח *misbéach* und des

(b) איל *ájil* des Volkes ebendort

(c) Besprengen zweier קרנות *keranót* dieses מזבח *misbéach* mit dem Blute beider

(d) Schlachten und Darbringen einiger Teile der in Bemidbár (4.M., s. o.) vorgeschriebenen קרבנות *korbanót* (= Opfer) als מוסף *mussáf* für יום־כיפור *Jom-Kippúr*, nämlich eines פר *par* (= Stier) und einer (strittigen) Anzahl der dort erwähnten sieben כבשים *kevassím* (= Lämmer)

(e) Verbrennen der inneren Teile der geschlachteten קרבנות־מוסף *korbanót-mussáf* auf dem großen מזבח *misbéach* in der עזרה *asará*

(f) Sechster קידוש *kiddúsch*, Ablegen der Goldgewänder, vierte *tevilá*, siebter קידוש *kiddúsch*, Anlegen der Linnengewänder

IV. עבודת־פנים *avodát-pením* in Linnengewändern:
(a) Entfernen der Pfanne und der Kelle aus dem קודש־קדשים *kódesch-kodaschím*

(b) Achter קידוש *kiddúsch*, Ablegen der Linnengewänder, fünfte טבילה *tevilá*, neunter קידוש *kiddúsch*, Anlegen der Goldgewänder

V. עבודת־חוץ *avodát-chuz* in Goldgewändern:
(a) Schlachten und Darbringen der restlichen Teile des מוסף *mussáf*

(b) Schlachten des täglichen Abend-תמיד *(tamíd)*, d.h. eines Lammes, neben dem großen מזבח *misbéach* in der עזרה *asará* wie oben unter I (a)

(c) Entzünden der sieben Öllämpchen der מנורה *menorá* (= Leuchter) im היכל *hechál*

(d) Verbrennen des תמיד *tamíd* auf dem großen מזבח *misbéach* in der עזרה *asará*

(e) Zehnter קידוש *kiddúsch*

VI. Nach Ausgang des Jom-Kippúr veranstaltet der כהן גדול in seinem Hause ein Gastmahl für seine Freunde u. dgl. – kein Gelage!

---

7   Hier mußte wohl eine längere Pause eintreten, denn mit *(n)* durfte nur begonnen werden, nachdem mittels Flaggenzeichen aus der Entfernung einiger Kilometer außerhalb der Stadt der Hohe Priester erfahren hatte, daß *(m)* vollzogen war.

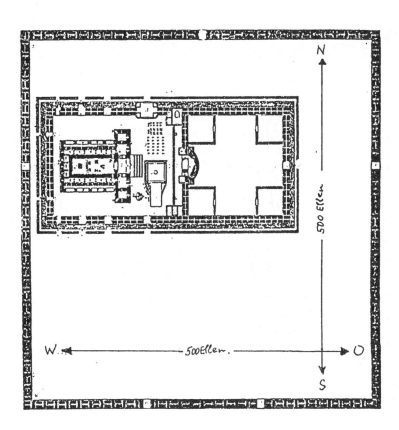

Abb. 1: Der Tempelplatz
(nach M. M. Oppen, *Tiféret Jissraél*)[8]
Maßeinheit: 1 Elle = ca. 48 cm

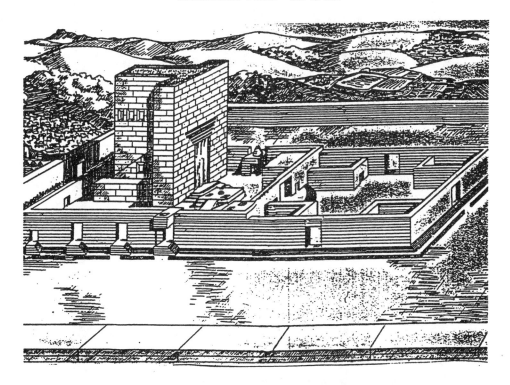

Abb. 2: Perspektivische Ansicht des Zweiten Tempels
(nach M.M. Oppen, *Tiféret Jissraél*)

8   Die genau quadratische Form des Platzes nennen die schriftlichen Quellen, doch topographische und archäologische Daten lassen eher auf ein Trapez schließen.

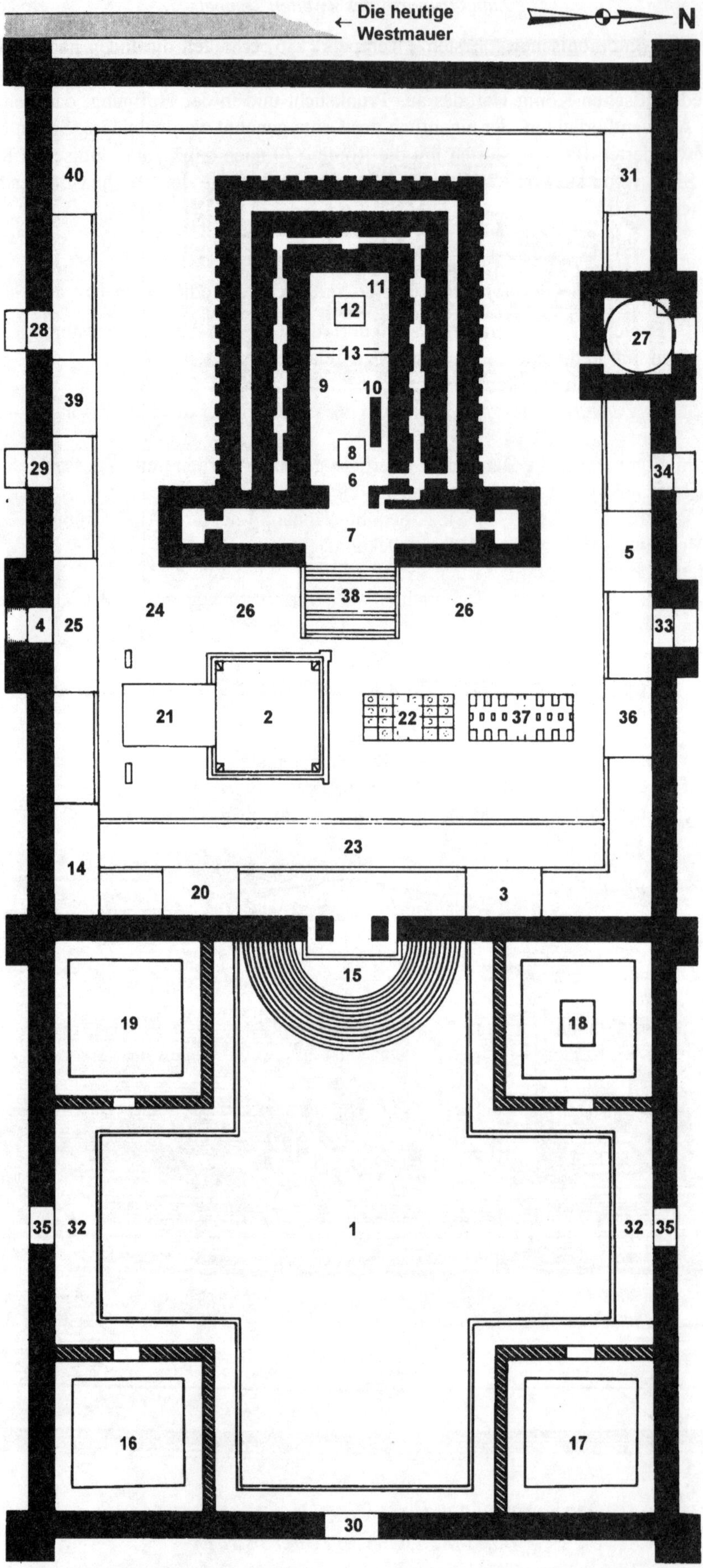

← Die heutige
Westmauer

N

40

31

28

39

29

11

12

13

9   10

8

6

7

27

34

5

38

24   26   26

33

4   25

21   2   22   37   36

23

14

20   3

15

19   18

35   32   1   32   35

16   17

30

Abb. 3: Grundriß des Zweiten Tempels
(nach *Encyclopaedia Judaica*, s.v. *Temple*)

Zum Grundriß des Zweiten Tempels

Nach der Zerstörung des Salomonischen („Ersten") Tempels (586) erhielten die Juden nach zwei Generationen Erlaubnis von den neuen Machthabern, den Zweiten Tempel zu bauen. Nicht ihm entspricht dieser Grundriß, sondern dem von dem halb-edomitischen König Herodes aus Prunksucht und in der Hoffnung, dadurch endlich populär zu werden, mit großem Aufwand erbauten, der eigentlich der Dritte genannt werden müßte. Schon bald nach Fertigstellung des weltweit bewunderten Baus zerstörten ihn die Römer (70 nach d.ü.Z.) im „Jüdischen Krieg". Die Mischná hat dennoch ihn im Sinn, wenn sie vom *Bet-Mikdásch* spricht, und einige der Mischna-Lehrer hatten ihn noch mit eigenen Augen gesehen.

Legende zum Grundriß
(nach *Encyclopaedia Judaica,* mit leichten Modifikationen)

1. *Esrát-Naschím* (= Frauenhof): für Frauen waren dort die Galerien bestimmt, während Männer diesen Hof durchqueren mußten, um in die *Esrát-Jissraél* (23) zu gelangen
2. Der Altar (16 x 16 Ellen; Höhe 8 Ellen)
3. *Parhedrín* (= griech. *parhedro* oder *parhedrion*), wo der Hohe Priester die Woche vor Jom-Kippúr zubrachte
4. Das Wassertor
5. *Bet-Parvá,* wo im allgemeinen die Häute der Opfertiere gesalzen wurden und zu dessen Dach eine Treppe führte. Der Hohe Priester nahm dort oben seine Tauchbäder vor
6. Der *Hechál* (40 x 20 Ellen, Höhe 30 Ellen), zu dem nur Kohaním bei ihrer Amtsausübung Zutritt hatten
7. Der *Ulám,* ein Vorraum (20 x 10 Ellen, Höhe unbekannt)
8. Der kleine goldene Räucheraltar (2 x 2 Ellen, Höhe 3 Ellen)
9. Die goldene Menorá (= siebenarmiger Leuchter aus einem Stück!), abgebildet als Beute auf dem Titus-Triumphbogen in Rom und heute das Symbol des Staates Israel
10. Der Tisch der Schaubrote
11. Das Allerheiligste (20 x 20 x 20 Ellen), fensterlos, wo im Ersten Tempel die Lade (1 1/2 x 2 1/2 Ellen, Höhe 1 1/2 Ellen) wahrscheinlich auf einer aus dem Fußboden herausragenden Felsspitze stand und das im Zweiten Tempel leer war. Zutritt hatte nur der Hohe Priester und nur am Jom-Kippúr, und zwar dreimal
12. Die Lade mit den zwei Bundestafeln, seit Zerstörung des Ersten Tempels verschwunden
13. Der doppelte Vorhang zwischen dem *Hechál* und dem Allerheiligsten
14. Die Quaderhalle, wo das Oberste Gericht tagte
15. Das Nikanor-Tor mit seinen goldenen Flügeln, genannt nach seinem Spender
16. Die Halle der Nasiräer, wie jene hießen, die ein Gelübde abgelegt hatten
17. Das Holzmagazin
18. Die Halle der Aussätzigen (nach ihrer Heilung)
19. Das Ölmagazin
20. Die Halle, in der die Feinmehlopfer zubereitet wurden
21. *Lischkát ha-Parvá,* die Rampe, die zum Altar (2) hinaufführt
22. Die Ringe, u.a. zur Benutzung beim Schlachten des Péssachopfers
23. *Esrát-Jissraél,* die nur männliche Israeliten betreten durften und wo wegen ihrer Enge die meisten keinen Platz fanden, weswegen sie in der *Esrát-Naschím* (1) verbleiben mußten
24. Das Waschbecken mit zwölf Wasserhähnen für die Waschungen der Kohaním (Durchmesser 10, Höhe 5 Ellen, Volumen 2000–3000 Liter). Aus seiner Beschreibung in 1.Kö 7:23 geht hervor, daß zu Salomons Zeiten der Wert von π mit einer Abweichung von nur 7% bekannt war
25. Das Haus der Kohaním-Familie Avtinas, die allein sich auf die Zubereitung des Räucherwerks verstand
26. *Esrát-Kohaním,* zu der nur Kohaním bei der Ausübung ihres Amtes Zutritt hatten
27. Das obere Tor (?)
28. Das *Delék*-Tor, durch das Holz für den Altar (2) herbeigeschafft wurde
29. Das Tor der Erstgeborenen (Tiere)
30. Das Eingangstor zur *Esrát-Naschím* (1)
31. Das Salzmagazin
32. Die Galerien
33. Das Funkentor, ein Wachtturm (?), wo nach Ansicht einiger eine Flamme permanent loderte, von der das Feuer auf dem Altar (2) angezündet wurde
34. Das Opfertor
35. Die Frauentore
36. Das Tor der Hitze, wo sich die Kohaním im Winter wärmten
37. Die Tische, auf denen die geschlachteten Opfer zubereitet wurden
38. Die Stufen für den Lewitenchor
39. (?)
40. (?)

3. *S.R. Hirsch, z. St. (stark gekürzt, z.T. geändert, aber sinngemäß):*

(a) Das Wort כפרה *kappará* heißt wesentlich ein *Begraben* der Vergangenheit [...] Je mehr eine sittlich getrübte Vergangenheit durch göttliche Gnade *begraben* werden solle, um so mehr solle sie für das menschliche Bewußtsein nicht begraben, sondern in täuschungsloser Klarheit lebendig bleiben. Dies ist die Bedeutung des וידוי *Widdúj* (= Bekenntnis?), was keine Beichte an einen anderen Menschen, nicht einmal ein Bekenntnis an Gott, sondern [wie das im Hebräischen reflexive Verbum für *bekennen* bezeugt] ein „Sich selbst gestehen" ist, das im Innern jeden entschuldigenden Anwalt zum Schweigen bringt.

(b) Nachdem der כהן גדול *kohén gadól* zuerst sich selbst und sein „Haus", d.h. seine Frau, *bekannt* hat, tritt er zu dem שעירים *sseirím*-Paar, mit welchem er die Volksgemeinde als sühnebedürftig erklärt. „Er stelle" (V.7) beide einander gleichen Tiere zusammen [...]⁹ Die ausdrückliche Bestimmung „zwei" bezeichnet überall Gepaartsein in Erscheinung, Wert- und Zeitbestimmung. Offenbar haben wir hier die Darstellung zweier ursprünglich völlig identischer Wesen, die sich an der Schwelle des Heiligtums zu vollendetem Gegensatz scheiden. Sie sind beide gleich [...] mit ganz gleicher Möglichkeit der Entscheidung: der eine wie der andere kann das eine wie das andere werden, ja, jeder kann das eine, was er wird, nur werden, wenn er auch das andere hätte werden können [...] Des einen Blut gelangt ins Allerheiligste, der andere bleibt unverändert חי *chaj* (= lebendig), gelangt aber als solcher hinaus aus dem Wohnkreis der Menschen in die Öde. Jeder von uns ist שעיר *ssaír* und hat die Fähigkeit, sich den an unseren Willen gestellten Anforderungen mit Festigkeit zu widersetzen. Wir können unsere Kraft in Gotteshörigkeit bethätigen oder sie Gott entgegenkehren. Im Kreise der organischen Welt gibt es keine Sünde, aber eben darum auch keine Tugend. Und wäre die dem göttlichen Willen ungemäße Menschensinnlichkeit nicht mit Reiz für den Menschen ausgestattet, dann wäre ihm alles Schlechte bitter, alles Gute süß und könnte er nicht ebenso Gott wie Reizen und Trieben widerstehen, also nicht ebenso dieser wie jener שעיר *ssaír* werden [und so wäre es um seine Menschenwürde geschehen].

(c) [In 5.M. 11:29 steht geschrieben „du gibst die Segnung auf dem Berg Gerisím"], wo das „Geben" sicherlich nicht ein konkretes Geben des Segens bedeutet, also, daß etwa er auf dem Berge haften sollte [...] So ist auch hier in V.21 sicherlich nicht an ein magisch-mystisch konkretes Legen der Verfehlungen auf das Haupt des Bockes zu denken. Es heißt nichts anderes, als daß durch das Geständnis auf sein Haupt der Bock die verfehlte Lebensrichtung ins Bewußtsein rufen soll.

(d) In höchst eigentümlicher Weise ist die Art der Darbringung in V.13 ein Kardinaldifferenzpunkt der die Überlieferung der חכמים *chachamím* (= Weisen) leugnenden צדוקים *Zedukím* (= Sadduzäer) geworden. Diese lehren, er habe das Räucherwerk draußen auf die Kohlen zu streuen und so, mit der bereits aufdampfenden קטורת *ketóret*, das Allerheiligste zu betreten, während den פרושים *Peruschím* (= Pharisäer) zufolge er es erst darin auf die Kohlen zu schütten hatte. Die Aufrechterhaltung der Lehre der Sadduzäer lag diesen so am Herzen, daß sich ein Sadduzäer einmal höchstens freute, als ihm als Hoher Priester Gelegenheit ward, ihr praktisch Folge zu leisten (bab.Jomá 19b). Seitdem verpflichteten die Pharisäer jeden Hohen Priester eidlich auf die pharisäische Praxis.¹⁰ Fragen wir nach dem Motiv, so erfahren wir aus *Torát Kohaním*, daß die Sadduzäer die Forderung des Anstandes geltend machten, denn bei römischen Gastmählern¹¹ wurde Räucherwerk schon dampfend in den Saal gebracht [...] Ein solcher Priester aber macht das Altarfeuer zu *seinem* Feuer und außerhalb des Gesetzbodens das Räucherwerk zu *seinem* Wohlgeruch: er trägt hinein, was *ihm* wohltut, und was ihm wohltut, muß auch Gott sich gefallen lassen.¹²

---

9 Ab hier kommt Hirschs Auffassung zum Ausdruck, daß auch nicht das geringste Detail des Opferdienstes, von der Spezies und Anzahl der Tiere ganz zu schweigen, willkürlich oder gar sinnlos ist. Der Hohe Priester repräsentiert ganz Israel, laut 2.M. 19:6 ein „Königsbereich von Priestern", d.h. Beauftragten oder Funktionären (in der Welt). Wie ein am Pflug eingespanntes Rind möge es kräftig, wie der an der Spitze der Lämmer gehende Widder führend sein und einem Bock gleichen, der sprichwörtlich bockig, widerspenstig, auch widerstandsfähig, nicht leicht beeinflußbar ist und auf dem einmal eingeschlagenen Wege ausdauert. Die Tieropfer sind das Thema von Abschnitt *Wajikrá*.

10 Der Streit, so der Anschein, geht um eine Bagatelle wie jener in Swifts *Gullivers Reisen*, ob ein weiches Ei an seinem spitzen oder runden Ende geschält werden soll, doch ungleich dieser Kontroverse gab es in unserer gewichtigere Hintergründe. Die צדוקים *Zedukím* (= Sadduzäer), zu denen auch die Kohaním der letzten Periode des Zweiten Tempels gehörten, waren Teil der begüterten Schicht und als solche konservativ und an Aufrechterhaltung des *status quo* und von „Gesetz und Ordnung" interessiert. Daher standen sie auf gutem Fuße mit der römischen Fremdherrschaft, die dieses Interesse teilte. Die römische Beamtenschaft wiederum war korrupt, maßte sich das Recht der Bestätigung neu ernannter Hohe Priester an und nahm dafür gern Bestechung. Wer wie die Kohaním in ihr Gönner sah und, um sie gut zu stimmen, auch ihre gesellschaftlichen Sitten imitierte, galt als Assimilant und Kollaborateur.

11 Vielleicht auch bei offiziellen Anlässen und im Zeremoniell vor Statuen der Götter und Kaiser. An dem, was wie eine Nebensächlichkeit aussah, manifestierte sich also eine verwerfliche religiöse und politische Haltung.

12 In Hirschs letzten Zeilen verbirgt sich ein Seitenhieb gegen zeitgenössische Bestrebungen innerhalb der deutschen Judenheit, die sogenannte Judenfrage dadurch zu lösen, daß sich der jüdische Gottesdienst weitmöglichst dem protestantischen angleicht und das Judentum sich überhaupt dem herrschenden „Zeitgeist" anpaßt.

4. רמב"ם הל' יו"כ *RaMBáM, Jad, Hilchót Jom-Kippúr 2,6–7:*

Was in der תורה *Torá* steht „Er bedecke[13] um sich und um sein Haus und um alles Gesamt Jissraels", darüber haben wir aus der [mündlichen] Überlieferung gelernt,[14] daß er an diesem Tage dreimal mit Worten bekennt: für sich,[15] für sich und seine Mit-כהנים *kohaním* (= Priester aus der Familie Aharóns) […] und für ganz Jissrael über den davonzuschickenden Bock.[16] Dabei nennt er den [göttlichen] Namen je dreimal – wie? Er sagt: „O doch, ה' *ha-Schem*,[17] ich verirrte mich, wich ab und empörte[18] mich vor dir, o doch, ה', bedecke doch die Verirrungen, die Abweichungen und die Empörungen […], wie es heißt: ‚Denn an diesem Tag bedeckt man über euch, euch zu reinigen: von allen eueren Verirrungen vor ה' werdet ihr rein.'" […] Und wenn er das Los auf den Bock legt, sagt er „Vor ה' werdet ihr rein". Somit nennt er den Namen an diesem Tag zehn Male, jedes Mal מפורש *meforásch* (= wörtlich, buchstäblich), so wie er geschrieben steht. Ursprünglich erhob er bei ה' seine Stimme, doch als sich die Frechen mehrten und ihn wiederholten, senkte er sie und ließ ihn im Summen [der

ihn umringenden כהנים] untergehen, so daß man ihn nicht [hörbar] wahrnehmen konnte. Und alle כהנים und das Volk, das in der עזרה *asará* (= Vorhof) stand, wenn es den Namen מפורש *meforásch* aus dem Munde des כהן גדול *kohén gadól* (= Hoher Priester) in Heiligkeit und Reinheit vernahm, verbeugte und verneigte sich und fiel auf sein Antlitz und sprach: „Gelobt sei sein Königswesen[19] immerdar" […] Er wiederum war bestrebt, ihn auszusprechen zugleich mit den dies Sprechenden und sagte zu ihnen [laut nur das letzte Wort] תטהרו *titháru* (= ihr seid rein).

5. *D. Hoffmann, z. St.:*

„Denn in der Wolke lasse ich mich sehen über dem Verdeck" (V.2) – welche Wolke? Nach Jomá 53a verstanden Sadduzäer wie Pharisäer unter der Wolke den in V.13 erwähnten Rauch der קטורת *ketóret* (= Räucherwerk), doch entspricht dies nicht dem *peschát* (= einfacher Wortsinn): Konnte die Schrift wirklich hier mit einem so wenig präzisen Hinweis vom wichtigsten Teil der עבודה *avodá* (= Dienst) des Tages reden? Es ist wohl möglich, daß diese Auffassung von der Seite der Sadduzäer herrührt und daß die Pharisäer sie aufnahmen, um zugleich zu versuchen, die sadduzäische Interpretation zu widerlegen.

Mit RaSCHÍ, Ibn Esrá und RaSCHBáM ist die Wolke als jene auszulegen, in der sich die göttliche Glorie sehen ließ, und so übersetzt auch Targúm Jonatán. Sehr richtig erklärt Naftalí Weisel, daß in der Wolke oberhalb des Verdecks (der Lade) Gott sich dem offenbart, der im Innersten und im Heiligsten anwesend ist. Darum ist es verboten, sich ihr zu nähern, und ist Aharón anbefohlen, eine Wolke des Räucherwerks aufsteigen zu lassen bei seinem Eintritt dahin, sonst könnte er die göttliche Glorie erblicken. (Es kann, so Weisel, daher hier um eine von zwei verschiedenen Wolken gehen: die göttliche, die die Stämme beim Auszug begleitete und aus der Mosché Aufträge empfing, oder die priesterliche, am Jom-Kippúr ins Allerheiligste gebrachte.) Hirsch weist Weisels Erklärung zurück, indem er an 2.M. 40:34–35 erinnert, wo wir unterrichtet werden, daß die göttliche Wolke nicht im Heiligtum, sondern draußen und über ihm „wohnte". Wahrscheinlicher ist jedoch, daß sie auch drinnen sichtbar war, wofür König Salomons Gebet bei der Einweihung des Ersten Tempels den Beweis liefert. Denn, in 1.Kö. 8:10–12 steht geschrieben, daß bei dieser Gelegenheit die Priester ihren Dienst nicht ausüben konnten, weil die Wolke den Raum ausfüllte.[20]

13 So übersetzen BR das betreffende Verbum: treu dem hebräischen Original, aber dem Deutschsprachigen unverständlich. Sie haben insofern recht, als כיפר *kippér* wirklich *bedecken* und nicht *versöhnen* bedeutet.

14 Das Problem an dieser Stelle ist: Was tut der *Kohén gadól* eigentlich, wenn er fortwährend „bedeckt"? Die Mischná und mit ihr RaMBáM überlegen folgendermaßen: Da alle seine Handlungen bereits bis ins Einzelne beschrieben sind, kann sich diese nur auf einen Sprechakt beziehen. Damit ist ein wichtiger Schritt getan: den Schwerpunkt vom Opfern auf etwas Geistiges zu verlegen, ein Prozeß, der nach dem חורבן *churbán* seinen Höhepunkt erreichte und auf diesem bis auf den heutigen Tag dort verblieb. Zum Verbum *bekennen* ist zu bemerken, daß es nicht mit *beichten* gleichbedeutend ist.

15 „Für sich" schließt hier nach der Ansicht der Weisen seine Frau mit ein. Zwar war Monogamie schon seit einigen Jahrhunderten nicht bloß das Ideal, sondern außer z.B. im Herrscherhaus die Regel, Polygamie aber trotzdem gestattet – außer dem Hohen Priester! Er darf an diesem Tag nicht amtieren, wenn er an ihm nicht verheiratet ist und zwar mit einer einzigen Frau, weswegen deren Tod am Vorabend ihn als Trauernden disqualifiziert. Darum wurde alljährlich ein Stellvertreter für ihn vorbereitet.

16 Darüber siehe MATERIAL Nr. 3b.

17 Der „vierbuchstabige" Name, griechisch Tetragrammaton, besteht aus den Konsonanten *J-H-W-H*. Da seine Vokalisation unbekannt ist, ist er „unaussprechlich", aber auch unaussprechbar, weil es vielleicht schon in der Periode des Ersten Tempels nicht bekannt war, wie er ausgesprochen werden könnte. Aus der Schilderung des Rituals erfahren wir hier, wieso seine Aussprache in Vergessenheit geraten konnte. Da ihn der Hohe Priester nur am Jom-Kippúr aussprach, ging er im Chor der Respondenten unter. Ein jüdischer Denker sagte einmal, dadurch hätten die Juden ihren Nationalgott der Welt zum Geschenk gemacht. Heute wird an seiner Stelle das hebräische Wort für *der Name* (השם *ha-schem*) substituiert, gemeint ist damit aber eher *das Wesen*. Für diese Vokabel gibt es keine genaue Entsprechung im Hebräischen.

18 Die hier aufgezählten drei Arten von Vergehen rühren nach Hirsch der Reihe nach von Gleichgültigkeit, Leidenschaft und absichtlicher Ver- und Mißachtung her.

19 Vielleicht kommt diese unschöne Wiedergabe dem Original näher als die S. Kaempfs in seiner Übersetzung des Machsórs: „Gebenedeit sei der Name der Herrlichkeit seines Reiches immerdar und ewig". Siehe Anmerkung Nr. 17.

20 Sollte Hoffmann hier recht haben, dann ist der Hintergrund der Kontroverse zwischen Pharisäern und Sadduzäern nicht der von Hirsch in MATERIAL Nr. 3 vermutete und in Anmerkung Nr. 10 und 11 annotierte. Hoffmann meint, beide Strömungen hätten V.2 mißverstanden.

6. *G. Wenham z. St.:*

(a) Am Versöhnungstag sah (der Hohe Priester in seinen Gewändern) eher wie ein Sklave aus. Sie bestanden aus vier einfachen Kleidungsstücken aus weißem Leinen, unansehnlicher sogar als die eines gewöhnlichen Priesters (2.M. 39:27–29).

(b) Eintritt ins Allerheiligste ist höchst gefährlich. Um den Zorn Gottes von sich abzuwenden und sich zu schützen, hat der Hohe Priester eine Pfanne voller heißer Kohlen vom Opferaltar im äußeren Hof vorzubereiten und feine Spezereien darauf zu legen. Der Rauch soll den Gnadenstuhl bedecken, damit der Hohe Priester nicht getötet werde. [...] Keil schlägt vor, der Rauch hätte Gott daran hindern sollen, den Sündhaften zu sehen.

(c) Der Zweck dieser Vorschriften ist zu verhüten, daß Aaron, der heiligste Mensch in Israel, plötzlichen Tod erleide, wenn er das Zelt betritt. Die Riten lehren, niemand könne sich der Gegenwart Gottes nähern, ohne zuvor wie angebracht Versöhnung zu erlangen [...]. Der eindrucksvollste Vorgang des Tages war das Wegschicken eines Bockes in die Wildernis [...] Daß die ganze Nation von ihrer Sünde gereinigt werden muß, ist lebendig hier veranschaulicht. Die Riten im Allerheiligsten blieben dem breiten Publikum verborgen, doch die Bock-Zeremonie konnten alle sehen und verstehen. Sie war ein gewaltiges visuelles Mittel, die Realität von Sünde und die Notwendigkeit, Sünde zu eliminieren, dem Zuschauer vor Augen zu führen. Dieser Punkt wurde noch stärker durch das totale Arbeitsverbot und die Ausübung von Bußpraktiken wie Fasten unterstrichen. Der Sündenbock allein hätte gar manchen verleiten können zu denken, es sei ein Leichtes, das Volk von seinen sündigen Wegen zu läutern. Das Gebot, sich zu kasteien, betont die Erfordernis, daß jegliches Individuum sich prüfe und seine Sünden bereue.[21]

---

21 Nicht alle der fünf Teile der Torá erfreuen sich gleicher Popularität und Anziehungskraft bei Exegeten. Die nicht jüdischen unter ihnen interessieren sich in erster Linie für Genesis (1.M.) und dann in der Reihenfolge ihres abnehmenden Interesses für Exodus (2.M.) und Deuteronomium (5.M.). In Numeri (4.M.) belieben sie eher kürzer vorzugehen, und die Zahl der Kommentare für Leviticus (3.M.), unser hier behandeltes Fünftel (חומש *Chummásch*), *Wajikrá*, beträgt ungefähr ein Viertel der Zahl der Genesis-Kommentare. Die Ursachen für diese Disproportionen sind leicht zu erraten, gehören aber nicht hierher. Um so erfreulicher ist es, auf Wenham zu stoßen, besonders weil er einer der wenigen ist, die auch RaSCHI, Hoffmann und Hertz zu Rate ziehen. Leider sind ihm in Kap. 16 einige Irrtümer unterlaufen. In (a) ist unrichtig, die Kleidungsstücke der Koháním seien unansehnlich gewesen: Sie waren nur von ostentativer Einfachheit, was angesichts des in politischen und religiösen Zeremonien üblichen prunkvollen Ornats der Funktionäre eigentlich Wenhams Lob verdient hätte. Daß die so uniformierten Koháním wie Sklaven aussahen, ist ganz abwegig: Ist es vorstellbar, die Israeliten hätten ihre Priester wie Sklaven gekleidet, wenn sie erst einige Monate vor der Einsetzung des Rituals und Investitur der Priester aus der ägyptischen Knechtschaft be-

7. יומא סז, ב *bab. Jomá 67b:*

[Es gibt einige] Dinge, deretwegen die Völker der Welt [uns] zur Rede stellen,[22] und zwar: [die Verbote] des Schwein[efleisch]es, der Bekleidung mit שעטנז *schaatnés*[23] [...] und [das Gebot des] Bock[es]. Fällt dir [, o Leser,] vielleicht ein, das seien *Tohú*-(= Chaos, Wirrwarr)-Dinge? תלמוד לומר *Talmúd lomár* (= darauf antwortet die תורה *Torá* selbst): „Ich bins, ER" [, der sie verordnet hat, und es ist dir nicht gestattet, über sie nachzugrübeln und ihre Motive in Frage zu stellen].[24]
[Dazu RaSCHI: Als ob die תורה nicht echt und wahr wäre, bloß weil all diese [Gebote] ohne Nutzen zu sein scheinen – und deswegen heißt es von ihnen [gerade und nicht bei anderen, den einleuchtenden מצוות *mizwót* (= Geboten)] „Ich bins, ER", d.h. jener, der sie über euch verhängt hat.]

8. רמב"ן *RaMBáN z. St.:*
R. Avrahám [ibn Esrá] schrieb, hierin läge ein Geheimnis[25], „aber wer treuen Sinnes ist, verbirgt [wenn nötig]

---

freit worden waren? Zu (b): Von einem zornigen Gott, vor dem man sich schützen muß, weiß die Torá nichts, und daß man Rauch benützt als Tarnung vor einer allwissenden Gottheit, klingt einfach komisch: So etwas tut man im Schützengraben, um von Feindesaugen nicht gesehen zu werden. Auch Keils Vorschlag wäre besser unzitiert geblieben. Für die unmögliche Benennung der Lade als Gnadenstuhl ist nicht Wenham, sondern Luther verantwortlich. Zu (c): Was Wenham unter Bußpraktiken versteht, ist unklar, denn das Werkverbot am Jom-Kippúr ist identisch mit dem an jedem Schabbát, und an einem solchen, dem allwöchentlichen Freudentag, ist ganz im Gegenteil Trauer, Buße u.ä. untersagt. Das Fasten, übrigens ein totales und Getränke mit einschließendes, soll lediglich für 25 Stunden alle biologischen Notwendigkeiten ausschalten, erfordert also höchstens, sich etwas für ganz kurze Zeit zu versagen, nicht aber sich asketisch Schmerz zuzufügen oder sich zu kasteien, d.h. zu züchtigen, ist doch Fasten relativ leicht. Wenhams Bemühungen, in die Bedeutung des Tages einzudringen, sind anerkennenswert, aber ihrer ungeachtet kann er selbstverständlich nicht aus seinen nichtjüdischen Paradigmen hinaus, wofür bezeichnend ist, daß in (c) allein das Wort *Sünde* sechsmal vorkommt. Für die jüdischen Denkkategorien ist das hebräische *chet* von andersartigem Inhalt. Mit einem Buß- und Bettag ist Jom-Kippúr nicht gleichzusetzen.

22 Zur Rede stellen im Sinne des Vorwurfs, die Juden hielten sich an sinnlose Gebote.

23 Dieses absonderliche Wort kommt nur zweimal in der Bibel vor (3M. 19:19 und 5.M. 22:11). Seine Herkunft und, sollte es ein Kompositum sein, Zusammensetzung lassen sich nicht erklären, und seine Bedeutung geht nur aus dem Kontext hervor: ein sowohl aus Wolle wie aus Flachs bestehender Stoff.

24 Ob Überlegungen über den Sinn der unverständlichen Gebote und Verbote gestattet sind, ist unentschieden. Hier jedenfalls ist eine solche Vorschrift als ein „königlicher Befehl" zu befolgen, weil dadurch Selbstdisziplin einerseits und andererseits Anerkennung des befehlenden Gebieters ihren Ausdruck finden.

25 Stil und – mangels aller Satzzeichen – Sprache der mittelalterlichen Kommentatoren sind häufig schwer zu verstehen, schwerer deutsch wiederzugeben, am schwersten wenn es um ein heikles Thema geht, wie es Asasél ist. Aus diesen Gründen ist die Übersetzung hier leicht umgearbei-

eine Sache" (Spr. 11:13). Ich aber bin ein Schwätzer [und kann ein Geheimnis nicht hüten, um so weniger, als] es unsere Meister schon an einigen Orten [...] aufgedeckt haben [...]. Es steht ja auch in *Pirkéj de R. Eliéser* des Großen, man hätte [mit dem Bock den Ankläger] Ssamaél[26] bestochen [, Israel nicht anzuklagen]. Als nun dieser sah, daß wirklich kein Makel Israel anhaftete, sprach er vor dem Heiligen, gelobt sei er: Herr der Welt, ein Volk hast du auf Erden, den Dienstengeln gleich, denn wie diese ist auch jenes [heute] barfuß, wie diese jenes [heute] ohne Speise und Trank, wie diese jenes [heute] ohne Zank untereinander, wie diese jenes [heute] schuldlos. Kaum hatte der Heilige, gelobt sei er, dies vernommen, noch dazu aus dem Munde des [beruflichen] Anklägers, da „bedeckte" er auch schon [...] Dabei [o Leser] mußt du im Auge behalten, daß die Torá jedes Opfer und jede Spende an eine fremde Gottheit strengstens verbietet[27] [...] Nur für diesen Tag hat sie uns befohlen, diesen Bock in die Wüste fortzuschicken, weil dort Kräfte der Zerstörung hausen, auch [, so nennen sie unsere Meister,] schädliche Dämonen, Böcke mit Namen, weil Essáw (= Esau) und seine Nachkommen sie verehren, der ja selbst als ein שָׂעִיר ssaír (= Bock), d.h. שָׂעִיר ssaír (= haarig) in 1.M. 25:25 geschildert ist. Deswegen liegt in dem fortzuschickenden Bock unsererseits [überhaupt] keine Absicht – behüte! –, jemanden zu opfern, sondern nur den Willen unseres Schöpfers zu erfüllen [...] Darin liegt denn auch der Sinn der beiden Lose: Würde [der Hohe Priester] den einen IHM und den anderen dem Asasél ausdrücklich weihen, läge darin ein Zeichen, daß er [auch] diesem

tet. Das „Geheimnis" ist die exegetische Akrobatik, mit welcher Ibn Esrá und RaMBán die Asasél-Kulthandlung zu rechtfertigen versuchen, daß an ihr nichts Magisch-Anrüchiges haftet. Den Versuch hier vorzulegen, würde den Rahmen dieses Abschnittes übersteigen, doch siehe die Andeutungen in Anmerkung Nr. 27.

26 Ssamaél ist der Name eines untergeordneten, dem Menschen und insbesondere Israel feindlich gesinnten Mitglieds der himmlischen Entourage Gottes, von der die Kabbalá sehr viel weiß, brave und naive Leute einiges und die Torá absolut nichts. Er hat es auf den Tod des Menschen abgesehen, den er, wann immer sich Grund und Gelegenheit dazu bieten, vor dem göttlichen Richtstuhl anschwärzt.

27 Hier beginnt RaMBáNs redliches Bemühen, das Asasél-Zeremoniell irgendwie zu legitimieren – siehe Anmerkung Nr. 25. Da die Torá es vorschreibt, kann er es nicht verurteilen, ganz geheuer ist ihm dabei aber auch nicht. Dämonische Wesen leugnet er nicht rundweg ab, aber ihre Macht durch sie beschwichtigende Riten, denen die Fortschickung des Bockes zu ähneln scheint, zu paralysieren, hieße sie anzuerkennen, was er der Torá zu unterstellen nicht wagt. Was tut man da? So in die Enge getrieben, bringt er Asasel auf komplizierte Weise mit Essáw (Esau), Jaakóvs Zwillingsbruder und in der Aggadá sein Gegenspieler, in Verbindung. Dessen geistige Nachkommen waren für ihn die Repräsentanten der hellenistischen Kultur, die ein Jahrtausend vor ihm in der Welt vorherrschte, und jetzt in seiner Heimat Spanien die katholische Kirche, die er beide für mehr oder weniger in Aberglauben verstrickt hält. Was er von der Kirche denkt, traut er sich nicht zu schreiben, und nennt es sein und Ibn Esrás Geheimnis.

dient und etwas gelobt. Jedoch stellt er [die beiden Tiere] lediglich vor IHN hin am Eingang, [was beweist:] sie sind [alle beide] für IHN [...], und ER verzichtet auf einen der beiden zugunsten eines seiner „Untertanen" [d.h. Asasél] – ja, nur das Los bestimmt, welchen von den zweien. Desgleichen beabsichtigen wir mit der Fortschickung [des einen] nur seinen Willen auszuführen. Dazu kommt, daß der eine für IHN geschlachtet, der andere nur zum Asasél fortgesandt und ja gar nicht geopfert wird [...] All das hat R. Avrahám [ibn Esra] sehr geheimnisvoll verschlüsselt, und mehr will auch ich nicht von solcher Nekromantie[28] aufdecken, weil wir denen, die sich in Dingen der Natur[wissenschaften] so klug und weise dünken, den Mund stopfen müssen [, sonst könnten sie sich ja noch auf uns berufen]. Sie fühlen sich angezogen von jenem Griechen,[29] der alles leugnet, was er nicht [mit den Sinnen] wahrzunehmen imstande ist, und den sein Verstand derart verwirrt hat, daß er und seine frevelhaften Schüler einfach alles für falsch halten, was er mit Vernunft nicht fassen kann.

9. יוֹמָא עא, ב *bab. Jomá 71b:*

מַעֲשֶׂה *maassé* (= ein tatsächliches Begebnis) von einem כֹּהֵן גָּדוֹל *kohén gadól,* den [, als er am Ausgang des Tages heimkehrte,] vieles Volk begleitete. Als das Volk aber sah, daß Schemajá und Avtaljón vorbeigingen, ließ es ihn stehen und folgte diesen beiden. Danach kamen diese, um sich vom כֹּהֵן גָּדוֹל zu verabschieden. Er aber sagte zu ihnen: Mögen Proselyten [wie ihr zwei] in Frieden heimkehren! Sie antworteten ihm: Mögen Proselyten [wie wir] in Frieden heimkehren, weil sie dem Vorbild [deines Ahnen] Aharón folgen [und seiner sprichwörtlichen Friedfertigkeit], und mögen Aharóns Nachkommen nicht in Frieden heimkehren, weil sie seinem Vorbild nicht folgen.[30]

28 Dieses griechische Fremdwort für Totenbefragung, ein in 5.M. 28:21 streng verbotener Aberglaube, benützt RaMBáN hier als Oberbegriff für allerlei Techniken, sich an angeblich existierende geheime übernatürliche Kräfte zu wenden.

29 Damit ist Aristoteles gemeint als Vertreter der griechischen Philosophie.

30 Der Hohe Priester war, wie die meisten dieses Amtes im Jahrhundert vor der Zerstörung des Zweiten Tempels, ein Sadduzäer, und was diese Geistesrichtung und politische Haltung bedeutet, führen Anmerkungen Nr. 10 und 11 aus. Schemajá und Avtalión waren פְּרוּשִׁים *Peruschím* (= Pharisäer). Im Gegensatz zu den erzkonservativen Sadduzäern (= *Zedukím*), wie die Priester es waren, waren diese fortschrittlich. Das soll nicht heißen, sie hätten sich über die Gebote der Torá hinweggesetzt, sondern lediglich, daß sie einige von ihnen, die im krassen Gegensatz zu verändertem religiösen Empfinden oder einer neuen sozialen oder wirtschaftlichen Situation standen, solange interpretierten, bis der Gegensatz aufgehoben war. Fortschrittlichkeit implizierte ebenso Erleichterungen wie auch Verschärfungen, immer aber mit einem Auge auf die breiten Massen und deren Bedürfnisse. *Peruschím* ist zu deutsch „die Abgesonderten", einerseits weil sie, die Hochgelehrten, sich von Ungelehrten persönlich fernhielten, andererseits weil sie den assimilatorischen Trend der Sadduzäer nicht mitmachten. Deren Strömung verschwand mit dem endgültigen Untergang der seit hundert Jahren beschränkten jüdi-

10. יְשַׁעְיָהוּ *Jeschajáhu (Jesaja) 58:1 ff.:*
Rufe aus der Kehle / dämpfe nimmer / posaunengleich
erheb deine Stimme / vermelde meinem Volk ihre Ab-
trünnigkeit / Jaakóvs Haus ihre Sünden! Zwar mich
beforschen sie tagtäglich / gelüsten meine Wege zu wissen / als wären sie gleich einem Stamm / der Bewährung
machte zur Tat ... / „Wozu haben wir uns kasteit / du
hast es nicht angesehn / unsere Seelen wir gebeugt, / du
willst es nicht wissen!" – Wohl: am Tag euerer Kasteiung findet ihr doch ein Gelüst aus / und treibt all euren
Erwerb! / Wohl: zu Streit und Geraufe kasteit ihr euch /
mit frevler Faust dreinzuschlagen / nicht kasteit ihr euch
wie's heuttags ist / daß in der Erhabenheit man eure
Stimme hören müßte. / Soll dergleichen die Kasteiung
sein / die ich erwähle / der Tag / an dem der Mensch
seine Seele beugt? / Daß er seinen Kopf binsengleich
hängen läßt / Sackleinen und Asche sich unterbettet /
willst dazu aufgerufen haben: „Kasteiung! Gnadentag
IHM!"? / Ist nicht erst dies die Kasteiung / die ich erwähle: die Klammern des Frevels zu öffnen / des Joches
Bande zu sprengen / und Geknickte auszuschicken ledig
/ alljedes Joch sollt ihr zertrümmern! / Ists nicht: für den
Hungernden brechen dein Brot / daß schweifende Ge-
beugte du ins Haus kommen lassest / wenn du einen
Nackenden siehst / daß du ihn hüllest / vor deinem
Fleisch verstecke dich nicht! / Dann dringt dein Licht
hervor der Morgenröte gleich [...] / Rufst du dann, antwortet dir ER / schluchzest du auf, spricht er: Hier bin
ich / räumst du nur aus deiner Mitte / Unterjochung,
Fingerstrecken, Arggered,[31] / reichst dem Hungernden
dein eigenes Seelenbegehr / sättigst du niedergebeugte
Seele: / da strahlt dein Licht in der Finsternis auf / son-
nenhöhgleich wird dein Düster [...] / Trümmer der Vor-
zeit bauen die deinen auf / Grundmauern von Geschlecht
für Geschlecht.

11. בְּרָכוֹת לב, ב *bab.Berachót 32b:*
R. Elasár sagt: Am Tage, da der בֵּית הַמִּקְדָּשׁ *Bet-ha-
Mikdásch* (= Heiligtum) zerstört ward, ist eine eiserne
Mauer gefallen, die sich zwischen Israél und seinem
Vater im Himmel erhoben hatte.[32]

12. Y.T. Radday:
(a) Wer den יוֹם־כִּיפּוּר *Jom-Kippúr*, den die Torá für
die Wüste vorschreibt, und den der מִשְׁנָה *Mischná* mit
dem heute in בֵּית־הַכְּנֶסֶת *Bet-ha-Kenésset* (= Synago-

ge) begangenen vergleicht, wird kaum die geringsten
Berührungspunkte entdecken. Und wirklich ist die Ver-
änderung, die der Tag – der Mischná-Traktat heißt Jomá,
der Tag *par excellence* – durchgemacht hat, kaum zu
fassen: Sie ist so enorm, daß man denken könnte, es
handele sich um zwei ganz verschiedene Feiern zweier
verschiedener Kulturen und Religionen. Denn während
der Wüstenwanderung und solange der Erste und Zweite
Tempel standen, war er im Grunde nichts als Ritual.[33]
Von diesem ist in der jüdischen Liturgie praktisch nichts
übriggeblieben, denn man gewinnt bei ihr den Eindruck,
daß sie Kulthandlungen als eher peinlich und zu ostenta-
tiv empfindet. Das einzige und letzte Überbleibsel ist –
und auch dieses ist an vielen Orten abgeschafft –, daß
man sich, was sonst niemals geschieht, dreimal und kurz
hintereinander der Länge nach mit der Stirn auf den
Boden niederwirft.
Aktiv war am יוֹם־כִּיפּוּר *Jom-Kippúr* im בֵּית שֵׁנִי
Bájit Scheni (= Zweiter Tempel) niemand außer dem
כֹּהֵן גָּדוֹל. Von seinem Verlauf im רִאשׁוֹן בֵּית *Bájit
Rischón* (= Erster Tempel) wissen wir nicht das geringste. Er amtierte dann allein, war ununterbrochen für
mehr als dreizehn Stunden nach einer vorschriftsmäßig
schlaflosen Nacht barfuß „auf den Beinen", über fün-
fundzwanzig Stunden fastend und bis auf einige Sätze
schweigend. Zu sehen gab es wegen Platzmangel sehr
wenig für Zuschauer außer für einige priesterliche Assistenten. Die Menge erblickte ihn vielleicht für einen
Moment bei einer der zehn Waschungen, bestimmt nie
bei einem seiner fünf Tauchbäder, weil diese auf einem
Dach hinter einem Paravent stattfanden.[34] Die Zuschauer
standen in der verhältnismäßig engen עֶזְרַת־יִשְׂרָאֵל
esrát-Jissraél (= Hof der männlichen Israeliten). Um
dorthin zu gelangen, mußten sie die mehr als viermal
geräumigere עֶזְרַת־נָשִׁים *esrát-naschím* (= Frauenhof)
durchqueren und, falls jene עֲזָרָה *asará* (= Hof) über-
füllt war, darin verbleiben. Den Frauen stand eine die
עזרה *asará* umringende Empore zu Verfügung.

(b) Auf diese Weise wurde der Tag mit Sicherheit gute
vier bis fünf Jahrhunderte begangen, bis בֵּית שֵׁנִי *Bajit
Scheni* im Jahre 70 nach d.ü.Z. von den Römern am 9.
des Monats Av (meistens Mitte August) verbrannt wurde, also genau zwei Monate vor dem 10. des Monats
Tischrí, dem Datum des יוֹם־כִּיפּוּר. Da fragt man sich,
wie dieser erste יוֹם־כִּיפּוּר nach dem חוּרְבָּן *churbán*
(= Zerstörung) und die nächsten zweihundert wohl ver-
liefen, bis sich seine heutige Form herauskristallisiert
hatte: ohne Gebäude, ohne Höfe, ohne Altar, ohne Priester, ohne Opfer. An keinem anderen Feiertag des jüdischen Kalenders mußte das entstandene Vakuum so
schmerzhaft und der Verlust so unersetzbar gefühlt worden sein wie an diesem. Mehr als das: denn war das
Ritual des Tages zum Zwecke religiöser und ethischer
Katharsis unentbehrlich, dann implizierte seine verhin-
derte Abhaltung sich alljährlich akkumulierende Schuld

---

schen politischen Selbständigkeit. Obige Begebenheit,
zweifellos historisch, beleuchtet die Lage um die Wende
zwischen „vor" und „nach" der üblichen Zeitrechnung,
speziell der Umstand, daß Schemajá und Avtalión, zwei
der frühesten Tannaím, im Gegensatz zu den aristokrati-
schen Kohaním, sogar Proselyten waren.

31 Buber-Rosenzweig meinen mit diesem, beim ersten Lesen
kaum verständlichen und schwer auszusprechenden Wort
„arges Gerede".

32 R. Elasár scheint hier die kühne Ansicht zu vertreten, daß
auch der Fall des Tempels ein Werk der gütigen Vorsehung war, weil mit ihm die jüdische Religion der Gefahr
entrann, in einem allmählich versteinernden, durch Ver-
mittler vollzogenen und an einen einzigen Ort gebundenen
Ritual stecken zu bleiben.

33 Darüber siehe MATERIAL Nr. 2.

34 Dazu siehe den Grundriß und die perspektivische Ansicht
des Tempels auf der Abbildung.

und Schuldbewußtsein. Beide hätten zwangsläufig zum Verschwinden der ethnischen Identität der Judenheit führen müssen, genau wie sechs Jahrhunderte zuvor, nach dem Fall des בית ראשון Bájit Rischón, die ins babylonische Exil Verschleppten bis auf einen Rest dort als ethnische Einheit fast untergingen. Jene, denen die Abwendung dieser Katastrophe zu verdanken ist, sind anonym geblieben. Gewiß ist nur, daß es die geistigen Führer, die Tannaím, Amoraím, Geoním und Gelehrten der תורה שבעל־פה Torá sche-be-al-pé (= Mündliche Lehre) waren, deren Verdienst es ist, unter anderem auf diese Weise den Fortbestand des Judentums als Religionsnation in einem solchen Maße gesichert zu haben, daß das abgeänderte neue Gesicht des Tages schon 250 Jahre nach Abbruch seines ritualistischen Verlaufs z.T. kodifiziert vorlag. Er war aber auch schon seit sechs Jahrhunderten von Jesaja (s.u.) und späteren vorbereitet worden. Daß sie so etwas zustande brachten, nennt Hermann Cohen „eine der monotheistischen Großtaten der Rabbinen".[35] Sie ruft als graduelle Transformation eine andere, in einem völlig unterschiedlichen Medium künstlerisch von Escher graphisch dargestellte in Erinnerung.

Lucht en water I · Sky and water I · Luft und Wasser I · Le ciel et la mer I

(c) Bis auf die oben erwähnte Genuflektion (Kniefall) haben sie den Tag spiritualisiert, seinen Verlauf entkonkretisiert und so sehr demokratisiert, daß in der heutigen Synagoge jeder sein eigener כהן גדול Kohén Gadól sein kann, wenn er nur weiß, worum es geht. Einige Indizien weisen auf, daß es schon unter den כהנים גדולים Kohaním Gedolím solche gab, die nicht begriffen, worum es geht.[36]

Allerdings bewerkstelligten die Meister die Verwandlung nicht aus dem Nichts. Das früheste Anzeichen dafür, daß das bloße Zeremoniell selbständig denkende und fühlende Menschen nicht vollends befriedigte, findet sich schon in einer Rede Jesajas (58:1–11)[37] aus dem 8. (oder 6., 5.?) Jahrhundert vor d.ü.Z. Mehr und mehr fochten die סופרים ssoferím (= Schriftgelehrten), sogar als der מקדש Mikdásch noch bestand, gegen ein gewisses Maß an populärem Aberglauben, der vermeinte, alles, insbesondere die „Reinigung", hinge von einem korrekt ausgeführten Ritual ab. Nicht, daß sie dieses in Bausch und Bogen abgelehnt hätten, wie es ihnen manchmal unterstellt wird, aber der Gefahr, die es in sich barg, waren sie sich bewußt.[38]

Die Schwerpunkte des heutigen יום־כיפור liegen auf dem persönlichen, leise ausgesprochenen Bekenntnis[39] der eigenen Verfehlungen, auf dem Willen zur Besserung, hebräisch תשובה teschuvá (= Umkehr)[40], und auf der Gewißheit der Möglichkeit eines Neuanfangs. Das Bekenntnis besteht aus einer Liste von zweiundzwanzig alphabetisch angeordneten Verfehlungen. Das Verbum des Eingeständnisses steht im Plural, als ob der Einzelne in der Masse der gleich Unvollkommenen untergehen möchte. Das Bekenntnis wird im Laufe des Tages zehnmal rezitiert, und zwar unbedingt leise.

Über die תשובה teschuvá (= Umkehr) hier nur wenige Worte: Sie erfordert spezielle Behandlung. Immer wieder heißt es im Gebet, der Mensch könne nicht aus eigenen Kräften zu ihr gelangen und brauche Beistand: „תשובה למדנו, lammedénu teschuvá (= lehre uns Umkehr!)" und „השיבנו, haschivénu (= kehre [du] uns um)!" Der Neubeginn wird nicht nur erbeten, erbeten und erhofft, nein, die fast bedingungslose Vergebung wird vorausgesetzt, weil die Nachsicht ins Gottesbild theologisch eingebaut ist. Damit ist sich der Beter eigentlich der Erhörung seines Gebetes gewiß. „Du bist [doch] der סולחן ssolchán (= Verzeiher) Jissraéls und der מוחלן mochlán (= Vergeber) der Stämme Jeschurúns seit Ge-

---

35 Dies ist eines der vielfachen Anzeichen dafür, daß der Fall des Tempels und der Stadt durch die Römer keine einschneidende Zäsur in der Geschichte Israels bildet, sich trotzdem die Kultur und Kreativität des Judentums organisch und nahtlos weiterentwickelten und daß es selbst lebendig blieb. Diese Ansicht vertritt überzeugend (zusammen mit sehr vielen anderen) Franz Rosenzweig in seinem *Zweistromland* (S. 537), die gegenteilige, nämlich daß die jüdische Geschichte von nun an aufhörte und das jüdische Volk zu einem „Petrifakt" erstarrte, ist die These des englischen Historikers Arnold Toynbee in seinem monumentalen Geschichtswerk. In dieser Kontroverse sprechen die Fakten für sich selbst, und als sie ihm in einer öffentlichen Debatte vor Augen gehalten wurden, hat er seinen Standpunkt mutig revidiert.

36 Zu solchen siehe Anmerkung Nr. 30.
37 Ein Anonymus war es, der im Altertum mit viel Bedacht für Jom-Kippúr einen in der Synagoge vorzulesenden Prophetenabschnitt (*Haftará*) auswählte, der die Überbewertung des bloßen Fastens und Rituals rügt (das Buch Joná). Seit wann die Vorlesung von *Haftarót* an Schabbatót und Festen überhaupt datiert, ist ungewiß, doch redet schon das Neue Testament von ihr.
38 Ein diesbezüglicher und in seiner Unkonventionalität kaum glaublicher Ausspruch ist in der Gemará von einem frühen Gelehrten tradiert und in MATERIAL Nr. 11 zitiert.
39 Diesen Punkt berührt MATERIAL Nr. 12c.
40 Vorläufig geben MATERIAL Nr. 22 und 23 eine Idee von dem, was unter Umkehr gemeint ist und welches Gewicht sie hat. Mehr darüber in Abschnitt *Nizzavím*.

nerationen" – beide Nomina sind nach dem grammatischen Paradigma פּוֹעֲלָן poalán für Handwerkerbezeichnungen geformt, als wollten sie sagen: zu verzeihen und zu vergeben ist doch wesentlich, sozusagen „beruflich", deine Stärke und Handlungsweise seit jeher. Davon steht indes in unserem Text kein Wort.

(d) Heißt das nun, die heutige Form des Tages bedeute einen Bruch mit der Vergangenheit? Mitnichten! Nicht nur entsprechen die fünf תְּפִילּוֹת tefillót (= Gebete) des Tages den Stadien seines ehemaligen Ablaufs und tragen z.T. auch deren Namen, sondern die alte Tradition lebt auch anders noch in ihnen weiter. Den Höhepunkt des Tages – um die Mittagszeit, ganz wie einst – bildet die detailliert vorgetragene Schilderung eines jeden einzelnen Schrittes des amtierenden כֹּהֵן גָּדוֹל Kohén Gadól, dies allein bereits ein Zeichen der Anhänglichkeit und Kontinuität. Bildet so die Rezitation des סֵדֶר הָעֲבוֹדָה Sséder ha-Avodá (= Reihenfolge des Dienstes) den zeitlichen Mittelpunkt und die Klimax des Tages, so ist die letzte Stunde, hebräisch נְעִילָה neïlá (= Torschluß), die ergreifendste. Die Dämmerung ist angebrochen, die Gesichter sind fahl von fast 26stündiger Enthaltung von Speise und Trank, die Worte ein letzter Appell und die Melodien nicht mehr dramatisch, bittstellerisch oder fordernd, sondern in moll, innig-weich und voller wehmütiger Abschiedsstimmung. Mit der siebenmaligen Wiederholung von „J-H-W-H (sprich: ha-Schem) ist der Gott" aus 1.Kö 18:39 und einem langen Schofár-(= Widderhorn)-Ton geht der Tag zu Ende. Die סִפְרֵי־מִנְהָגִים ssifréj-minhagím (= Sammlungen der Gebräuche) schreiben, beim siebten Male soll man sich so weit „hinaufgebetet" haben, um bereit zu sein, sein Leben für diesen Satz hinzugeben. Man verabschiedet sich voneinander mit „Nächstes Jahr in Jerusalem!"

(e) Nicht miterlebt dünkt der יוֹם־כִּיפּוּר wie ein Trauertag und nicht wie der Freudentag, der er ist. Denn nicht wie angeklagte Verbrecher in Lumpen oder schwarz, so spricht der מִדְרָשׁ Midrásch, sondern laut Koh 9:8 weiß gekleidet, „den makellosen Engeln" gleich, stehen die Juden da, sich ihres Freispruchs sicher, weil sie sich doch nur verirrt haben und wie alle Menschen grundsätzlich gut sind und das Gute wollen. Sie kennen ihren Gott schon lange und wissen, daß er sie schon lange kennt. Vergnügt gehen sie jetzt nach Hause, essen ein leichtes Mahl und beginnen sofort die סוּכָּה Sukká (= Laubhütte) zu errichten, denn das siebentägige Freudenfest (= זְמַן שִׂמְחָתֵנוּ semán ssimchaténu) beginnt doch schon in vier Tagen.

13. תַּנְחוּמָא וַיִּשְׁלַח, ז Tanchumá Wajischlách 77:
Jetzt haben wir weder נָבִיא naví (= Prophet), noch כֹּהֵן kohén (= Priester), noch קָרְבָּן korbán (= Opfer) – wer wird uns [jetzt] bedecken?[41] Nichts ist in unseren Händen geblieben außer תְּפִילָּה tefillá (= Gebet).

14. תּוֹסֶפְתָּא יוֹמָא ה, ט Tosseftá Jomá 5,9:
Sühneopfer, Schuldopfer, Tod – alle zusammen bedecken[42] nicht ohne Umkehr.

15. מִשְׁנָה יוֹמָא ח, ט Mischná Jomá 8,9:
(a) Sagt jemand „Ich werde übertreten und [dann] bereuen", bringt ihm der יוֹם־כִּיפּוּר Jom-Kippúr keine Vergebung. Denn Übertretungen gegen Gott מְכַפֵּר mechappér (= bedeckt)[43] er, doch nicht Übertretungen gegen einen Mitmenschen, solange man diesen nicht versöhnt hat.

(b) R. Akivá sagte: Glücklich [ihr], Jissraél! Vor wem reinigt ihr euch, und wer reinigt euch? Euer Vater im Himmel, so wie geschrieben steht: „Ich, Ich netze euch mit reinem Wasser, und ihr werdet rein" (Ezek 36:25).

16. וַיִּקְרָא רַבָּה כא Wajikrá Rabbá 21:
R. Simón im Namen des R. Jehoschuá sagte: Warum geht der כֹּהֵן גָּדוֹל Kohén Gadól (= Hoher Priester) nicht in [seinen üblichen] Goldgewändern hinein?[44] Weil niemals ein Ankläger zum Verteidiger wird. [Erst] gestern machten sie sich goldene Götter[45], und heute verrichten sie den Dienst in Goldgewändern? R. Jehoschuá aus Ssichnín im Namen des R. Lewí sagte: Um Jissraél Unkosten zu ersparen.[46]

17. *R. Schelomó Ganzfried, Kizzúr Schulchán Arúch, Hil. Jom-Kippúr:*
Verboten sind Essen und Trinken, Waschen, Salben, Benutzung von Lederschuhen und Geschlechtsverkehr, und ebenso die am שַׁבָּת Schabbát untersagten מְלָאכוֹת melachót (= Werktätigkeiten)[47] [...]. Da man vom Feiern zum Werktag hinzufügen soll, ist all das schon vor בֵּין הַשְּׁמָשׁוֹת bejn ha-schemaschót (= wörtlich: zwischen

---

41 Siehe Anmerkung Nr. 13 zu diesem eigenartigen Ausdruck.

42 Siehe Anmerkung Nr. 13 zu diesem eigenartigen Ausdruck.

43 Siehe Anmerkung Nr. 13 zu diesem eigenartigen Ausdruck.

44 „Hinein" heißt hier sein an diesem Tage (und nur an ihm) dreimaliges Betreten der innersten Kammer des Heiligtums. Er trägt dabei weiße Linnengewänder und keine goldgewirkten – siehe MATERIAL Nr. 2 und 16.

45 Eine Anspielung auf das mit Gold überzogene Gußkalb, das sich die Auszügler aus Ägypten in Moschés Abwesenheit in der Wüste errichteten (2.M. Kap.32).

46 Nicht aus Sparsamkeit, sondern weil der Hohe Priester an jedem Jom-Kippúr neue Gewänder anlegen mußte. Bei der Erfüllung seiner Aufgaben konnten sie kaum intakt bleiben.

47 Die verbotenen Tätigkeiten zählt unser Abschnitt Wajakhél-Pekudéj auf. Während an allen Festtagen „nur" Verrichtung von מְלֶאכֶת־עֲבוֹדָה meléchet avodá (= Dienstwerk) untersagt ist (vgl. 4.M. 28:18,25,26; 29:1,12,35), backen und kochen für den Tag selbst aber gestattet, ist כֹּל מְלָאכָה kol melachá (= jegliches Werk: melachá ist der Oberbegriff!) dagegen am Schabbát verboten, und Jom-Kippúr von allen Festen gleicht darin dem Schabbát. Als einziger Fasttag, den die Torá anordnet – vier weitere sind rabbinisch –, verdrängt er allein die Schabbátfreude, derentwegen ansonsten Fasten am Schabbát nicht erlaubt ist.

den Sonnen; übertragen: zwischen Beginn des Sonnenuntergangs und dem Erscheinen der ersten Sterne; in der Dämmerung) und am Ausgang des Tages bis eine Zeitlang nach dem Erscheinen der Sterne verboten. Ein Kranker, auch wenn nicht gefährdet, darf sich waschen wie üblich. Seinetwegen sowie im Falle einer Gebärenden entscheidet man wie in Fragen von חִילוּל־שַׁבָּת *chillúl-Schabbát* (= Entweihung des Schabbát), außer bezüglich Essen und Trinken: Sogar wenn einige Ärzte sagen, es sei nicht nötig, Essen und Trinken seien schädlich, oder der Kranke sei noch nicht sehr gefährdet [...], hört man auf den Kranken [, der danach verlangt], weil in Bezug auf Essen und Trinken er besser weiß, was ihm bekommt, denn nur „das Herz kennt [seine eigene] Not" (Spr 14:10).

Kinder unter neun Jahren läßt man nicht fasten, auch wenn sie es wollen, denn sie könnten, Gott behüte, gefährdet werden. Von diesem Alter an und wenn sie gesund sind, erzieht man sie allmählich zum Fasten, indem man ihnen von Zeit zu Zeit etwas zu essen gibt, doch Waschen und Salben mag ihnen schon vorher verboten sein.

Nach dem נְעִילָה *neïlá-*(= Torschluß)-Gebet[48] sagt man einmal שְׁמַע יִשְׂרָאֵל *Schemá Jissraél,* dreimal בָּרוּךְ *Barúch schem* [...], siebenmal „ER ist *der* Gott", singt קַדִּישׁ *Kaddísch* in froher Melodie und bläst mindestens einen שׁוֹפָר *Schofár-*(= Widderhorn)-Ton. Man ißt und trinkt, wie es heißt „Geh, iß in Freude dein Brot, trink vergnügten Herzens deinen Wein, denn bereits hat Gott Gefallen an deinem Tun" (Koh 9:7). Wer es streng nimmt, beginnt sofort mit dem Bau der *Sukká* (= Laubhütte)[49], wie es heißt: „So gehen sie von Tat zu Tat" (Ps 84:8).

18. *E.S. Margaliót, Matté Efrájim:*

Wenn die תּוֹרָה *Torá* es einem Kranken erlaubt [am Jom Kippúr] zu essen und er sich zu essen weigert, so ist das närrische Frömmigkeit, von der es in Koh 7:16 heißt: „Sei nicht allzu צַדִּיק *zaddík* (= fromm, gerecht)", und deswegen füttert man ihn gegen seinen Willen.[50]

19. *H.N. Maggíd Steinschneider, Ir Wilna:*

Als im Jahre 1848 eine Choleraepidemie in Wilna ausbrach, ließ Rabbí Israél Salanter am Vorabend in allen Bethäusern Aushänge anheften, in denen er das Volk aufforderte, an diesem heiligen, ehrfurchterweckenden Tag nicht zu fasten, die Rezitation der פִּיּוּטִים *Pijjutím* zu verkürzen und lieber sich draußen in der frischen Luft

zu ergehen. Nach שַׁחֲרִית *Schacharít* (= Morgengebet) nahm er Backwerk zur Hand, stellte sich hinauf neben die בִּימָה *bimá* (= die erhobene Plattform in der Mitte des Raumes, auf der die Torá-Vorlesung stattfindet), sprach vorschriftsmäßig die בְּרָכָה *berachá* „Bedankt usw. der Schöpfer von allerlei Arten von Nahrung" und aß vor Augen aller, damit sie seinem Beispiel folgen mögen.

20. *Josséf ben Mosché, Léket Jóscher:*

Es ist Pflicht, Vieh am Jom-Kippúr nach seinen Bedürfnissen zu füttern, denn wir müssen uns seiner erbarmen, damit man sich droben unser erbarme [, und kümmern uns nicht um das Werkverbot].

21. *H. Cohen, S. 255 ff.:*

(a) „Und es werde verziehen der ganzen Gemeinde der Söhne Israels und dem Fremdling, der unter ihnen weilt, denn dem ganzen Volke gilt שְׁגָגָה *schegagá* (= Fahrlässigkeit)" (4.M. 15:26).[51] Dieser Satz wurde zur Devise des Jom-Kippur, wie der Talmúd ihn für die Geschichte des Judentums ausgebaut hat [...]. So werden für ihn die beiden Hauptglieder der Versöhnung als Anfangs- und Endpunkt festgesetzt: die שְׁגָגָה *schegagá* und die Vergebung [...] und wird es als Unglauben an die Güte Gottes festgestellt, wenn man an der Vergebung zweifeln könnte.[52] Nicht der Asasél ist es, der die Vergehen

---

48　An einem Wochentag finden drei Gebete statt (morgens, nachmittags und abends, die beiden letzten meist kurz nacheinander), am Schabbát und an Festtagen zusätzlich ein viertes nach dem Morgengebet und am Jom-Kippúr kurz vor dessen Abschluß dieses fünfte.

49　Denn das Sukkót-Fest, während dessen sieben Tagen man unter freiem Himmel in mit Laub bedeckten Hütten „wohnt", d.h. seine Mahlzeiten einnimmt, liest, lernt und, wenn möglich, auch schläft, beginnt schon vier Tage nach dem Jom-Kippúr.

50　Dieses Zitat ist S. J. Agnon, *Jamím Noraím* entnommen.

51　Wie die moderne Jurisprudenz unterscheidet auch die der Torá und noch peinlicher die des Talmúds zwischen Vergehen, die mit זָדוֹן *sadón* (= Vorsatz) verübt wurden, und solchen, die einer שְׁגָגָה *schegagá* (= Fahrlässigkeit) zufolge vorgefallen sind. Nun steht in der Torá der obige Satz, der nichts weniger auszusagen scheint, als daß alle Verfehlungen der Schwäche des Menschen zuzuschreiben sind – wohlgemerkt: die des גֵר *ger* (= Fremdling) miteingeschlossen – und keine, aber auch nicht eine einzige, seiner angeborenen Schlechtigkeit oder seinen bösen Absichten entspringt. Also ist der Mensch von Natur aus als gut geschaffen, also – weil in der Schöpfung nichts korrigiert wurde und sich auch nichts von selbst geändert hat – ist er gut geblieben, also gibt es keinen Sündenfall, also erst recht keine Erbsünde, also bedarf es keiner Erlösung von ihr und nur des כִּיפּוּר *kippúr,* der „Bedeckung" und Begrabung. Verfehlungen welcher Art auch immer, ob zivile, ob kriminelle, sind beklagenswerte Irrtümer oder Perversionen, und was die religiösen anbelangt, so heißt es demnach im Gebet „der uns abgesondert hat von den Verirrten" – wohlgemerkt: von den Bedauernswerten, noch im Unverständnis Befangenen – und nicht von den Ketzern und Ungläubigen. Der Gott der Torá ist, entgegen einem verbreiteten Vorurteil, kein Gott der Rache, das Menschenbild, das seine Torá zeichnet, ist ein freundlichverständnisvolles und alles, wessen es bedarf, um das zu entdecken, ist, sie vernünftig und gewissenhaft zu lesen.

52　Daß der Schöpfer es gut mit den Geschöpfen meint, ist axiomatisch in der jüdischen Religion und in den sich auf sie stützenden Anschauungen. Weil er gut ist, ist der Mensch, das ihm ähnelnde Geschöpf, auch gut, und wenn er es nicht ist, dann ist, so *chasál,* ein Geist des Unverstands in ihn gefahren. Ist er aber in so einem Falle dann nicht zurechnungsfähig, muß das der gerechte Richter in Betracht ziehen und ein Einsehen haben, gehören doch Langmut und Verzeihen zu seinem Wesen. Wenn all das

trägt, sondern die Vergebung Gottes wird selbst als Tragen des Vergehens bezeichnet.[53]

(b) Alle Gebete sind von dem Sündenbekenntnis durchzogen. Gehört es aber in den öffentlichen Gottesdienst? Der Talmud berichtet von einer Meinungsverschiedenheit über den Punkt, ob es allein vom Einzelnen oder im Chorus der Gemeinde abgelegt werden soll. Die Entscheidung für das öffentliche Bekenntnis [...] bezeugt zunächst das Vertrauen auf die göttliche Vergebung [...], auf den guten Gott, vor dem die Sünde keinen Bestand hat.

(c) Es ist charakteristisch, daß bei dem Bekenntnis der Ausdruck der Niederwerfung nicht gebraucht wird. Kniebeugen mögen angebracht sein bei der Anbetung [... Hier ist es] das aufrechte Stehen vor Gott, sonst wäre ohnehin die Auszeichnung des Menschen vor dem Tiere nicht vollständig [...].[54] „Du standest" (5.M. 4:10) ist der Ausdruck für die Situation des Volkes beim Empfange der Offenbarung.

(d) Es ist wohl zu begreifen, daß Rabbi Akiba, der große Mischnah-Lehrer und Märtyrer, das Wort gesprochen hat: „Heil euch, Israel, wer reinigt euch, und vor wem reinigt ihr euch selbst? Vor euerem Vater im Himmel" (bab. Joma 85b). Der Schöpfer des Menschen bezeugt sich in dieser gültigen alljährlichen Läuterung des Menschen. Aber Akiba bleibt nicht bei Gott stehen, er begründet seine Heilsprechung durch die Steigerung: „Vor wem reinigt ihr euch selbst?" Nicht Gott reinigt, so wenig wie er sühnt [...]. Kein [anderer] Sterblicher reinigt euch [...], und auch vor keinem Mittelwesen sollt ihr euch reinigen, nur wenn Gott der einzige Zielpunkt eurer Selbstreinigung ist, nur dann kann die Reinigung vor ihm vollbracht werden.

22. שִׁיר רַבָּה כד *Schir Rabbá 24:*
Es sagte הַקָּדוֹשׁ בָּרוּךְ הוּא *ha-kadósch barúch hu* (= der Heilige, gelobt sei er) zu יִשְׂרָאֵל *Jissraél:* Liebe Kinder mein, öffnet mir ein Türchen der Umkehr, groß

wie ein Nadelöhr, und ich öffne euch Tore, durch die Karren und Wagen Einlaß finden.

23. שְׁמוֹת רַבָּה יט *Schemót Rabbá 19:*
„Kein Fremder soll draußen zu nächtigen haben" (Hiob 31:32) – weil הַקָּדוֹשׁ בָּרוּךְ הוּא *ha-kadósch barúch hu* (= der Heilige, gelobt sei er) kein Geschöpf verwirft, sondern allen zugänglich ist: Die Tore der Umkehr und des Gebets sind niemals versperrt, und wem danach ist einzutreten, der trete ein.

24. יוֹמָא פה, ב *bab. Jomá 85b:*
Übertretungen zwischen Mensch und Gott מְכַפֵּר *mechappér* (= bedeckt) der יוֹם־כִּפּוּר, Vergehen zwischen Mensch und Mitmenschen bedeckt er nicht, bis er seinen Mitmenschen versöhnt.[55]

25. *Aus dem* מַחְזוֹר *Machsór (= Festgebetbuch):*
(a) [Für כָּל־נִדְרֵי *Kol-Nidréj* (= Alle Gelübde)[56], d.h. den Vorabend des Tages:] Neige, o Gott, dein Ohr und höre, öffne deine Augen und sieh unsere Verwüstungen und die Stadt, wo dein Wesen ausgerufen wurde, denn nicht aufgrund unserer Verdienste legen wir unsere Bitten vor dich hin, sondern aufgrund deiner großen Nachsicht. Herr, höre doch, Herr, vergib doch, Herr, horch doch und tue – zögere nicht [länger] – um deiner selbst willen![57] (Dan 9:18–19)
Erbarm dich unser und laß uns nicht verderben, beschneid unser Herz, dein Wesen zu lieben, führ zurück unsere Gefangenschaft, sammle ein unsere Zerstreuten,

---

recht naiv klingt, so tut es der Folgerichtigkeit der Überlegung Cohens keinen Abbruch.

53 Diesen Gedanken verdankt Cohen S. R. Hirsch. Um die irrige Vorstellung auszumerzen, der Bock trage Israels Verfehlungen buchstäblich auf seinem Rücken (V.22: „er trage auf sich alle Verfehlungen"), erinnert sich Hirsch an das Schriftwort „... Gottheit, erbarmend, gönnend, langmütig, ... tragend Fehl". Aus ihm geht hervor, daß genausowenig wie hier von Gott ausgesagt werden soll (und kann), daß er Fehl „auf dem Rücken wegschleppt", genausowenig kann an so etwas beim „fortzuschickenden Bock" gedacht werden. „Fehl tragen" ist daher metaphorisch zu verstehen als ein Bild für „wegräumen, fortschaffen". Für Cohen räumt Gott Fehl hinweg, und Vergebung ist bei ihm konstitutiv. Jetzt erklärt sich auch BRs verstiegen anmutende Übersetzung des Wortes *Asasél* mit *Räumaus,* siehe LIMMÚD.

54 Das Sitzen und Stehen im jüdischen Gottesdienst, die Abwesenheit von Genuflektionen und die Kopfbedeckung können sehr wohl Symbole der Freiheit sein.

55 Das folgt aus genauer Lektüre des Schlußwortes des Abschnittes (V.30): „Vor IHM werdet ihr rein sein" – vor IHM, nicht jedoch ohne weiteres vor euren Mitmenschen: Diese müßt ihr versöhnen oder, im Falle eines ihnen zugefügten Unrechts, es wiedergutmachen, denn der Jom-Kippúr enthebt davon nicht.

56 Mit diesen Worten beginnt der Gottesdienst am Vorabend, und von ihnen erhielt er seinen Namen. Sie leiten eine kurze, rein juristische Formel ein, mit welcher der aus drei Mitgliedern zusammengesetzte Gerichtshof der Gemeinde religiöse Gelübde, die der Einzelne im Laufe des Jahres geleistet haben könnte – was ohnedies ungern gesehen wird –, für null und nichtig erklärt. Eine verbreitete Ansicht besagt, mit diesen Worten sei Krypto-Juden, auch Marranen und hebräisch אֲנוּסִים *anussím* (= Gezwungene) genannt, zur Zeit der spanischen Inquisition die Teilnahme am Gottesdienst gestattet worden, doch kannten schon die Geoním die Formel. Direkt hat sie mit dem Jom-Kippúr nichts zu tun. Als sie im 19. Jahrhundert falsch und böswillig als eine typisch jüdische *carte blanche* mißverstanden wurde, im Geschäftsleben übernommen und speziell finanzielle Verpflichtungen nicht einhalten zu müssen, wurde sie in manchen Gemeinden abgeschafft. Ihre im aschkenasischen Ritus gebräuchliche ergreifende Melodie hat Max Bruch für Cello bearbeitet.

57 Überraschend ist der immer wiederkehrende Gedanke, Gott möge doch die Verfehlungen der Juden um seiner selbst willen vergeben. Er mag daher rühren, daß sie sich laut Torá als mit der Durchführung und Verbreitung der göttlichen Vorschriften betraut verstanden und dies für immer feierlich zu tun schworen: „Würden wir bestraft werden, wie wir es vielleicht verdienen, stünde es mit der Verwirklichung deiner Absichten auf Erden schlimm".

laß dich unserem Suchen finden, wisch hinweg unseren Frevel wie ein Gewölk, wasch weiß unser Fehl wie Schnee, spreng über uns reines Wasser und reinig uns, wie geschrieben steht (Ezek 36:25) „Dann sprenge ich über euch reines Wasser, und ihr seid rein, von allen eueren Makeln und von euren Abscheulichkeiten reinige ich euch".

Tu es doch wegen jener, die dich lieben, wegen der Väter, wegen der Stadt, wegen der Tempeltrümmer, wegen der um deiner Einung willen Geschlachteten, wegen der Säuglinge an den Brüsten, die nichts verübten, wegen der Entwöhnten, die nichts verbrachen, wegen der Schüler in der Klasse beim Lehrer, tu es doch deinetwegen, wie geschrieben steht: „Jetzt also zeige sich groß die Kraft meines Herrn, verzeih denn dem Fehl dieses Volkes nach der Größe deiner Huld, wie du's getragen hast diesem Volk seit Ägypten bis hierher. ER sprach: Ich verzeihe nach deiner Rede." (4.M. 14:19–20)[58]

(b) [Für שחרית Schacharít (= Morgengebet) verfaßt z.T. von R. Jochanan:] Die Vorsätzlichkeiten und die Fahrlässigkeiten[59] weißt du [zu unterscheiden], die Willigkeit und den Zwang,[60] die sichtbaren und die geheimen [Vergehen], vor dir sind sie [alle] offenbar. Was sind wir, was ist unser Leben, was unsere Huld, was unsere Rechtschaffenheit, was unser Heil, was unsere Kraft, was unser Großtun, und was haben wir zu sagen vor dir, Gott unserer Väter? Sind nicht alle Helden wie nichts vor dir, Männer von Ruhm, als ob sie nicht beständen, Weise wie ohne Wissen, Kluge wie ohne Verstand, denn all ihre Werke sind Irrnis und ihre Lebenstage ein Hauch vor dir?

(c) [Für מוסף Mussáf (= Zusatzgebet):] Umkehr und Gebet und Wohltätigkeit wenden schlimmes Verhängnis ab. Denn wie dein Wesen (vgl. Ps 48:11), so ist deine Preisung: schwer zu erzürnen und leicht zu beschwichtigen (Sprüche der Väter 5,11), denn du hast keinen Gefallen am Tode eines [dem Urteil verfallenen und noch nicht bestraften, also] „Toten", sondern an seiner Umkehr von seinem Wege, um zu leben, ja bis zu seinem Todestage harrst du seiner, und kehrt er um, nimmst du ihn sofort an. Wahrlich, bist du doch ihr Schöpfer und Kenner ihres Gebilds, denn sie sind Fleisch und Blut!

Heil dem Auge, das sah unser Gezelt / die Freude unserer Welt / wenn wir bloß davon hören, sind wir seelenbetrübt.

Heil dem Auge, das die Menge der Frommen / sah ins Heiligtum kommen / wenn wir bloß davon hören, sind wir seelenbetrübt.

Heil dem Auge, das sah die Gelehrten, / die berühmten, verehrten / wenn wir bloß davon hören, sind wir seelenbetrübt.

Heil dem Auge, das sah den Namen, den hohen, / aussprechenden Kohen / wenn wir bloß davon hören, sind wir seelenbetrübt.[61]

(d) [Für נעילה Neilá (= Torschluß):] Gedenke des Bundes Avrahams und der Bindung Jizcháks, und stelle her die Zelte Jaakóvs, und erlöse[62] uns um deinetwillen!

Exil über Exil / wie wanderte Jehudá so viel / bis daß er fast fiel / wer bringt uns ans Ziel?

Die Stadt, die heilige, hehre / geschmäht, ohne Ehre / von Kleinoden leere / – nichts haben wir übrig als deine Lehre.[63]

Du reichst Hand den Frevlern, streckst aus deine Rechte den Umkehrern, du hast uns gestehen gelehrt[64] und wirst uns einst wieder in voller Umkehr aufnehmen wie [jene, die den damaligen] Feuer- und Wohlgeruch gaben, um deiner Worte willen, die du [selbst] gesprochen. Kein Ende ist der Feueropfer unserer [versäumten] Pflichten, keine Zahl des Ruches unserer Sühneopfer, aber du weißt ja, daß wir in Gewürm enden, und hast uns darum an Vergebung so Großes getan […] Nichts ist der Vorzug des Menschen vor dem Getier, denn alles ist eitel. [Dennoch] hast du den Menschen von Urbeginn gesondert und anerkannt, vor dir zu stehen.[65]

---

58 Der Sinn ist, daß Groß- und Langmut, Milde und Nachsicht mehr „Kraft" erfordern als kräftige Unnachgiebigkeit eines Gerichts.

59 Die letzteren sind sicherlich milder zu beurteilen, aber die Grenze zwischen den beiden Kategorien ist nicht immer eindeutig feststellbar.

60 Zwang bedeutet hier *force majeur*. Dergleichen liegt z.B. vor, wenn jemandem anbefohlen wird, eine Übertretung zu vollziehen, und ihm im Falle der Weigerung Todesstrafe angedroht wird. Solche Fälle nehmen einen breiten Raum in der Diskussion der Meister im Talmúd ein.

61 Diese vier Strophen stammen aus einem anonymen mittelalterlichen *Pijjút*.

62 Die erhoffte Erlösung trägt in der jüdischen Ideenwelt nicht existenziellen Charakter in Bezug auf das Individuum, sondern die Nation. Ausnahmen sind äußerst selten.

63 Der Verfasser dieses *Pijjút* ist Rabbénu Gerschóm Meór ha-Golá (= unser Meister Gerschóm, die Leuchte des Exils), kurz RaGMáH aus Mainz (um das Jahr 1000). Ob die letzte Strophe heutzutage im Staate Israel rezitiert werden darf, ist dort Gegenstand von Meinungsverschiedenheiten: Ist es nicht ein Zeichen von Undankbarkeit, wenn man sie beibehält?

64 Einzugestehen, daß eine Revision des eigenen Lebens dringend am Platze wäre, und sie auch wirklich vorzunehmen, ist über alle Maßen schwer. Da ist Anleitung und Hilfe vonnöten ebenso wie die Gewißheit, nicht auf eine unerbittliche Reaktion zu stoßen.

65 Man bemerke: Auf den Ausdruck tiefen Zweifels am Menschen folgt sofort die Korrektur: Der Mensch sei mehr als bloß animalisch, ja sogar gottähnlich. Das ist der Sinn von 1.M. 1:26, denn *Ebenbild* verzerrt, von der in diesem Wort steckenden Blasphemie ganz zu schweigen. Das betreffende hebräische Wort ist mit *Schatten* verwandt: Er ist höchstens ein Schattenriß Gottes, und auch das ist schon sehr viel. Das Tier darf alles, Gott kann alles, aber weder darf der Mensch alles, noch kann er alles. Auf diesem schmalen Isthmus, wie Alexander Pope den Weg des Menschen auf Erden beschreibt, balanciert er sein Lebtag lang.

LIMMÚD
1. Ein Rätsel-Wort und ein Rätsel-Kult

Ein kleines hebräisches Wörtchen in unserem V.8 kommt sonst nirgends in der Schrift vor und lautet עֲזָאזֵל *Asasél*. Ein solches Unikum nennen die Philologen ein *hapax legomenon* (= Einmal-Wort) und die hebräischen Lexikographen שְׁאֵין לוֹ אָח וְרֵיעַ בַּמִּקְרָא *sche-ejn lo ach wa-réa ba-mikrá* (= was keinen Bruder [= seinesgleichen] und Freund [= ähnlichen] in der Schrift hat). In solchen Fällen ist man zum Verständnis der Vokabel auf den Kontext angewiesen (was hier wenig hilfreich ist) oder auf Beziehungen zu anderen semitischen Sprachen und Kulturen (was hier entweder aussichtslos oder verwirrend ist). Wir wissen nicht einmal, ob es ein Eigen- oder ein Ortsname ist (oder gar ein Schreibfehler?!). Kurzum, עֲזָאזֵל *Asasél* ist ein Dorn im Auge der Philologen und Theologen – darüber im weiteren – und für die Übersetzer darum eine *crux interpretum*. Ratlos lassen die meisten deshalb das hebräische Wort unverändert stehen, aber BR ersetzen es mit *Räumaus*, was selbst eines Kommentars und einer Rückübersetzung bedarf. Da machen es sich die Modernes Hebräisch sprechenden Israelis leichter: Bei ihnen heißt לֵךְ לַעֲזָאזֵל *lech la-asasél* einfach „Geh zum Teufel!", eine der höchst seltenen hebräischen Verwünschungen, aber selbstverständlich ist es von unserer Stelle abgeleitet und kann nicht zu deren Erläuterung dienen.

An einem toten Ende angelangt, nimmt die Bibelwissenschaft gern Zuflucht „draußen". Vor ungefähr 100 Jahren beschrieb der britische Ethnologe J. G. Frazer in seinem *Folklore in the Old Testament* eine Parallele zum *Asasél*-Bock in Honolulu, doch das Aufsehen seiner Entdeckung fand bald ein Ende: Was soll die dortige Völkerschaft Waikiki mit dem Buche *Wajikrá* gemeinsam haben? Nähere Berührungspunkte lieferte die Vergleichende Religionswissenschaft via Semitistik. Als es gelungen war, nahöstliche viertausend Jahre alte Texte zu entziffern, entdeckte man in ihnen Spuren von Riten, die dem *Asasél*-Zeremoniell erstaunlich nahekamen. Babylonische Tempel wurden mit dem Blut eines geschlachteten Schafes geschrubbt, und dessen Kopf warfen daraufhin zwei Männer in den Euphrat, die die Stadt erst nach gewisser Zeit wieder betreten durften (vgl. V. 28!). Noch überraschendere Ähnlichkeiten hat O. R. Guerney in *Some Aspects in Hittite Religion* (1977) nachgewiesen. Doch gegen den Schluß der Ethnologen u.a., der biblische „Sündenbock" sei nichts anderes als eine Variante eines verbreiteten altorientalischen Kults, sträuben sich die neuesten Bibelforscher. N. H. Snaith z.B. in *The Distinctive Ideas of the Old Testament* bringt vor, viel bedeutsamer als gelegentliche Ähnlichkeiten sei, worin sich der biblische Kult von den anderen unterscheidet. Das tut er nun wirklich insofern, als in ihm der „Sündenbock" just nicht geschlachtet wird, sein Blut gerade nicht

die geringste Rolle spielt, kein Bauwerk mit ihm gewaschen und auch die Gemeinde eben nicht mit seiner Hilfe entsühnt wird. Besonders bemerkenswert ist, daß das eine und völlig makellose und erst nach einer Verlosung „sündenbeladene" Tier lediglich in Konjunktion mit einem ebenso makellosen „Zwilling" wirksam sein kann, ein nicht einfach zu enträtselndes und beispielloses Detail.

Von größerem Gewicht als außerbiblische Gebräuche sind innerbiblische Indizien. Da stoßen wir unleugbar auf Stellen, die von der Wildnis als dem Schlupfwinkel böser und zu versöhnender Geister sprechen. So wie die Griechen für ihre Geilheit berüchtigte Satyre in Bocksgestalt hatten, die Menschen und speziell Frauen nachstellten, so benannten auch die Hebräer solche Spukwesen mit שְׂעִירִים *sseirím* (= Böcke) – vgl. Jes 13:21 und 34:14. Auch die Aggadá schreibt einem Dämon namens *Asasél* ähnliche unsittliche Absichten zu. Demzufolge spricht einiges dafür, in שָׂעִיר הַמִּשְׁתַּלֵּחַ *ssaír ha-mischtalléach* (= der fortzuschickende Bock) ein Überbleibsel eines derartigen Dämonen dargebrachten Opfers zu sehen. Dagegen läßt sich aber wiederum einiges geltend machen. Wenn gleich im darauffolgenden Kap. 17:7 Opfer für und Glauben an solche Wüstenphantome aufs allerstrengste verboten sind, dann ist eine unmittelbar vorher vorgeschriebene Mißachtung dieses Verbotes am heiligsten Tag des Jahres schwer vorstellbar. Man erwäge: Ist die Torá aus einem Guß, dann sind zwei einander so diametral widersprechende und praktisch nebeneinander stehende Verse nahezu eine Unmöglichkeit; ist sie aber ein immer wieder neu redigiertes und in verbesserten Versionen alte Vorstellungen ausmerzendes Stück- und Flickwerk, dann ist die Unmöglichkeit eine vollständige.

Von Völker- und Religionskunde sowie Bibelkritik im Stich gelassen, kann oft das Heil bei jüdischen Kommentatoren gefunden werden.
RaSCHI macht es sich einfach und zitiert bloß bab. Jomá 67a: *Asasél* ist ein „gebirgiger, unwirtlicher und steiler Ort". Sein Enkel RaSCHBáM leitet das Wort von עַז *asás* (= kühn sein) ab und hält das Schluß-*L* für ein Suffix wie in *Karmel* (von כֶּרֶם *kérem* (= Weinberg)). Spätere Kommentare wissen nichts Neues mit dem sonderbaren Wort und dem peinlichen Ritual anzufangen. Ingeniös ist Hirschs Lösung: Sie hat den Vorzug vor allen anderen, weil es ihrem Autor gelingt, etwas – und etwas der Torá Würdiges – aus der Stelle heraus- oder in sie hineinzulesen, und ist damit *per eliminationem* die beste und sollte, weil so ingeniös, bei ihm im Band seines Kommentars nachgelesen werden.

2. Was trägt die Archäologie zum Verständnis der Bibel bei?

An spektakulären Altertümern kann Erez-Israel mit Ägypten, Irak, Türkei, Griechenland und Italien nicht konkurrieren. Wenn jedoch es gerade Israel ist, wo der Fund einer kleinen alten Inschrift für die Presse von Neuigkeitswert ist, an den Tagungen der archäologischen Gesellschaften viele Hunderte, darunter viele Busfahrer, Soldaten und Gymnasiasten, teilnehmen und es Hausbesitzer gibt, die amateurhaft unter ihren Fußböden nach Antiquitäten graben, dann fragt man sich, wie dieses ungewöhnliche Phänomen zu erklären ist. Interesse an Bibel und Religion kommt sogleich als mögliche Ursache in den Sinn, muß aber sofort wieder verworfen werden: Israel ist ein säkularer Staat, und in den Archäologischen Seminaren der Universitäten und den genannten Tagungen glänzt die Torá-treue Bevölkerung durch ihre Abwesenheit. Man schöpft den Verdacht, daß die Beziehung zwischen Archäologie und Bibel eine komplexere ist, als es der Laie vermutet. Was solch ein Laie von dieser Beziehung denkt, geht schon aus dem Titel von W. Kellers Bestseller *Und die Bibel hat doch recht* hervor: Man bemerke das den Zweifler beruhigende Wörtchen *doch*. Was aber Leute vom Fach von ihr halten, zeigt William G. Dever, ein Archäologe von Weltruf und langjähriger Einwohner Jerusalems, der schon die Legitimität des Begriffs „Biblische Archäologie" bestreitet und behauptet, es gäbe nur die Archäologie eines Landes und nicht die eines Buches.

Archäologie ist eine Hilfswissenschaft der Geschichtsforschung mit dem Ziel, konkrete Artefakte aus der Vergangenheit zu entdecken und anhand der Funde gewisse die Vergangenheit beleuchtende Theorien aufzustellen. Diese werden dann wie alle wissenschaftlichen Theorien geprüft, stellen sich dabei als richtig oder falsch heraus und sind wissenschaftlich gerade wegen der immer offenen Möglichkeit, verifiziert oder falsifiziert zu werden. Zudem operiert die Archäologie wie alle Wissenschaften in einer meta-moralischen Sphäre, jenseits von Gut und Böse und nur um ihr objektives Streben nach objektiver Wahrheit besorgt. Wenn Jos. Kap. 6 berichtet, die Stämme hätten bei der Landnahme die Stadt Jerichó, und Kap. 11:11, sie hätten bald danach auch Chazór verbrannt, die Archäologen dagegen meinen, zwischen den beiden Bränden müßten zweihundert Jahre vergangen sein, so mögen sie oder der Autor des Buches im Recht sein, aber nie würden Archäologen darüber diskutieren, ob eine Stadt zu verbrennen ein lobenswertes Unternehmen sei oder nicht.

Aber dererlei ist genau, was die Bibel tut! Ihr Anliegen ist nämlich, dem Leser jenen Lebensweg einzupflanzen, den sie für den einzig richtigen hält, das heißt den moralischen, erstens, weil sie nur ihn für gottgefällig ansieht, und zweitens, weil jeder andere früher oder später zum Untergang führen müsse. Dies ist die Lebenstheorie, die die Bibel und speziell die Torá verficht, sie kann weder durch Experimente verifiziert noch falsifiziert werden und ist deshalb total unwissenschaftlich. Das Buch kümmert sich auch nicht um Chronologie und andere wissenschaftliche Disziplinen; es interessiert sich z.B. so

wenig für Weltgeschichte, daß es den Sieg bei Karkar (853 vor d.ü.Z.), das Stalingrad für einige Jahrhunderte, an dem ein israelitischer König den Hauptanteil hatte, ignoriert und die Pyramiden nicht erwähnenswert findet. Seine Geschichtsauffassung ist eine theologisch-philosophisch-didaktische. Man nennt allerdings Herodot den Vater der Geschichtsschreibung, in Wirklichkeit war er der Vater der Augenzeuge-Reportage und sammelte, so gut er konnte, just das, was, sagen wir, für den Verfasser des Buches Samuel, den ersten biblischen Geschichtsschreiber ein halbes Jahrtausend vor ihm, drittrangig war: Dieser wollte weniger wissen, „wie es wirklich war", als was aus den Lehren der Vergangenheit zu lernen ist. Jetzt wird klar, warum das „Volk der Geschichte" seinen ersten echten Historiker, Josephus, erst nach seinem politischen Untergang im Jahre 70 und in einem Renegaten hervorbrachte und seinen zweiten in R. Avrahám ibn Daúd ein volles Jahrtausend später. All das will – behüte! – nicht sagen, daß die Schrift lügt, sondern bloß, daß für sie das pädagogische Ziel der Berichterstattung vorausgeht. Wenn dem aber so ist, so überschneiden sich Archäologie, eine Wissenschaft, und Bibel, ein Erziehungsbuch, nur wenig, und dann auch nur an ihren Peripherien. Sie stehen zueinander wie Akustik und Musik: Beide haben ihren Platz im menschlichen Leben, doch vertieft Kenntnis der Schwingungen des Schalls so wenig den Genuß eines Konzerts, wie der Anblick eines antiken Artefakts die Lehren der Bibel bestätigt. In dieser Feststellung sind sich berufliche Archäologen völlig einig, und nur den Dilettanten klingt sie wie Blasphemie.

Damit ist jedoch das Problem der Beziehung zwischen Bibel und Archäologie noch nicht abgetan. Im folgenden soll gezeigt werden, daß sie nicht nur wenig miteinander zu tun haben, sondern daß durch Verwischung der Trennungslinie beiden Unrecht geschieht und Schaden zugefügt wird.

Der Schaden, den Archäologie erleidet, ist geringer: Wissenschaftler denken klar und geraten selten in Verwirrung durch Irrelevanz und Selbsttäuschung. Darum bedürfen sie und ihr Fach eines geringeren Maßes unserer Fürsorge, auch gehört ja unser Interesse sowieso vor allem der Bibel. Mit dieser steht es in diesem Zusammenhang erheblich schlimmer. Den Nachdruck bei ihrem Studium auf das Greifbare ihres Inhalts zu verlegen, wo doch gerade Ungreifbares und Unbegreifliches in ihrem Brennpunkt steht, verfälscht beide, den Inhalt und das Studium. Um nur ein einziges Beispiel als Illustration anzuführen: In 1. Sam 13:51 kommt das einmalige Wort *pim* vor, das solange völlig unverständlich war, bis Archäologen unweit von Tel-Aviv ein Gewicht, also eine Münze, fanden, die diesen Namen trägt. Dafür gebührt ihnen unsere Bewunderung und dem Zufall unser Dank. Was aber der Verfasser des Buches Samuel mit seinem Werk bezweckte; daß, um mit Max Weber zu sprechen, das Dilemma zwischen Gewissens- und Verantwortungspolitik sein Thema ist; daß das ganze Buch als ein Anti-

Machiavelli die ethischen Pflichten eines Fürsten predigt; daß ein Fürst in der Tat solchen Pflichten unterliegt, ohne daß dadurch seine Staatsführung den kürzeren zieht – ja im Gegenteil; von all dem erfährt derjenige nichts, dem weisgemacht wird, der Fund eines *pim* beweise, die Bibel habe „doch recht".

Jetzt bleibt noch zu überlegen übrig, warum sich beispielsweise unter Italienern außer Berufsarchäologen und Fremdenführern nur eine verschwindende Minderheit für die überwältigenden Überreste des alten Pompeji interessiert, in Israel dagegen Rundfunk und Fernsehen die Nachricht von der Entdeckung eines kleinen Mosaiks aus der hellenistischen Epoche, und wenn gar mit einem hebräischen Namen oder jüdischen Symbol, noch am selbigen Abend in der Tagesschau vor den politischen Neuigkeiten bringen. In der Periode zweifelhafter, weil noch nicht gänzlich wiedererrungener Identität, wie es die jetzige in Israel ist, und wankender traditioneller Werte, wie es heute in der ganzen Welt der Fall ist, klammert sich der Mensch gern an Gegenständliches anstelle von Ideen, an das Fixe der Vergangenheit, um das Bedrohliche der Zukunft für eine Weile zu vergessen. Der Rückblick lehrt, daß immer in Zeiten des Zusammenbruchs alter und noch vor dem Anbruch neuer Zustände das Interesse an Antiquitäten im Ansteigen war: Nur ein paar Jahre vor dem Kollaps des assyrischen Imperiums legte der König Assurbanipal die erste große „Bibliothek der Antike" in der Welt an, und die Blüte der römischen Geschichtsschreibung begann mit dem Abstieg Roms. Und schließlich stellt wissenschaftliche Beschäftigung nur Ansprüche an den Intellekt und nicht an die Lebensführung: Es ist bequemer, sich mit alten Inschriften auseinanderzusetzen als mit alten Vorschriften.

THESE

1. Der Fall des Zweiten Tempels war eine nationale Katastrophe, weil mit ihm der Beginn des fast zwei Jahrtausende währenden Exils des jüdischen Volkes begann, doch keine religiöse, denn z.B. der Jom-Kippúr steht seitdem auf einer höheren, von vorgegebenen Lokalitäten und bestimmten Personen und Ritualen unabhängigen religiösen Stufe.

2. Der Fall des Zweiten Tempels war eine religiöse Katastrophe, weil von nun an ein weiter Bereich des jüdischen Lebens, wie es die Torá skizziert, unerfüllbar ist, aber keine nationale, denn das jüdische Volk wußte unbeschadet weiterzuexistieren, und mit seiner Zerstreuung auf alle Kontinente verteilte sich eher das Risiko des Untergangs.

HANDREICHUNG

Unser Studium erfordert auch diesmal Vorbereitung, denn der Text ist eine sehr undramatische Beschreibung eines zwar hochdramatischen, aber längst nicht mehr stattfindenden festlichen Vorgangs. Hat eine Paraschá einmal sprachliche oder historische, einmal religiöse oder philosophische Probleme, so finden sich hier alle versammelt. Zu ihnen kommen die Erfahrungen. Der Jom-Kippúr wird den meisten unter den Lernenden bekannt sein: Die einen haben in der Synagoge an der Liturgie teilgenommen, die anderen vom „langen" Tag der Juden gehört, und wieder mag sich dieser oder jener an einen Krieg in Nahost entsinnen, der von diesem Tag seinen Namen erhielt, weil just an ihm der Staat Israel von einem Nachbarstaat angegriffen wurde, der wohl wußte, daß die Juden an ihm wie an keinem anderen unvorbereitet und geschwächt sind. Wie erstaunt müssen sie alle sein, wenn der Jom-Kippúr, von dem das Kapitel spricht, nichts, aber auch gar nichts mit jenem zu tun zu haben scheint, den sie als Erlebnis, vom Augenschein oder von der Lektüre her kennen. Unter diesen Bedingungen ist das vorgelegte und an und für sich nicht leichte MATERIAL doppelt schwer zu verstehen – doppelt in der Tat, denn man gewinnt aus ihm fast den Eindruck, es handele sich um zwei ganz verschiedene Tage im jüdischen Kalender: um einen seit langem überholten, schwer vorstellbaren und um einen heutigen, schwer verständlichen. Wer Torá lernt, muß eben darauf gefaßt sein, daß sie nicht nur aus schönen Geschichtchen besteht, und wer jüdische Religion und Israels Gedankenwelt kennenlernen will, muß sich gerade in Vorschriften vertiefen wie jene, denen zufolge einst Aharón den betreffenden Tag zu begehen hatte, und wie dieser sich verändert hat.

Einige verbreitete Anschauungen müssen erst einmal revidiert werden, z.B. ist die Bezeichnung „Versöhnungstag" eine unglückliche, aber nicht mehr zu ändernde: Sie entstellt des Tages Charakter. Leider ist das hebräische Original unübersetzbar. Die beiden Brennpunkte des Studiums sind daher *Jom-Kippúr einst und Jom-Kippúr jetzt.* Demgemäß teilt sich das MATERIAL in zwei: in Bezug auf den Tag vor und auf den Tag nach dem Abbruch des Tempelkults, mit anderen Worten auf das mit Prunk der Hauptfigur und Passivität aller anderen begangene Zeremoniell und auf die unter intensiver Teilnahme der in der Synagoge Anwesenden ohne jedwede Ostentation vor sich gehende Einkehr. Die Brücke zwischen beiden schlägt MATERIAL Nr. 12, ein Versuch, die organische Entwicklung des Tages zu skizzieren. Es sollten die Lernenden verstehen, daß sie durch ihr Studium Zeugen einer geschichtlichen Einmaligkeit werden: wie politischer Zusammenbruch gepaart mit Zerstörung des zentralen Heiligtums durch kühne Kreativität gepaart mit treuer Standhaftigkeit die Nation zu Überleben und zu religiösem Gewinn führen können.

Der empfehlenswerteste Ansatzpunkt ist FRAGE Nr. 13 und damit, wie gesagt, MATERIAL Nr. 12. Von da an gehe man zurück zum Text und überspringen sodann ein Jahrtausend bis zum Jom-Kippúr der Rabbinen.

Zwei eng mit dem Stoff verbundene Themen, der Opferkult und die Umkehr, sind separat in dieser Reihe behandelt.

WANDERUNG

4.M. 1:1–4, (5–15, 20–43), 49, 50; 2:2–31   במדבר א, א-ד, (ה-טו, כ-מג), מט-נ; ב, ב-לא

Buber-Rosenzweigs Übersetzung

(A) DER AUFTRAG (1:1–4)

Er redete zu Mosche in der Wüste Sfinai,	**1**	וַיְדַבֵּר יְהוָה אֶל־מֹשֶׁה בְּמִדְבַּר סִינַי
im Zelt der Begegnung,		בְּאֹהֶל מוֹעֵד
am ersten auf die zweite Mondneuung,		בְּאֶחָד לַחֹדֶשׁ הַשֵּׁנִי
im zweiten Jahr nach		בַּשָּׁנָה הַשֵּׁנִית
ihrer Ausfahrt vom Land Ägypten,		לְצֵאתָם מֵאֶרֶץ מִצְרַיִם
sprechend:		לֵאמֹר:
Erhebt den Häupterbestand	**2**	שְׂאוּ אֶת־רֹאשׁ
aller Gemeinschaft der Söhne Jifsraels		כָּל־עֲדַת בְּנֵי יִשְׂרָאֵל
nach ihren Sippen, nach ihrem Väterhaus,		לְמִשְׁפְּחֹתָם לְבֵית אֲבֹתָם
in Namenzählung,		בְּמִסְפַּר שֵׁמוֹת
alles Männliche nach ihren Scheiteln,		כָּל־זָכָר לְגֻלְגְּלֹתָם:
vom Zwanzigjährigen aufwärts,	**3**	מִבֶּן עֶשְׂרִים שָׁנָה וָמַעְלָה
wer zur Heerschar in Jifsrael ausfährt,		כָּל־יֹצֵא צָבָא בְּיִשְׂרָאֵל
die ordnet ihren Scharen ein,		תִּפְקְדוּ אֹתָם לְצִבְאֹתָם
du und Aharon.		אַתָּה וְאַהֲרֹן:
Bei euch seien je ein Mann, je ein Mann für den Volksstab,	**4**	וְאִתְּכֶם יִהְיוּ אִישׁ אִישׁ לַמַּטֶּה
jedermann das Haupt seines Väterhauses.		אִישׁ רֹאשׁ לְבֵית־אֲבֹתָיו הוּא:

(B) DIE STAMMESFÜRSTEN (1:5–15)

V. 5	Reuvén:	Elizúr b. Schedeúr	(L1) (*)
V. 6	Schimeón:	Schelumiél Zurischaddáj	(L2)
V. 49	Lewí:	Mosché und Aharón	(L3)
V. 7	Jehudá:	Nachschón b. Amminadáv	(L4)
V. 8	Jißachár:	Netanél b. Zuár	(L5)
V. 9	Sevulún:	Eliáv b. Chelón	(L6)
V. 10	Josséf/Efrájim:	Elischamá b. Ammihúd	(R1)

	Josséf/Menasché:	Gamliél b. Pedahzúr	
V. 11	Binjamín:	Avidán b. Gideoní	(R2)
V. 12	Dan:	Achiéser b. Ammischaddáj	(RB2)
V. 13	Aschér:	Pagiél b. Ochrán	(LS2)
V. 14	Gad:	Eljaßáf b. De'uél	(LS1)
V. 15	Naftalí:	Achirá b. Ejnán	(RB2)

(*)	L1	= Leás 1. Sohn, L2 = Leás 2. Sohn usw.
(**)	R1	= Rachéls 1. Sohn, R2 = Rachéls 2. Sohn
	LS1	= Silpás, Leás Magd, 1. Sohn usw.
	RB1	= Bilhas, Rachéls Magd, 1. Sohn usw.
		1 = Erstgeborener
		2 = Zweitgeborener usw.

(C) DIE ZÄHLUNGEN (1:20–43)

Stämme	Vers	1. Zählung (Kap. 2)	2. Zählung (Kap. 26)	Differenz
Reuvén	20–21	46 500	43 730	– 6%
Schimeón	21–23	59 300	22 200	–63%
Gad	24–25	45 650	40 500	–11%
Jehudá	26–27	74 600	76 500	+ 3%
Jißachár	28–29	54 400	64 300	+18%
Sevulún	30–31	57 400	60 500	+ 5%
Efrájim	32–33	40 500	32 500	–20%
Menasché	34–35	32 200	52 700	+64%
Binjamín	36–37	35 400	45 600	+28%
Dan	38–39	62 700	64 400	+ 3%
Aschér	40–41	41 500	53 600	+28%
Naftalí	42–43	53 400	45 400	–14% (*)
Summe		603 550	601 730	–0,3%

(*) Siehe MATERIAL Nr. 6d, 7c.

(D) DIE LEWITEN (1:49–50)

Jedoch den Stab Lewi ordne nicht ein,	49	אַךְ אֶת־מַטֵּה לֵוִי לֹא תִפְקֹד
ihre Hauptzahl trage nicht ein inmitten der Söhne Jißraels.		וְאֶת־רֹאשָׁם לֹא תִשָּׂא בְּתוֹךְ בְּנֵי יִשְׂרָאֵל׃
Verordne du die Lewiten über die Wohnung der	50	וְאַתָּה
Vergegenwärtigung und über alle ihre Geräte		הַפְקֵד אֶת־הַלְוִיִּם עַל־מִשְׁכַּן
und über alles, was an ihr ist,		הָעֵדֻת וְעַל כָּל־כֵּלָיו וְעַל כָּל־אֲשֶׁר־לוֹ
tragen sollen sie die Wohnung und all ihre Geräte,		הֵמָּה יִשְׂאוּ אֶת־הַמִּשְׁכָּן וְאֶת־כָּל־כֵּלָיו
pflegen sollen sie ihrer,		וְהֵם יְשָׁרְתֻהוּ
rings um die Wohnung sollen sie lagern.		וְסָבִיב לַמִּשְׁכָּן יַחֲנוּ׃

(E) DIE LAGERORDNUNG (2:2–31)

Jedermann neben seiner Fahne,   **2**

   bei den Abzeichen ihres Väterhauses,

   sollen lagern die Söhne Jifsraels,

gegenüber rings dem Zelt der Begegnung sollen sie lagern.

אִישׁ עַל־דִּגְלוֹ בְאֹתֹת לְבֵית אֲבֹתָם
יַחֲנוּ בְּנֵי יִשְׂרָאֵל
מִנֶּגֶד סָבִיב לְאֹהֶל־
מוֹעֵד יַחֲנוּ:

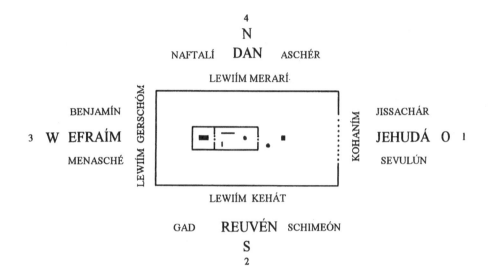

Legende: Die Namen der Stämme, die auf der Wanderung eine Dreiergruppe führten, in Großbuchstaben

V. 3–9:	Die aufgangwärts[1] lagernden: Die Fahne des Lagers Jehudá die daneben lagernden Zweige Jißachár und Sevulún – am ersten ziehen sie:	186 400
V. 10–16	Die Fahne des Lagers Reuvén rechtwärts die daneben lagernden Zweige Schimeón und Gad – die zweiten ziehen sie:	151 450

> V. 17: Dann zieht das Zelt der Gegenwart das Lager der Lewiten, inmitten der Lager, wie sie lagerten, so zogen sie

V. 18–24:	Die Fahne des Lagers Efrájim meerwärts die daneben lagernden Zweige Menasché und Binjamín – die dritten ziehen sie:	108 100
V. 25–31:	Die Fahne des Lagers Dan verdecktwärts die daneben lagernden Zweige Aschér und Naftalí – zuletzt ziehen sie nach ihren Fahnen:	157 600
		603 550

[1] BRs Übersetzung bemüht sich, die Eigentümlichkeit des Hebräischen wiederzugeben, mit der es die Himmelsrichtungen benennt, aber statt *kédma* = *aufgangwärts* wäre *vorwärts* vorzuziehen, weil der Hebräer Osten mit *kédem* = *vorn* bezeichnet. Für den in Erez Israél Lebenden heißt dann westwärts *jáma* = *meerwärts*, der Süden folgerichtig *temána* = *rechtwärts*, daher das Land Jemen. Auch das hebräische Wort *zafón* für Norden fügt sich gut ein: seine Wurzel *zfn* = verbergen, bedecken, verhängen, auch verhangen sein (vgl. Jer 1:14).

(F) DIE GEBIETE DER STÄMME

Legende: Die Namen jener Stämme, die an der Spitze einer Stämmegruppe standen, sind unterstrichen.

Der Name des Stamms Dan erscheint auf der Karte an zwei Stellen: einmal eingeklammert im Zentrum und einmal im hohen Norden. Sein ursprüngliches Stammesgebiet war das erstgenannte, wo Dan aber von den Philistern so bedrängt und eingeengt wurde, daß die Daniten diese Region verließen und sich im Norden ansiedelten.

Der Stamm Menasché hatte sich aus unbekannten Ursachen während der Wanderung um zwei Drittel vermehrt, was wohl einer der Gründe gewesen sein mag, daß ihm Gebiete auf beiden Seiten des Jordans zugeteilt wurden.

Das Gegenteil war das Schicksal des Stammes Schimeón: Er nahm in diesem Zeitraum um zwei Drittel ab, spielte später auch nie die geringste Rolle, ist kaum wieder erwähnt und stellte weder König, Richter noch נביא *naví* (= „Prophet"). In kurzer Zeit scheint er im Stamme Jehudá aufgegangen zu sein.

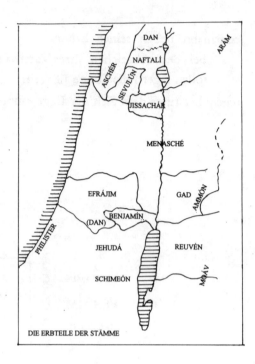

DIE ERBTEILE DER STÄMME

Was die Verteilung der Stammesgebiete selbst betrifft, so erhielten die ersten drei Leá-Stämme (Reuvén, Schimeón und Jehudá) den Süden und die Rachél-Stämme (Josséf, d.h. Efrájim samt Menasché, und Binjamín) das Zentrum, wobei die Grenze zwischen Jehudá und Binjamín durch Jerusalem verlief. Die vier Stämme, die sich von den Mägden Bilhá und Silpá herleiteten, wurden zusammen mit Dan – siehe oben – im Norden seßhaft.

FRAGEN

1. Die Stammeshäupter tragen auffallend ungewöhnliche Namen, die noch dazu für die Zukunft bedeutungslos sind und gar nicht notiert zu werden brauchten.

2. In 2:2 lagern die Stämme „gegenüber ringsum". Entweder gegenüber oder ringsum!

3. Daß die Auszügler aus Ägypten fast zwei Drittel einer Million erwachsener Männer zählten, ist eine maßlose Übertreibung, der man nicht Glauben schenken kann.

4. Wer aus Neugierde im Buche *Bemidbár* etwas weiter liest, stößt zu seinem Erstaunen auf eine zweite Volkszählung in Kap. 26, und wer etwas zurückblättert, stößt auf eine frühere im 2.M. 30, die nahe dem Berge Ssinái stattgefunden hat, einer Gegend, welche die Auszügler erst kurz vorher verlassen hatten (V.1). Warum wird in einem fort volksgezählt?

5. Das Lager scheint viereckig gewesen zu sein. Es wäre interessant, näheres über seinen Plan zu erfahren.

6. Das Lager erinnert an das *castrum* einer römischen Legion. Rüsteten sich Mosché und die Stammeshäupter denn zu Kriegen?

7. Waren alle Stämme gleichberechtigt?

8. Hier läßt sich einwenden, daß die Lewiten, Moschés und Aharóns eigener Stamm, besser abschnitten: Sie wurden unter den wehrpflichtigen Männern nicht mitgezählt und brauchten daher offensichtlich nicht einzurükken.

9. Die Stämme erhielten ihre Lagerstätten gruppenweise, d.h. drei in jeder Himmelsrichtung. Nach welchem Prinzip? Willkürlich? Durchs Los? Je nach Prestige?

10. Wie bewegten sich die Stämme fort: in der in Abb.E anbefohlenen Formation? Das ist doch praktisch unmöglich.

11. In der, wie immer wieder behauptet wird, fehlerlos überlieferten Torá hat sich ein, allerdings nur winziger, Fehler eingeschlichen: Jedes erste Wort der V.19–41 ist der Name eines Stammes, dem im Urtext die Präposition ל = *für* vorangeht, aber in V.42 beim Namen Naftali, dem des 12. und letzten Stammes, hat ein Kopist diesen Buchstaben zu schreiben vergessen, und so ist es für alle Ewigkeit geblieben. Das hätte ihm nicht passieren dürfen, aber sei ihm verziehen, nur warum wurde der Fehler später nicht korrigiert?

12. Die Hierarchie der Begriffe *Stamm, Zweig* (an anderer Stelle schreiben BR *Stab*), *Familie* und *Vaterhaus* sind unklar. Und was hat ein Stab mit einer sozialen Einheit zu tun?

13. Als im Winter 1995 im Staate Israel eine Volkszählung stattfand, boykottierte sie ein Teil der Bevölkerung unter Bezugnahme auf ein Verbot in 2.M. 30:12. Wie läßt sich das mit der jetzigen Zählung vereinbaren?

14. Waren die Fahnen farbig? Stand etwas auf ihnen? Oder zeigten sie gar Bilder?

LEITBLATT

1. Für die Torá sind die Auszügler nicht eine amorphe Masse, von der nur eine Information von Gewicht ist: der Name ihres Anführers – vgl. dazu auch MATERIAL Nr. 7c. Man bedenke, daß wir unter ihnen an die hundert mit Namen kennenzulernen bekommen, wie denn auch die Hälfte der Stammesväter im Buche *Schemót* bald voneinander recht unterschiedlich gezeichnet sind. Freilich haben sie sich untereinander relativ vermischt, so daß es heute nur noch Juden, d.h. Judäer, und Lewiten gibt. Schon um diesem Prozeß vorzubeugen oder ihn aufzuhalten, ist die Liste ihrer Häupter gerechtfertigt. MATERIAL Nr. 5a wundert sich über die Reihenfolge, die übrigens fast in jeder der häufigen Auflistungen der Stämme je nach dem Zweck derselben verschieden ist. MATERIAL Nr. 6b und 11d wissen von weiteren Gründen für die Notierung.

2. Diesen anscheinenden Widerspruch legt MATERIAL Nr. 3c bei und zeigt daneben auf, daß eine Halachá, die wir eher geneigt sind, den Tannaím zuzuschreiben, Jehoschúa oder wenigstens dem Verfasser des Buches Jehoschúa bekannt war.

3. Die Ergebnisse der Zählung sind in Tabelle C aufgelistet. Sie sind seit je ein Anlaß für mehr oder weniger überzeugende Spekulationen gewesen. Z.B. sollen sie, weil „astronomisch", unglaubwürdig sein; andere denken, die Anzahl der Tausender (603) solle an den summierten Zahlenwert der Buchstaben בני ישראל *Benéj Jißraél* erinnern. MATERIAL Nr. 9c kann als ein auf Bedeutungswandel im Hebräischen basierender Ausweg aus der Verlegenheit helfen.

4. Zitiert Schiller vielleicht RaSCHÍ (MATERIAL Nr. 4a) in seinem „Er zählt die Häupter seiner *Lieben*"? Die Zugehörigkeit zum Volke Jißraél ist matrilinear bestimmt, die zu einem seiner Stämme nach MATERIAL Nr. 4b ist vom Vater abhängig. Warum die Zählung am Ssinái mittels der Kopfsteuer in Schekalím vorgenommen wurde, beantwortet MATERIAL Nr. 4c, auf die halachischen Probleme einer Volkszählung geht MATERIAL Nr. 11c ein. Bemerkenswert ist MATERIAL Nr. 7c.

5. Abb. E samt Text beantworten die FRAGE.

6. Generalmobilisierung oder Organisation von Zivildienst – je nach ihrer Weltanschauung und den Umständen ihrer Zeit gehen die Kommentatoren darin auseinander: MATERIAL Nr. 8 ist kriegerisch gesinnt, Nr. 7d leugnet militärische Ziele, Nr. 5b und 6a nehmen eine Mittelstellung ein, Nr. 9a definiert die Situation sachlich, d.h. ohne charakteristisch-jüdische apologetische Befangenheit (oder deren charakteristisch-jüdisches Gegenteil).

7. Der Stamm Lewí war von vornherein ein Sonderfall, darüber unter FRAGE Nr. 8. Grundsätzlich waren die übrigen gleichberechtigt, faktisch unterschieden sich schon die Söhne Jaakóvs, die *heroi eponymoi* der Stämme, voneinander, was sich in den Nachkommen perpetuierte. Jehudá bewies sich als Stamm (wie schon vorher persönlich in der Josséfsgeschichte) zur Führung bestimmt, Reuvéns Prestige beruhte auf seiner Erstgeburt, Josséf, aus den zwei Stämmen Efrájim und Menaschè bestehend, war wohl der begabteste, unter den Mägdesöhnen war Dans Unternehmungs- und listige Angriffslust sprichwörtlich. All das veranschaulicht u.a. auch Abb. E samt Text. Rivalität zwischen Stämmen war vorauszusehen und eingebaut – siehe MATERIAL Nr. 3b. Die interne soziale Struktur eines Stammes erörtern MATERIAL Nr. 7b und 9b.

8. MATERIAL Nr. 3a und 4d erwägen die Ursachen der Ausnahmestellung der Lewiten, MATERIAL Nr. 11a und b den Vorwurf des Fragers.

9. Zur Zusammensetzung der vier Gruppen siehe Abb. E, zum Prinzip, das sich dahinter verbirgt, unter MATERIAL Nr. 3b, 7b und 9b. Aufschluß bieten auch Abb. F und MATERIAL Nr. 11e.

10. Die Auseinandersetzung mit diesem Punkt legen MATERIAL Nr. 1 und 7a dar, Abb. E mag dabei hilfreich sein.

11. Der Frager muß sehr genau gelesen haben, um die Abwesenheit eines Buchstabens zu entdecken. Ob dies ein bedauerlicher Schreibfehler oder von hoher geschichtlicher Bedeutung ist, beurteilen unterschiedlich MATERIAL Nr. 6c und 7e.

12. Davon handeln MATERIAL Nr. 7b und 9b sowie Nr. 10.

13. Das kuriose und typisch jüdische Unikum des Einflusses biblischer Volkszählungen auf eine neuzeitliche (1995!) geht aus MATERAL Nr. 11c hervor.

14. Die Antwort auf diese FRAGE steht im MATERIAL Nr. 1.

MATERIAL

1. א, ה ירושלמי ערובין *jer.Eruvín 5,1 (gekürzt):*
Manche sagen, [die Stämme] seien so gruppiert gezogen, wie sie rings um das Zelt lagerten, wie es heißt: „wie sie lagern, so ziehen sie" (2:17), andere wiederum Stamm hinter Stamm, denn nur dann kann Dan (in 10:25) die Nachhut gebildet haben.

2. 'ב רבא במדבר, שמעוני ילקוט *Jalkút Schimeoní, Bemidbár Rabbá 2:*
Jeder נשיא *nassí* hatte sein Zeichen und seine Farben: Reuvén eine Alraunenwurzel (1.M. 30:14), Lewí die Urím und Tummím (2.M. 28:30), Jehudá einen Löwen (1.M. 49:9), Jissachár Sonne und Mond, Sevulún ein Boot (1.M. 49:13), Dan eine Schlange (1.M. 49:17), Gad ein Zeltlager (1.M. 49:19), Naftalí eine Hindin (1.M. 49:21), Aschér einen Ölbaum (1.M. 49:20), Efrájim einen Stierkopf (5.M. 33:17), Menaschéeine Antilope (ebenda), Binjamín einen Wolf (1.M. 49:27).[1]

3. ח, א במדבר תנחומא *Tanchumá Bemidbár 1,8:*
(a) Warum wurden die Lewiten nicht mitgezählt? Weil sie Palatiner (= Palastwache) waren.[2] Vergleichbar einem König, der viele Legionen hatte und zu seinem *Präpositus* (= Oberbefehlshaber) sagte: Zähle die Legionen außer jener, die mir [nahe] steht. Zwar befahl הוא ברוך הקדוש *ha-kadósch barúch hu* (= der Heilige, gelobt sei er; kurz הקב"ה *HKBH*) Mosché: „Aber den Stamm Lewí zähle usw.", doch inmitten der בני ישראל *benéj Jissraél* nicht, sondern separat, denn es schickt sich nicht für einen König, seine [Leib-]Legion mit den anderen zu zählen. Als Mosché hörte, er solle seinen Stamm nicht zählen, erschrak er: Haftet gar ein Makel an Lewí? – [Nein!] Weil [die Lewiten bei Israels Fehltritt beim Gußkalb] zu IHM hielten (2.M. 32:26ff.), und wer zu IHM hält, zu dem hält ER [denn damals scharten sich alle לויים *Lewiím* um משה *Mosché*].[3]

(b) Als הקב"ה *HKBH* דגלים *degalím* (= Fahnen) befahl, wie sie es wünschten, erfaßte Mosché Furcht und er sprach: Jetzt steht Streit zwischen den Stämmen bevor. Sage ich Jehudá, er lagere im Osten, sagt er: Ich will nicht, sondern im Süden, und so jeder einzelne Stamm –

was tue ich nur? HKBH antwortete: משה Mosché, sorge dich nicht, sie brauchen gar nicht dich [und deine Anweisungen], sie wissen längst von selbst ihre Standorte. Vermächtnis ist es in ihrer Hand von ihrem Vater Jaakóv, und keine neue Ordnung lege ich ihnen auf: So wie sie [nach seinem letzten Willen ihn tot] auf seiner Bahre [aus Ägypten zur Bestattung nach Chevrón (Hebron) trugen], so mögen sie den משכן *Mischkán* (= „Wohnsitz") umrahmen.[4]

(c) „Gegenüber rings ums Zelt" [will vorwegnehmen, was in 35:5 geschrieben steht:] „Außerhalb der Stadt sollt ihr messen: den Ostraum 2000 Ellen, den Südraum usw. [...] die Stadt inmitten" – so tat auch Jehoschúa (Jos 3:4) in Jerichó: „Aber 2000 Ellen fern sei zwischen euch und ihr (= der Lade)", und nicht mehr. Warum? Damit ihr am Schabbát dort(hin) zum Gebet (gehen) dürft.[5]

4. רש"י *RaSCHÍ z.St:*
(a) Vor lauter Liebe zu ihnen zählte Er sie jede Weile: Als sie aus Mizrájim auszogen (2.M. 12:37), zählte Er sie, als viele von ihnen umkamen beim [Vorfall mit dem] Gußkalb, zählte Er sie (2.M. 30:11–16), um zu wissen, wieviele am Leben geblieben waren, und [nach der jetzigen Zählung] wieder in *Paraschát Pinechás* (Kap. 26).[6]

(b) Wessen Vater von einem und wessen Mutter von einem anderen Stamm kommt, wird zu dem seines Vaters gerechnet.[7]

(c) „nach ihren Scheiteln" mittels [der einheitlichen Steuer] eines halben Schékels [pro Kopf].[8]

(d) „Lewí ordne nicht ein" (V.49) – Er sah voraus, über die mehr als 20 Jahre alten Männer würde verhängt werden, in der Wüste zu sterben wegen ihre Wunsches, nach Mizrájim zurückzukehren (14:29). Darum sprach Er: Sie werden nicht umkommen, weil sie nicht beim Gußkalb hin in die Irre gingen (vgl. 2.M. 32:26–29).

---

1 Die Embleme der Stämme sind ein bei Künstlern beliebtes Sujet, mit dem Synagogenfenster, Bucheinbände u. dgl. geschmückt werden. Es ist so weit verbreitet, weil es bis auf die Menorá im Tempel und den „Davidstern" beinahe keine anderen jüdischen Charakters gibt. Berühmt sind die diesbezüglichen 12 Vitragen Chagalls. Sie schmücken die Fenster der Synagoge des Hadassah Medical Center, Jerusalem.
2 Die sogenannten Königsgleichnisse des Midrasch, bearbeitet vom Karlsbader Rabbiner I. Ziegler, lieben es, sich Ausdrücke aus der hellenistischen Welt, insbesondere des kaiserlichen Roms, zu bedienen.
3 Daß die Lewiten bei diesem Zensus beiseite gelassen worden sind, haben ihre Nachkommen, obzwar sie heute keinen Sonderstatus genießen, nicht vergessen. Ein Beispiel: Eine aus Deutschland stammende und heute in Israel lebende lewitische Rabbinerfamilie heißt Nebenzahl!

4 Leicht machten es die Israeliten ihrem Mosché nicht: Dutzende Male erhoben sie Einspruch gegen seine Entscheidungen und liebten es dabei, sich gegenseitig vor seinen Richterstuhl vorzuladen. Zu 2.M. 18:13–18 bemerkt der Midrásch, sie neigten von Natur aus dazu, wegen jeder Lappalie sich ans Gericht zu wenden und nach absoluter Gerechtigkeit zu streben.
5 2000 Ellen vom Wohnort in jede Himmelsrichtung (ungefähr 1800m) ist die Sabbatgrenze, innerhalb derer jede Entfernung an diesem Tage zu Fuß zurückgelegt werden darf.
6 Über spätere Zählungen siehe MATERIAL Nr. 11c.
7 Die Zugehörigkeit zum Volke Jissraél vererbt sich matrilinear, die zu einem Stamm wie die Lewiten oder einer Familie wie die Kohaním patrilinear.
8 Scheitel anstelle von Kopf (wörtlich: Schädel) ist keine glückliche Wahl der Übersetzer, möge ihnen aber angesichts der übergroßen Anzahl ihrer sehr geglückten vergeben sein.

5. ר' אברהם אבן עזרא *R. Avrahám ibn Esrá z. St.:*
(a) [In der Aufzählung der Stämme folgte entgegen der Geburtenfolge] Josséf auf die Leá-Söhne vor den Söhnen der Mägde zu Rachéls Ehren, und zwar Efrájim vor Menasché wie einst Jaakóv [bei seinem Segen auf dem Totenbette (1.M. 49)] und diese beiden [, obgleich nur Enkel Jaakóvs,] vor Binjamín, weil sie eigentlich den Stamm [ihres Vaters] Josséf bilden. Dann kommt Dan, der Erstgeborene unter den Mägde-Söhnen […], und am Ende Gad, der Erstgeborene von Leás Magd.[9]

(b. zu 2.M.14:13) Es setzt in Erstaunen, daß ein Lager von sechzig Myriaden Männern sich [am Schilfmeer] vor seinen [ägyptischen] Verfolgern fürchtet. Warum wehrten sie sich nicht ihres Lebens und kämpften nicht für ihre Kinder? Aber sie waren müde und im Kampf unerfahren. Auch [, so fürchteten sie,] werde es ihnen an Kraft gegenüber den Kenaanitern fehlen, solange nicht eine neue Generation ersteht, die nicht גלות *galút* (= Exil) erlebt und schon Selbstvertrauen erworben hat.[10]

6. S. D. Luzzatto z. St.:
(a) Die Absicht ist, daß sie sich nach Fahnen und Scharen organisieren, damit jeder seinen Platz wisse und das Lager geordnet dastehe, wie es sich gehört, und sie nicht aussehen wie eine Bande flüchtiger Sklaven, sondern wie ein ein gerüstetes Kriegsvolk.

(b) Mein Herr Vater hat mich über den Grund dafür belehrt, warum die Aufsicht der Stammesfürsten notwendig war. Der Auftrag war, das Volk solle nach Stämmen und Familien gezählt werden, und da konnte es vorkommen, daß sich dieser oder jener in einen fremden Stamm oder eine fremde Familie einschleicht, auch daß er von fraglichem ייחוס *jichúß* (= Abstammung) war, z.B. vom [ägyptischen] Pöbel, der sich beim Auszug ihnen angeschlossen hatte (vgl. 2.M. 12:38). Aber bei der zweiten Zählung an der Schwelle des Landes (Kap. 26) berief משה *Mosché* die Stammesfürsten nicht wie-

der, denn damals [, vierzig Jahre nach der jetzigen Zählung,] war die Zugehörigkeit eines jeden nicht mehr zweifelhaft.

(c) Der חידוש *chiddúsch* (= neue Erkenntnis) des prominenten Lehrers aus Polen in seinem Werk תוצאות חיים *Toz'ót Chajjím* gibt keinen Sinn […] und ist einem Zufall zuzuschreiben.[11]

7. S. R. Hirsch z. St.:
(a) Zwei Ansichten liegen vor bezüglich der Zuggestalt, in welcher sich das Lager auf den Zügen gruppierte. Die eine gibt ihr Quadratform „ganz wie sie lagerten" (2:17), nämlich כמין תיבה *ke-min tevá* (= wie eine Art [viereckiger] Kasten), die andere schließt aus „Dan als Nachhut" (10:25), daß sie in gerader Linie כקורה *ka-korá* (= wie ein Balken) mit Jehudá an der Spitze zogen. Da Dan sich erst am Schluß in Bewegung setzte (vgl. 2:31), so können sie dann schwerlich die Form eines geschlossenen Quadrats bewahrt haben. Vielmehr [verhält es sich so], daß sie die Lagerordnung also bewahrten, daß Jehudá voran, hinter ihm, aber rechts gehalten, Reuvén, darauf in gerader Linie [hinter Jehudá] Efrájim zog und endlich Dan, sich eher links haltend, den Zug schloß, so daß beim Haltmachen jedes Lager in die angeordnete Seitenstellung eintraf.[12]

(b) Es ist mit Entschiedenheit klar: Die Einzelnen gruppieren sich zuerst in Familien, und die Familien gehen wieder durch die gemeinsame Abstammung ihrer Väter aus einem Hause in Stämmen zusammen, sowie diese zuletzt in בית ישראל *Bet Jissraél* aufgehen. Nach ihrem Auseinandergehen heißen sie מטות *mattót* (= Äste), nach ihrer Zurückführung der einzelnen abgestammten Familien in den gemeinsamen Ursprung בתי־אבות *battéj-avót* (= Väterhäuser).[13]

(c) Es wird jeder namentlich bei der Zählung genannt (V.2), damit tritt er bewußtvoll in der Bedeutung seiner Persönlichkeit zum Ganzen hin. Er hat sich persönlich selbst mit einem halben Schékel einzufinden und ihn persönlich abzugeben. Bei einer Masse zuammmenstehender Menschen bieten sich zunächst die Köpfe als zu zählende Einheit an (V.2), bei der jüdischen Zählung werden aber nicht [die dem Zähler mehr oder weniger

---

9 Ibn Esrá wundert sich über die Reihenfolge der Stammesfürsten in der Liste A (siehe diese und die dortige Anmerkung).

10 Sich vor einem langen und beschwerlichen Zug durch ein von Räuberbanden heimgesuchtes Trockenland auch für eventuelle Überfälle vorzubereiten, wie sie ihn schon einmal erlebt hatten (2.M. Kap.17), kann auch überzeugten Pazifisten nicht übelgenommen werden (wie es hie und da geschieht) – und solche waren die Auszügler samt Mosché eben doch nicht. Bedingungsloser und kompromißloser Verzicht auf jedwede Gewaltanwendung als eine politische Haltung besteht erst seit dem 19. Jahrhundert und war vorher nur sporadisch von Einzelnen vertreten worden. Von den klassischen Kommentatoren, auf die wir hier immer wieder zurückgreifen und von denen Ibn Esrá einer der originellsten und prominentesten war, kann kaum behauptet werden, daß sie militaristisch gesinnt waren, aber auch keine Friedensbewegung-Utopisten. Ibn Esrá kennt und beklagt die Wehrlosigkeit der Juden und steht nicht an, auf eine Änderung dieses Zustandes zu hoffen. Nur S. R. Hirsch (s.u.) glaubt, er müsse die Vorbereitungen abschwächen und weginterpretieren, die in diesem Kapitel für Kriegsfälle getroffen werden.

11 Einen חידוש *chiddúsch*, d.h. etwas Schönes, Gescheites und Neuartiges entdeckt zu haben, was allen eminenten Größen der Vergangenheit entgangen ist, gereicht dem Urheber zur Ehre, doch riskiert er selbstverständlich, damit auf Ablehnung zu stoßen. Luzzatto, kurz SCHaDáL, las von einem solchen, findet ihn verstiegen und verschweigt aus Takt den Namen des Autors, eines gewissen R. Chajjím Boskowitz, der hundert Jahre vor ihm lebte. Nicht so S. R. Hirsch, dem die Idee einleuchtet und der sie weiter entwickelt – siehe MATERIAL Nr. 7e. Die abgelehnte Idee wiederzugeben erübrigt sich.

12 Die Kontroverse besteht seit talmudischen Zeiten – siehe MATERIAL Nr. 1. Hirsch ist in gut rabbinischer Tradition beflissen, die widersprüchlichen Ansichten miteinander zu vereinbaren: siehe MATERIAL Nr. 7a.

13 Milgrom (MATERIAL Nr. 9b) ist anderer Meinung.

gleich dünkenden] Köpfe gezählt [, dafür Menschen als Individuen, u. zwar ein jeder durch Abgabe ein und derselben, also nicht nach Rang, Herkunft oder Vermögen gestuften, Steuer von relativ geringer Höhe].

(d) Hier ist nicht notwendig an Kriegsdienst zu denken: צבא *zavá* heißt die unter höherem Befehl zu öffentlichem Dienst vereinigte Menge. Vielmehr ist jeder verpflichtet, so oft erforderlich, aus dem Privatleben in den öffentlichen Gesamtdienst hinauszutreten.

(e) Es steht in V.42 bei Naftalí nicht wie bei allen Vorangehenden der Name des Stammes mit Präposition. Das bestätigt, daß diese nicht *von,* sondern *zu* dem als *zu* ihm gehörigen Stamme hintreten besagt. Nachdem elf Stämme gezählt waren, blieb der Rest, die noch ungezählten, von selbst als den zwölften Stamm Naftalí bildenden übrig und brauchten sich nicht erst durch Hintritt irgendwohin als solcher zu bekennen. Solch eine fehlende Präposition ist ein sprechendes Merkmal des Berichts eines unmittelbar selbsterlebten Vorganges.[14]

8. I. Eldád, z. St.:
Im Krieg gegen Amalék (2.M. 17) stand Jehoschúa an der Spitze einer von ihm auserlesenen Schar (von Freiwilligen?), noch gab es kein Heer, noch bedurfte es wundersamer göttlicher Intervention, um zum Sieg zu verhelfen, jetzt aber ist eine Volksarmee im Entstehen. Das ist ein Novum in der menschlichen Geschichte: nicht Söldner, nicht Freiwillige, nicht Sklaven und nicht Berufssoldaten. Die antiken Mächte wie Ägypten, Babylon und Assyrien, ja auch Athen, Sparta und Rom – vom Mittelalter ganz zu schweigen – kannten dergleichen nicht. In Israel herrschte auch in diesem Bereich Demokratie, Gleichberechtigung und Gleichverantwortung.[15]

9. J. Milgrom z. St. (sinngemäß gekürzt):
(a) Nach dem Auszug aus Ägypten, der Offenbarung, dem Bau des Heiligtums (2.M.) und den kultischen Anweisungen dafür (3.M.) bereiten sich die Israeliten jetzt für ihren Marsch durch die Wildnis vor. Noch befinden sie sich nahe dem Ssinái, und noch liegen nur genau ein Jahr und zwei Wochen seit dem Auszug hinter ihnen (V.1). Angesichts der nunmehr drohenden Gefahren auf dem Wege ins Land muß das Lager militärisch organisiert werden, wobei der erste Schritt die Zählung der wehrfähigen Männer von über zwanzig Jahren ist. Sie dauert zwanzig Tage (10:11), und nach ihrer Vollendung zieht das Lager los. Die Lewiten, inklusive die zu diesem Stamm gehörenden Kohaním, werden separat gezählt, weil sie andere als militärische Aufgaben haben.

(b) Die Einheiten שבט *schévet* (= Stamm), מטה *matté* (= Stab), בית-אב *bet-av* (= Vaterhaus, väterliches Haus), משפחה *mischpachá* (= Familie), vielleicht auch אלף *élef* (= Clan?) sind abwechselnd gebraucht, wobei ihre hierarchische Taxonomie nicht eindeutig feststeht. Es ist möglich, daß dieselbe Einheit in verschiedenen Epochen einen verschiedenen Namen trug. In diese Reihe gehören auch die Termini עדה *edá*, עם *am* und קהל *kahál*, die für die Gesamtheit stehen und sie jeweils von einem anderen Standpunkt erfassen, wie z.B. als Volk, Gemeinde, Gemeinschaft und Nation. Ebenso Rang, Funktion, Würde u.ä. spiegeln sich im Gebrauch der Nomina נשיא *nassí*, ראש *rosch*, אלוף *allúf*, ohne daß sich die Unterschiede zwischen ihnen klar definieren lassen.

(c) Die Anzahl von 600 000 über 20 Jahre alten Männern verursacht ernste Schwierigkeiten: Sie setzt einerseits 2 Millionen Seelen voraus, auch ließ sich ein Jahr nach der Landnahme (Ri 5:8) nur ein Aufgebot von 40 000 in ganz Israel mobilisieren. Eine mögliche Lösung wäre das Wort אלף *élef* nicht wie heute für 1000 aufzufassen, sondern als eine uralte Bezeichnung für einen Clan. Die Hunderter und Zehner nach dem Worte אלף *élef* ist die Gesamtzahl der Aufgebotenen des betreffenden Clans. Also gab es 598 Clans von insgesamt 5550 Mann, d.h. rund 11 wehrhafte Männer unter einem אלוף *allúf* (heute: General). Argumente, die gegen diese scharfsinnige Lösung sprechen, fehlen nicht.
Nehmen wir jedoch die Zahl 600 000 als bare Münze, so gab es auch rund genauso viele über 20 Jahre alte Frauen. Nun teilt die Torá in 3:40–43 mit, es hätte bei der Zählung 22 273 Erstgeborene gegeben. Wenn es keine jüngeren Mütter gab, so mußten diese je 27 Söhne geboren haben und dazu ungefähr die gleiche Anzahl von hier nicht mitgezählten Töchtern!

10. G. B.-A. Zarfatí, Bar-Ilán Universität, Daf Schevuí Nr.95:
Wie שבט *schévet* so bedeutet auch מטה *matté* zuerst Stab. Von dem ersten ist auch שרביט *scharvít* (= Herrscherstab [und vielleicht von diesem *Szepter*]) abzuleiten. Auf dem Wege der Metonymie bezeichnet שבט *schévet* dann auch den Herrscher selbst und schließlich das ihm untergebene Volk. Eine ähnliche Entwicklung läßt sich im englischen *staff* und deutschen General*stab* beobachten.

11. Y. T. Radday.:
(a) Allerdings sind die Lewiten, der Stamm Moschés (und Aharóns), vom Kriegsdienst befreit, was aber noch nicht besagen muß, daß sie Protegés der beiden waren. Wer sie als solche bezeichnet, zeigt entweder einige Unkenntnis, selektive Nutzung der Indizien zwecks Bekräftigung seines Vorurteils oder eine unhistorische Projektion moderner Zustände in biblische Zeiten, wovon die erste der drei Alternativen, weil die verzeihlichste, hier nicht zu diskutiert werden braucht.
Alles in allem sind wenig Spuren von Nepotismus in der Schrift vorhanden – daß Davíd seinen Vetter Joáv zu

---

14 Daß sich friedliche Juden unter Mosché, die sich doch nicht von Hirschs friedlichen Frankfurter Glaubensgenossen charakterlich unterschieden haben durften, hier zu Kämpfen rüsteten, ist Hirsch undenkbar. Schließlich lebte er in der Mitte des 19. Jahrhunderts, als man sich in der Illusion wiegte, nach dem deutsch-französischen Krieg 1870 würde es in Europa nie wieder Kriege geben.

15 Der Autor war seit 1940 der Theoretiker und Präzeptor der israelischen extremen Rechten.

seinem Generalissimo machte, ist noch kein Nepotismus, und im übrigen konnte er gerade ihm nicht sein Übermaß an Treue vergeben, und befahl Salomon, ihn zu töten.

Angesichts Moschés abwechselnd zu- oder abnehmender, aber jedenfalls permanenter Konfrontation mit nahezu dem ganzen Volk ist zu verstehen, daß er in der Erfüllung seines Auftrags auf die Unterstützung seines eigenen Stammes rechnete. Auch diese wurde ihm nicht zuteil: Im Gegenteil, just die Lewiten unter Kórach (Kap. 16ff.) empörten sich gegen ihn. In seiner Abwesenheit enttäuschte – oder gar verriet? – ihn beim Abfall zum Gußkalb sein Bruder Aharón, der später (Kap. 12) zusammen mit seiner Schwester Mirjám ihm mit unbegründeten Vorwürfen in Bezug auf sein Zusammenleben mit seiner Frau Zipporá in den Rücken fiel. Die Beziehungen zwischen Mosché und seinem Stamm waren also alles andere als ideal. Daß die Lewiten zusätzlich zu ihrem Hab und Gut die heiligen Geräte 40 Jahre lang durch die Wüste „auf der Schulter" (7:9) tragen durften, ist ein zweifelhaftes Privileg, auf das mancher von ihnen gern verzichtet hätte. Am schwersten zu ertragen war sicher, daß diesem Stamm als einzigem von allen kein kohärentes landwirtschaftliches Stammesgebiet zugewiesen wurde. Kein Wunder, daß das Buch דברים *Devarím* (5.M.) wiederholt einschärft, neben den Witwen und Waisen auch den besitzlosen Lewiten „in deinen Toren" nicht zu vergessen.

Zuletzt: Auch vom Kriegsdienst war der Lewí keineswegs gänzlich enthoben: nur in einem Eroberungskrieg, aber nicht in einem, der als מלחמת־חובה *milchémet-chová* („Pflichtkrieg") den Bestand der Nation gefährdete.

Im großen ganzen war die Situation der Lewiten wenig beneidenswert – so wenig in der Tat, daß manche Kritiker der Schrift vermuten, die Lewiten hätten sich erst später an Israél angeschlossen. Auf jeden Fall scheint es, daß sich die Lewiten eher benachteiligt und von Kohaním zurückgesetzt fühlten, so daß bei der Rückkehr aus dem babylonischen Exil die Zahl der Rückkehrer aus diesem *Stamme* geringer war als die aus der lewitischen *Familie* der Kohaním. Ein Blick in Israels Telefonbücher zeigt, daß es heute mehr Kohaním (namens Kohén, Kohn, Cohén, Katz u.a.) gibt als Lewiten (namens Levi, Löwy, Lion, Löwysohn, Levitas u.a.).

(b) Wenn die Lewiten vom regulären Militärdienst befreit waren, dürfen wir sie nicht mit Kriegsdienst-Verweigerern vergleichen. Auch der Vergleich mit Feldkuraten und -rabbinern von Offiziersrang ist deplaciert, die sich selten an der Front gefährden müssen und deren hauptsächliche Funktion ist, den mit Recht in fast ständiger Todesangst schwebenden Soldaten einzuflößen, daß es „süß und glorreich" sei, für Gott und Vaterland zu sterben, und wenn er schließlich gefallen ist, ihn zu begraben. Die vorrangige Aufgabe, die die Tradition den Lewiten zuweist, ist nämlich zu lehren. Wie weit sie dieser Rolle gerecht wurden, läßt sich nicht feststellen. Zweifeln dürfen wir, denn die alten Quellen geben da und dort dazu Anlaß. Über jeden Zweifel erhaben ist aber an jeder Front und in jedem Hinterland, wie wahr

das Prophetenwort ist: „Nicht mit Macht und nicht mit Gewalt, sondern in meinem Sinne" (Sach 4:6). Oblag es den anderen Stämmen zu wehren, dann diesem zu wahren: Tórá weiterzugeben. Es liegt ja der Unterschied zwischen einem riesigen Menschenhaufen und einer Nation darin, daß in jenem alle mit derselben Waffe ausgerüstet sind, diese aber eine gemeinsame Kultur zusammenhält. Dafür waren *idealiter* die Lewiten bestallt, *realiter* versahen sie, solange der Tempel stand, niederen Dienst als Torhüter, Sänger und Ordner.

(c) Volkszählungen von annähernd demselben Maß an Genauigkeit wie diese haben eine lange Vergangenheit in Israel und eine sehr kurze außerhalb Israels. Der Reihe nach fanden die folgenden in biblischen Zeiten statt: (1) nach der Verirrung hin zum Gußkalb (2.M. 38:25,26) gemäß der Anweisung (2.M. 30:12–15), von jedem Zwanzigjährigen aufwärts einen halben שקל *Schékel* zu erheben und darauf die Schekalím zu zählen, damit durch die Zählung „kein Zustoß" geschehe; (2) die vorliegende und (3) die folgende Zählung (4.M. 26); und (4) die unter Davíd (2.Sam 24), vor der ihn General Joáv warnte und die katastrophale Folgen hatte. Fragen über Fragen! Warum der Umweg über שקלים? Was hätte denn „zustoßen" können? Warum bestand diese Gefahr nicht anläßlich der Zählungen im Buche במדבר *Bemidbár* (4.M.)? Was befürchtete Joáv? Warum befiel Davíd eine so schwere Strafe? Liegt hinter der Abneigung gegen Volkszählungen ein uraltes Tabu verborgen, wie manche vermuten, z.B. Furcht vor dem bösen Blick? Eine alternative Erklärung ist: Es gehöre sich nicht nachzuprüfen, ob sich die göttliche Verheißung der wundersamen immensen Vermehrung „wie die Sterne des Himmels" und „wie der Sand am Meeresstrand" verwirklicht hat. Manche Kreise in der Judenheit vermeiden es demnach beispielsweise sogar, vor dem öffentlichen Gottesdienst im בית־כנסת *Bet-Kenésset* durch Zählung festzustellen, ob das nötige Quorum von zehn Männern anwesend ist. Und das Verwerfliche an Davíds Unternehmen soll gewesen sein, daß die Zählungen in der Torá aus kultischen (wie die erste) oder organisatorischen Gründen (wie die zweite und dritte) nötig waren, er jedoch seine bloß anberaumte, um sich seiner Macht und der Ausdehnung seines Reiches zu erfreuen.

Weil aber diese Zählungen sehr lange zurückliegen, könnte man meinen, sie seien lediglich von historischem Interesse – und das ist ein Irrtum, denn bei den Juden wird alles gleich zu einem religiösen, damit zu einem halachischen und damit oft zu einem höchst politischen Problem. Im November 1995 fand in Israel eine Volkszählung statt, wobei als allererste unter mehreren die Frage auftauchte, ob sie wie die im Buche *Bemidbár* oder die in 2.Sam zu beurteilen sei. Rabbi Josséf Eljaschív hielt sie, weil nötig, für erlaubt, Rabbi Mordechái Elijáhu war gegenteiliger Ansicht, jener berief sich auf den ehemaligen ssefardischen Oberrabbiner Ben-Zión Usiél (1931), dieser auf Rabbi Mosché Ssofér (19. Jh.), Professor S. Liebermans Befund war, da auch die nichtjüdische Bevölkerung mitgezählt würde, sei nichts gegen sie einzuwenden, der augenblickliche ssefardische Oberrabbiner Elijáhu Bakshi-Dorón bezeichnete die Einwände seines Vorgängers als einen „Sturm im Wasserglas". Der Zensus ging vonstatten. Wie groß der Prozentsatz jener war, die ihre Teilnahme verweigerten, läßt sich abschätzen, ist aber nicht bekanntgegeben worden.

(d) Die Namen der Stammeshäupter sind ausgesprochen archaisch, insofern sie zwar theophorisch sind, d.h. mit einem göttlichen Namen als Element zusammengesetzt, aber, worauf Milgroms Kommentar aufmerksam macht,

nicht mit den in späteren Personennamen häufigen El, J-H oder J-H-U, für Milgrom ein Anzeichen ihrer Authenzität.

(e) Nach welchem Prinzip das Land Kenáan an die Stämme verteilt wurde, ist strittig, weil zu viele Prinzipien mitgewirkt haben sollen, z.B. das höhere Ansehen der Rachél- und Léa-Stämme, das Los, die Anzahl der Clans, der zeitliche Ablauf der Landnahme.

LIMMÚD
Kulturkampf in Kenáan

Die Ankunft der Stämme im Lande Kenáan („Niederlande"), die die Forscher aufgrund archäologischer Funde, ägyptischer Inschriften oder Bewertung biblischer Angaben in der Mitte des 15. oder erst des 13. Jh.s ansetzen, wird je nach deren religiöser oder areligiöser Einstellung Eroberung oder euphemistisch Landnahme genannt und darum als ein von einem Kriegsgott anbefohlener Angriff auf ein friedliches Völkchen streng verurteilt oder als die Erfüllung einer vom gütigen Gott der Juden (und der Christen) ausgegangenen Verheißung gebilligt. Was 5.M. 7:1–2 gebietet, ist nach den einen Vernichtung der „Ureinwohner", ein schamloser Verstoß gegen das Völkerrecht, nach den anderen eine bedauerliche, aber zwecks Erfüllung des göttlichen Heilsplans notwendige Maßnahme. Was die Historiker dazu zu sagen haben, ist in ihren Büchern nachzulesen, denn an dieser Stelle interessiert uns einzig, wie die Torá die Dinge sieht und was sie und die Bücher Josua und Richter dazu berichten bzw. verschweigen. Vorausgeschickt sei, daß die vom Westen übers Meer oder aus Ägypten kommende und fast gleichzeitige „Landnahme" durch die Philister keine ähnliche Kontroverse hervorruft wie die Eroberung der über den Jordan vom Osten einbrechenden Stämme Israel.

Alle deren Männer (bis auf zwei) waren unter 40 Jahre alt, weil ihre Väter, die noch Ägpten erfahren hatten, gestorben waren. In der Wildnis geboren, hatte die neue Generation noch nie eine Stadt gesehen, geschweige denn eine ummauerte, nie eine blühende Landwirtschaft, geschweige denn üppiges Obst tragende Bäume, sogar nicht einmal Regen erlebt. Von ihren Vätern hatte sie vielleicht vom hochorganisierten riesigen Beamtenstaat Ägypten gehört, und jetzt stand sie an der Grenze eines Ländchens, wo später Josua dreißig Stadtkönige vorfand. Im Vergleich mit Ägypten lebte man hier aber „frei", nicht zuletzt, weil sich die in hektischer Eile auszuführende Fron der Sklaven zur Kontrolle der Nilfluten erübrigte, und das war sehr attraktiv.

Die ägyptische Religion, von welcher die in der Wüste gestorbenen Eltern ihren Kindern berichten konnten, war todtraurig im vollen Sinn des Wortes: Ihr Ritual ging steif und wortlos vor sich, geheim oder unterirdisch unter Ausschluß des gemeinen Volkes von einer reichen Priesterkaste zelebriert, die mit breiten niedrigen Schichten nur eines gemeinsam hatte: von Angst vor einem bedrohlichen Jenseits besessen zu sein. Kein Wunder, daß die Hebräer nicht an einem solchen Kult Gefallen fanden und sich infolgedessen an ihn nicht assimilierten.

Im Vergleich lebte Kenáan recht munter und fröhlich. Der jeweilige Stadtgott, genannt Báal, nämlich Herr und – notabene – Gatte, existierte ohne Rivalität mit seinem Nachbargott, von dem er sich nur in seinem Wohnsitz unterschied. Sein gütiges Wirken manifstierte sich alljährlich durch Regenfall, wie ihn jeder kennt, der in Tel-Aviv einen Winter verbracht hat. Nach ein paar Tagen himmlischer Bewässerung ist dann die Vegetation wie reingewaschen, bunte Blumen sprießen aus dem Boden, der alsbald mit Getreide bedeckt ist und die Mahd erwartet. Den Wunsch der Menschen, ihrem Gott nachzueifern, findet man häufig, und so war es auch dort. Nichts lag näher, als es dem beregnenden himmlischen Gatten gleichzutun, der seine irdische Gattin befruchtet. Ihm zu „dienen" bedeutete einleuchtenderweise, seinem Beispiel fleißig zu folgen. So erwuchs eine durch und durch sexualisierte Naturreligion, die, anders als die ägyptische, diesseitig lebensfroh und außerordentlich anziehend war und die man „auf jedem hohen Hügel und unter jedem grünen Baum" feiern konnte. Diesem Gott, der wachsende Herden und reichliche Ernte bescherte, brachte man dankbar Erstlinge des Viehs und des Obstes dar, die er offensichtlich wohlwollend entgegennahm. Dann, so überlegte man ganz logisch, müßten ihm doch Kinderopfer noch willkommener und müßte anstelle des einen hingegebenen Erstgeborenen künftig zahlreiche Nachkommenschaft zu erwarten sein.

Mit dem Báal und seiner derartigen Religion konkurrierend, mußte der unsichtbare, anspruchsvolle, Grenzen ziehende, unbegreiflich geschlechtslose Sinai-Gott erst einmal unweigerlich für lange Zeit den kürzeren ziehen. Da die Volksreligion der Kanaaniter zusagte, diese auch fast dieselbe Sprache wie die Neuankömmlinge sprachen und Israels Vorfahren ja ohnedies schon in Kenáan gelebt hatten, lag die Verschmelzung der beiden Volksgruppen auf der Hand und ereignete sich auch allmählich.

Zuvor gab es freilich Krieg. Kriege sind immer bedauerlich, manche mehr, manche weniger. Der, um den es sich hier handelt, dauerte mehr als hundert Jahre, war jedoch nicht sehr blutig: Es kam eigentlich nur zu drei Schlachten. In der ersten besiegte Josua nahe dem heutigen Flughafen Tel-Aviv die erwähnten dreißig Könige und ermöglichte die Ansiedlung im südlichen Hochland und in der zweiten, unweit Tiberias, die Ansiedlung auf galiläischen Bergen. Erst um 1100 gelang es der „Retterin" Devorá in der Tabor-Schlacht, die beiden Blöcke zu vereinigen, jedoch blieb die ganze Küstenebene im Besitz der Kanaaniter und Philister. Nicht einmal zwischen den Zeilen ist etwas von einer blutrünstigen allgemeinen Vernichtung oder auch nur von einem späteren letzten Aufstand der „Unterworfenen" zu entdecken – weswegen sollte er auch ausbrechen, waren doch Kanaaniter und Israel beinahe eins geworden.

Solche friedliche Symbiose erregte den Zorn der נביאים *neviím*. Diese Warner und Künder wurden nicht müde, die Stämme dafür streng zu tadeln, obwohl die Vermischung keine vollständige war und die Stämme den Sinai-Gott nicht ganz verließen. Für deren synkretistischen Kompromiß des „halb-und-halb" hatten sie kein Verständnis: Er galt ihnen als „den Bealím frönen" und ihnen „nachzuhuren". Einzelheiten dieses „Gottesdienstes" verschweigen die Quellen, um nicht Anleitungen zu ihm zu liefern – zum Kummer der Anthropo- und

Ethnologen. Daß die Hebräer gegen das Vorbild der Ägypter, nicht aber gegen das der Kanaaniter gefeit waren, nimmt nicht wunder: Jenes bestand z.T. aus Perversionen, dieses aus Promiskuität.

Daraus entsprangen unausweichlich auch anscheinend stabile Mischehen: Als nach Zerstörung des Ersten Tempels 400 Jahren später die Babylonier Judäer nach Mesopotamien verschleppten, schlossen sich den Exulanten Kanaaniter freiwillig an und kehrten mit ihnen und Esrá zurück, wie dieser in seinen Memoiren (2:1–50) schreibt, wo er sie namentlich aufzählt.

Die Beschuldigung einer gewaltsamen Ausrottung oder grausamer Unterjochung der Kanaaniter dürfte im Lichte dieser Tatsachen zurückgewiesen sein, jedoch bleiben zwei Fragen zu beantworten: Erstens, wie kam es dazu, daß trotz ihrer höheren Zivilisation und ihren verführerischen Riten die sieben „fröhlichen Völkchen" Kenáans in den Israeliten aufgingen und nicht umgekehrt, wo doch viele Beispiele aus der Sozial- und Kulturgeschichte der Völker und ihrer Wanderungen bezeugen, daß in der Regel neu in einer höher entwickelten Gesellschaft angekommene Einwanderer dazu tendieren, ihr eigenes Kulturgut über Bord zu werfen und sich dem neuen möglichst rasch und voll anzupassen. Und zweitens, wie konnte die Torá mit ihrem hohen Ethos die (allerdings nicht durchgeführte) Vernichtung der Kanaaniter z.B. in 5.M. 7:1–2 auch nur anbefehlen?

Der ersten Frage schenken die klassischen jüdischen Kommentare kaum irgendwelche Aufmerksamkeit, und wenn dennoch, dann schreiben sie die Seltenheit eben göttlicher Fügung zu, um die Verheißung wahrzumachen, was jeder weiteren Spekulation ein Ende setzt. Eine Minorität meint, lokale fortgeschrittene Geister unter den Kanaanitern seien langsam der Unhaltbarkeit ihrer Ideenwelt gewahr geworden und hätten sie für bankrott erklärt, wofür es wieder nicht die geringsten Belege noch Anzeichen gibt. Die Ansicht wieder anderer ist, die autochthone Kultur sei infolge politischer Zersplitterung und Rivalität der Vitalität der neu angelangten erlegen, oder die Kanaaniter hätten sich den Hebräern um den Preis der Aufgabe ihrer eigenen zivilisatorischen Superiorität angeschlossen, um gegen die Philister, den gemeinsamen, ihnen wie den Hebräern überlegenen Feind standzuhalten, was zum Verlust ihrer ethnischen Identität führte. Oder hatte vielleicht trotz ständiger Auflehnung gegen Mosché auf der Wanderung nach seinem Tode seine kompromißlose Gottesidee dennoch Fuß gefaßt, sich durchgesetzt und die Stämme so beseelt, daß vor ihr die Welt der Bealím zusammenbrach? Zu viele der Antworten, als daß eine gänzlich überzeugen würde.

Somit zur zweiten Frage. Die göttliche Fürsorge für Israel, von der die Torá so oft redet, hätte eine vernünftige Strategie empfehlen können: mit den sogar eine der hebräischen nahverwandte Sprache sprechenden semitischen Kanaanitern gemeinsame Sache zu machen. Dann hätten beide Völker zusammen die Heimat gegen Philister und in benachbarten, in unwirtlichen Gegenden hausenden, alle paar Jahre ins fruchtbare Kenáan einfallenden und ebenfalls semitischen Nachbarvölker zu

verteidigen versucht. Aber wieder einmal schreibt die Torá etwas Unerwartetes vor: Sie weist an, Midjaniter, ebenfalls Semiten, wegen ihr Heimtücke „einzuengen" (4.M. 25:17; Luther daneben: „schlagt sie"), mit den semitischen Moabitern und Ammonitern verbietet sie zeitweise Verschwägerung (5.M. 23:4), gegen Verheiratung mit den nicht-semitischen Philistern hat sie nichts einzuwenden, und ebenso nicht mit den Ägyptern, die sie trotz der Knechtung zu verabscheuen untersagt (5.M. 23:3). Nur bei den militärisch wie politisch nicht überaus gefährlichen Kanaanitern macht sie eine Ausnahme und untersagt die geringste freundliche Beziehung. Während wir auf ihre Motive im folgenden noch zurückkommen werden, dürften obige Zeugnisse genügen, dem Vorwurf rassistischer Hintergründe in der strengen Abgrenzung von ihnen zu begegnen.

Immer bleibt aber noch 5.M. 7:1–2. Luther übersetzt dort „du sollst sie schlagen und sie verbannen und keinen Bund mit ihnen schließen und ihnen keine Gunst erzeigen". Dazu bemerkt die Stuttgarter Jubiläumsausgabe: „[sie] sollen schonungslos ausgerottet werden als tiefgesunkene Heiden". Zur Übersetzung und zum Kommentar ist zunächst einiges zu bemerken. Nirgends in der Bibel sollen Heiden, soll überhaupt ein Volk ausgerottet werden, wie es ja auch in der Amalék-Episode (2.M. Kap.17) nicht um physische Ausrottung, sondern um Ausmerzung einer Idee geht. Der Begriff Heiden ist überhaupt paulinisch, nicht mosaisch. Das wohlbekannte, von Luther mit *schlagen* übersetzte hebräische Verbum bedeutet in den allermeisten Fällen nicht umbringen, sondern eine Person prügeln oder eine Schlacht gegen ein Heer gewinnen. Nun zu (ver)bannen: Im deutschen Recht zu Luthers Zeiten bedeutete es (a) aus der Gemeinschaft, eventuell (b) in die Fremde ausstoßen und (c) die kirchlichen Sakramente verweigern. Daß (c) hier nicht in Frage kommt, ist klar, (b) ist nicht vorstellbar – wohin sollte sich ein solcher begeben, denn ein Israelit konnte „gebannt" werden, nur wohin … – und (a) unmöglich, weil, ganz wie niemand sein Judentum ablegen kann – selbst nicht durch Taufe –, so kann es ihm auch nicht entzogen werden. Mit „mit einem Bann belegen" ist in biblischer Zeit bis Spinoza, der fast als einziger je gebannt wurde, Abbruch jeglicher Beziehung gemeint, und falls es sich um Gegenstände handelt, sie nicht zu berühren, geschweige denn sich sie wie herrenloses Gut anzueignen. Der Bann ist nicht mehr in Gebrauch, das hebräische Wort steht jetzt sehr richtig für Boykott.

Zudem macht auch die Reihenfolge der drei Vorschriften stutzig: erst die Kanaaniter (er)schlagen – noch deutlicher in der englischen King James Version *smite,* d.h. hinstrecken –, dann keinen Bund schließen und am Ende nicht begünstigen? Wieso nicht in umgekehrter Reihenfolge? Den Dingen muß nachgegangen werden, denn im Unterschied zu den unzähligen „Landnahmen" in der politischen Geschichte einer Welt, die kaum aus etwas anderem besteht, wird mit der hier diskutierten in manchen Kreisen besonders streng ins Gericht gegangen.

Zu Beginn sei zugegeben, daß die Schrift kein Verständnis für andere Religionen hat, aber zugleich, daß sie nie ihr Verschwinden mit Gewalt herbeizuführen beabsichtigt – Michá 4:6 drückt das am besten aus: „So mögen denn alle Völker, jedes im Namen seines Gottes wandeln, wir werden in SEINEM, unsres Gottes Namen wandeln immerdar". Darum gibt es keinen Gotteskrieg in der Schrift, obwohl der Begriff vorkommt, aber nichts mit jenem Krieg zu tun hat, den die Araber um des Islams willen im 7. bis 9. Jahrhundert vom Suezkanal bis Poitiers in Zentralfrankreich führten. Mit *schlagen* ist hier, wie oft im Deutschen, *besiegen* gemeint. Nach gewonnenem Supremat soll Israel zu keinem Einverständnis mit den Kanaanitern kommen, woraus nur weitere Annäherung erfolgen könnte. Der nächste, harmlose, doch gefährlichste Schritt, wie sich tatsächlich herausstellte, wäre sie zu begünstigen – darunter ist zu verstehen, mit ihnen zu sympathisieren. Was in der Zukunft geschah, war genau, wovor die Torá warnt. Nie wird Israel getadelt, die Kanaaniter nicht umgebracht oder Bündnisse mit ihnen geschlossen zu haben (wie einzig Josua in Kap. 9), immer wieder aber dafür, daß es ihr sittliches Verhalten sympathisch und nachahmenswert fand.

RaMBáM entschied 2000 Jahre danach, den Kanaanitern seien gesetzlich drei Optionen offen gestanden: Kampf, Übernahme von Israels Gottesidee oder Auswanderung. Mit den Ereignissen zur Zeit der Landnahme hat sein Entscheid nichts zu tun.

Welcher Sinn liegt aber in der strengen Behandlung, die die Kaananiter hätten erfahren sollen? Mit dieser letzten Frage verlassen wir das Terrain der Geschichte und betreten, sagen wir, das der Theologie. Das Land, um das es ging, war, wenn wir den Gedanken der Torá zu folgen versuchen, im göttlichen Ratschluß aus unbekannten und nur erratbaren Gründen von jeher als ein *training ground* für eine spätere Welterziehung vorgesehen. Seinen einmal dort ansässigen Bewohnern war die Chance gegeben, zwecks Realisierung dieses Auftrags ausersehen zu werden. Weil sie sich als ungeeignet erwiesen, wurde Avrahám herbeigerufen. Angekommen, wird ihm in Aussicht gestellt (1.M. Kap. 15), mit der Aufgabe betraut zu werden, und ihm der „Avrahams-Segen" erteilt, nämlich vor allem zahlreiche Nachkommenschaft zugesagt, deren er zur Erfüllung der Aufgabe bedurfte, sowie für sie das Stückchen Land zu erhalten, wo er dies beginnen sollte – aber nicht sofort! Nein, erst nachdem den Kanaanitern noch eine Frist gewährt ist: „[dein] viertes Geschlecht wird [vorerst in Knechtschaft im Ausland noch 400 Jahre zu warten haben und dann] hierher zurückkehren, denn die [moralische] Schuld des [*pars pro toto:* kanaanitischen Stammes] Emorí ist bis jetzt nicht voll" (1.M. 15:13–16). Voll war es dann zur Zeit des Auszugs aus Ägypten, und so fiel das zugelobte Land an Avrahams „Samen". Kein Kontakt sollte bestehen zwischen diesem und den dortigen Völkerschaften: Das Land sollte Israel als *tabula rasa* zugeteilt sein, um ihm Gelegenheit zu geben, sich ungestört und unbeeinflußt zu beweisen. Die Wirklichkeit verlief anders.

Daß sich die Hebräer nicht gut, nur besser als ihre Vorgänger bewährten, verschweigen die biblischen Geschichtsbücher nicht. Ihres gewissen, aber unbefriedigenden Vorzugs wegen brachen über sie die Tempelzerstörung und das babylonische kurze Exil herein, sodann erhielten sie eine zweite Chance. Nur relativ geläutert, begann jetzt für sie ein zweitausendjähriges Exil – anulliert wurde der doppelte Segen „Land und Same" niemals – wir sind Zeugen einer dritten Chance.

Ob das hier skizzierte Geschichtsbild ein naiv-kindliches und längst überholtes Konzept eines uralten literarischen Werkes oder eine hehre und hochethische Auffassung ist von der Rolle einer eben doch gleichfalls nur menschlich-schwachen Nation, das muß jeder Einzelne mit sich selbst abmachen. Auf keinen Fall braucht sich Israel bei den neuzeitlichen Mächten, bei denen Landnahme Usus ist und mit Expansion gleichbedeutend, für seine Landnahme zu entschuldigen.

THESE

Im Zentrum dieses Abschnittes stehen die Begriffe *Stamm, Stammesfürst, Abstammung, Stammeszugehörigkeit.* Dazu ein Zitat zur Diskussion: Eine sechzehnjährige Gymnasiastin äußerte sich M.S. gegenüber nach der Lektüre von Heinrich Heines Werken und dessen Biographie von Max Brod: „Zum Judentum kann man offensichtlich nur Ja sagen, Nein sagen geht nicht."

HANDREICHUNG

Was hier den Lernenden vorgesetzt wird, gehört zu den erzählenden oder eher zu den zählenden Abschnitten der Torá, trägt doch deren vierter Teil, das Buch *Bemidbár*, dessen erste Paraschá diese ist, nach seinen ersten vier Kapiteln den lateinischen Namen *Numeri*. Es ist zu befürchten, daß die Lernenden unseren Text trocken und langweilig finden, und, wenn er der erste in der Torá wäre, an den sie herangingen, seinetwegen ihr Torá-Studium aufgeben könnten. Trotzdem überspringen wir ihn nicht aus drei Gründen: erstens, weil wir grundsätzlich keine Paraschá übergehen; zweitens, weil unsere Vorgänger, die antiken jüdischen Leser, ihn vermutlich mit Stolz lasen, denn in ihm fanden sie ihre persönlichen Vorfahren in der Schrift mit Namen genannt und ihre Stammeszugehörigkeit bestätigend registriert; und drittens, weil zu hoffen ist, daß sich für die Lernenden die allmähliche Vertiefung auch in diese zwei Kapitel als lohnend herausstellen wird. Zweckmäßig ist dabei, als Ansatz Einblick in das anschauliche visuelle MATERIAL zu wählen und FRAGEN zu ihm provokativ zu ermutigen: Wie konnte die dort dargestellte Organisation in der Praxis funktionieren, wie, wenn das Volk lagerte, und wie, wenn es sich mobil auf der Wanderschaft befand, usf.? Der Rest wird sich daraufhin aller Voraussicht nach von allein finden.

DEVARÍM
JÜDISCHE JUDIKATUR

5.M. 1:12–13, 15–17   דברים א, יב-יג, טו-יז
Buber-Rosenzweigs Übersetzung

Wie doch soll ich für mich allein tragen	**12**	אֵיכָה אֶשָּׂא לְבַדִּי
eure Bürde, eure Tracht, euren Streit!		טָרְחֲכֶם וּמַשַּׂאֲכֶם וְרִיבְכֶם:
Stellt für euch Männer, weise, verständige,	**13**	הָבוּ לָכֶם אֲנָשִׁים חֲכָמִים וּנְבֹנִים
erfahrne, nach euren Zweigen,		וִידֻעִים לְשִׁבְטֵיכֶם
daß ich sie einsetze als eure Häupter.		וַאֲשִׂימֵם בְּרָאשֵׁיכֶם:
Ich nahm die Häupter eurer Zweige,	**15**	וָאֶקַּח אֶת־רָאשֵׁי שִׁבְטֵיכֶם
weise erfahrene Männer,		אֲנָשִׁים חֲכָמִים וִידֻעִים
ich gab sie als Häupter über euch,		וָאֶתֵּן אֹתָם רָאשִׁים עֲלֵיכֶם
Obre von Tausendschaften, Obre von Hundertschaften,		שָׂרֵי אֲלָפִים וְשָׂרֵי מֵאוֹת
Obre von Fünfzigschaften, Obre von Zehnschaften,		וְשָׂרֵי חֲמִשִּׁים וְשָׂרֵי עֲשָׂרֹת
und als Rollenführer für eure Zweige.		וְשֹׁטְרִים לְשִׁבְטֵיכֶם:
Ich gebot euren Richtern zu jener Frist, sprechend:	**16**	וָאֲצַוֶּה אֶת־שֹׁפְטֵיכֶם בָּעֵת הַהִוא לֵאמֹר
Anhört, was zwischen euren Brüdern ist,		שָׁמֹעַ בֵּין־אֲחֵיכֶם
richten sollt ihr wahrheitlich		וּשְׁפַטְתֶּם צֶדֶק
zwischen einem Mann und seinem Bruder		בֵּין־אִישׁ וּבֵין־אָחִיו
oder seinem Gastsassen.		וּבֵין גֵּרוֹ:
Ihr sollt kein Ansehn betrachten im Gericht,	**17**	לֹא־תַכִּירוּ פָנִים בַּמִּשְׁפָּט
so Kleinen so Großen sollt ihr anhören.		כַּקָּטֹן כַּגָּדֹל תִּשְׁמָעוּן
Nicht sollt ihr bangen vor Mannes Ansehn,		לֹא תָגוּרוּ מִפְּנֵי־אִישׁ
denn das Gericht ist Gottes.		כִּי הַמִּשְׁפָּט לֵאלֹהִים הוּא
Die Sache aber, die euch zu hart ist,		וְהַדָּבָר אֲשֶׁר יִקְשֶׁה מִכֶּם
sollt ihr mir nahen, daß ich sie höre.		תַּקְרִבוּן אֵלַי וּשְׁמַעְתִּיו:

FRAGEN

1. War das Volk so streitsüchtig und zänkisch oder Mosché so altersschwach, daß er die „Bürde" der Rechtssprechung nicht mehr zu tragen vermochte?

2. Konnten damals und können heute in Israel nur Männer Richter werden?

3. Ist nicht mehr nötig, um sich als Richter zu qualifizieren, als was V.13 aufzählt?

4. Es ist selbstverständlich, daß Richter eine Klage anhören müssen, um ein Urteil zu fällen – wozu also gleich zweimal eine unnötige Ermahnung?

5. Auch warnt die Torá wieder zweimal – und obendrein im selben Satz – den Richter, jemandes Ansehen bei einem Rechtsstreit zu berücksichtigen. Solche Wiederholungen sind überflüssig, auch wenn es um Gerechtigkeit geht.

6. V.13 redet von Kleinen und Großen, als ob das Alter einer vor dem Gericht stehenden Partei einen Unterschied mache. Sind mit den Kleinen aber noch unter der Obhut ihrer Eltern Stehende gemeint, dann sind sie ohnedies in Strafsachen nicht straffällig und tragen auch in Zivilsachen keine Verantwortung.

7. Was Mosché in V.17 sagt, ist recht anmaßend, besonders aus dem Munde eines Mannes, dessen Bescheidenheit in 4.M. 12:3 gelobt wird.

8. Nach V.15 muß es ja von Richtern gewimmelt haben.

9. Was hat der Fremdling hier zu suchen? Die Stämme sind ja noch nicht einmal im Lande angelangt, wo sie erst einmal selbst Fremdlinge sein werden.

10. Der ganze Abschnitt klingt streng und unflexibel.

11. Juden leben seit undenklichen Zeiten in der ganzen Welt zerstreut. Kollidiert da nicht die Halachá mit den jeweiligen Prinzipien der örtlichen Rechtsauffassung und -anwendung?

12. Die Organisation der Rechtspflege ist hier nicht ersichtlich.

13. Kann man sagen, daß die Torá vom Streben nach einer gerechten Welt besessen ist?

LEITBLATT

1. Streitsüchtig war er, altersschwach war er nicht (siehe 5.M. 34:7). Einer Gemeinschaft, der die Schrift, besonders Torá und Propheten, unzählige Male die Pflicht einschärft, absolute Gerechtigkeit anzustreben und in dieser Hinsicht in der Welt beispielhaft zu werden, kann der Hang nicht übelgenommen werden, daß jeder auf seinem Recht besteht. Es ist nicht der schlimmste Zug einer solchen Gemeinschaft, daß in ihr sich ein höherer Prozentsatz an Personen von der Art des aus der deutschen Literatur wohlbekannten Gerechtigkeitsfanatikers Michael Kohlhaas findet als woanders. Dazu MATERIAL A1, G44.

2. Damals? Wer weiß? Eine Richterin wie Devorá (Ri Kap.4) mag keine Seltenheit, eine die Regel bestätigende Ausnahme sein oder das Wort שׁוֹפֵט *schofét* zu jener Zeit etwas anderes bedeutet haben. Die Halachá, kann man sagen, sieht Frauen in öffentlichen Ämtern nicht gerade mit Sympathie, war allerdings darin zu gewissen Perioden aufgeschlossener als heute, was aus den mittelalterlichen Responsen hervorgeht. In Israel sind Frauen vor dem Gesetz absolut gleichberechtigt, aber daß es in dieser Beziehung auch Mißstände gibt, muß man zugeben. Ohne auf den Fall Golda Meír als Premier zurückzugreifen, sei mit Genugtuung erwähnt, daß im Richteramt viele Frauen tätig sind, eine im Obersten Gericht sitzt, eine ganze Reihe Vorsitzende von Bezirksgerichten sind und eine Frau z.Z. als *State Controller* (*Ombudsman*) die dritthöchste Stelle nach dem Staatspräsidenten einnimmt. Eine Frau in den rabbinischen Gerichten durchzusetzen ist den daran interessierten Seiten bisher nicht gelungen. Das israelische Oberste Gericht hat übrigens 1994 entschieden, es gelte der Grundsatz der „positiven Diskriminierung" und bei Besetzung hoher Positionen sei einer Frau der Vorrang zu geben, wenn ihre Qualifikationen denen des männlichen Kandidaten gleichkommen. RaSCHI in MATERIAL A2 stellt sich ironisch zu solcher Entscheidung.

3. Das Diplom eines *Doctor utriusque iuris* mußten sie nicht vorlegen. Beim genauen Hinsehen hat es den Anschein, daß es weniger auf theoretische Gelehrsamkeit als auf Charakter, gesunden Menschenverstand, Vertrauen seitens der Gesellschaft und selbstverständlich Unbescholtenheit und Rechtschaffenheit ankam. Grundsätzlich erkennt die Halachá in Zivilsachen jeden an, den diese Eigenschaften auszeichnen. Einiges dazu in MATERIAL A3, A4, A5, A6, A10, B4, B6 sowie zerstreut in vielen anderen Zitaten und etwas ziemlich Unerwartetes in A11.

4. Sicherlich ist das Anhören selbstverständlich. U.a. ist es am Platze zu unterstreichen, daß den Richtern die formale Torá-Pflicht obliegt, Recht zu sprechen, der sie sich nicht entziehen dürfen, und daß sie deswegen „anhören" *müssen*. Anders faßt den Vers MATERIAL A5 auf, siehe auch B7. Die traditionelle jüdische Einstellung zum Schriftwort ist, daß keines überflüssig ist und nur in gewissen Fällen überflüssig zu sein scheint, bis Vertiefung darin seine Notwendigkeit darlegt. Die beanstandete Wiederholung rechtfertigen z.B. MATERIAL A6 und A9.

5. Die Warnung davor, Prestige in Betracht zu ziehen, betrifft einmal die Bestallung von Richtern und ein zweites Mal die Art und Weise, wie diese die Parteien zu behandeln haben.

6. Hier ist etwas anderes als das Geburtsjahr gemeint, wie MATERIAL Nr.7 zeigt.

7. Dafür wird er tatsächlich in MATERIAL A8 gerügt und, so RaSCHI, in der Schrift bestraft.

8. MATERIAL B3 beantwortet die FRAGE.

9. Mit diesem Punkt beschäftigen sich MATERIAL A12, A13 und B2.

10. Hier liegt ein grundsätzliches Mißverständnis des Fragers vor. Es ist nicht die Sache der Legislative, des Gesetzgebers, flexibel zu sein: Solches ist die Pflicht der Jurisdiktion. Beide beauftragen und beaufsichtigen die Exekutive, d.h. heute die Polizei, menschlich vorzugehen, wenn sie eingreift. Deswegen wäre Warnung vor „Strenge" an dieser Stelle unangebracht. Vor ihr warnt aber die Mündliche Lehre in B11 und mit größtem Nachdruck B12. Siehe auch MATERIAL B1 und B13.

11. Allerdings. Dabei gilt wohl oder übel das Diktum des Talmud, wie es MATERIAL B11 zitiert.

12. Davon geben MATERIAL B5 und B6 ein kurzes Bild.

13. Absolut, und ihr Streben ist weder gänzlich erfolgreich noch erfolglos. Weltverbesserung gleicht nicht einem Kinderspiel, das im Handumdrehen erledigt ist. Wer ethischen Fortschritt im Laufe der Geschichte leugnet oder mit seinem Tempo unzufrieden ist, ist ein Perfektionist, der nur die Tageschronik liest, aber wenig von Geschichte weiß und dadurch andere in ihren Bemühungen hemmt oder/und entmutigt.

Die Torá hat die Juden mit der Besessenheit von Recht angesteckt, was allein sie freilich nicht zu rechtschaffeneren Menschen macht, aber, wie die Weisen sagten: „Wenn nicht alles ins Ohr geht, so doch etwas". MATERIAL B1 und B4 sowie das Zitat aus Saul Bellows Buch *Jerusalem*, das er nach seinem Besuch dort schrieb und das unter den ANEKDOTEN nach dem LIMMUD zu finden ist, gehören in diesen Zusammenhang.

MATERIAL

(A) RaSCHI z. St.:

1. Bürde? Wenn משה *Mosché* früh aus dem Zelte kam, sagten sie: Warum kommt Ben Amrám[1] so früh heraus? Hat er denn keine Ruhe zu Hause [mit seiner Frau]? Kam er aber spät heraus, sagten sie: Was denkt ihr wohl? Er sitzt und entwirft schlimme Pläne gegen euch.[2]

2. Männer? Glaubst du, [Leser,] vielleicht Frauen?[3]

3. Verständige? Solche, die eine Sache aus der andern zu folgern wissen. Und was unterscheidet חכמים *chachamím* (= Weise) von נבונים *nevoním* (= Verständige)? Ein חכם *chachám* gleicht einem reichen Geldwechsler, der die Denare, die man ihm bringt, [auf ihren Gehalt] prüft, sonst aber dasitzt und nichts tut; ein נבון *navón* aber einem armen Wechsler, der, wenn man ihm keine bringt, umhergeht und sich welche besorgt.[4]

4. Weise fand er, Verständige fand er nicht.[5]

5. „anhört", d.h. verstehe [auch] in einer andern Sprache die Argumente der Parteien.[6]

6. Das [zuerst erwähnte] Ansehen betrifft den, der שופטים *schofetím* (= Richter) bestallt. Er sage nicht, jener sei von würdigem Aussehen oder sei sein Verwandter, und ernenne ihn, obwohl er das Gesetz nicht kennt.

7. „Klein und Groß" – der Prozeß um eine Perutá[7] sei dir so wichtig wie der um 100 Minen; oder: dem [sozial] Kleinen gib Gehör wie dem Großen. Oder: sage nicht: „Dieser ist עני *aní* (= arm) und jener עשיר *aschír* (= reich) und letzterer daher verpflichtet, den עני *aní* zu erhalten, darum gebe ich dem עשיר recht". Oder: „Kann ich die Ehre des עשיר verletzen und ihm wegen eines [lumpigen] Denars unrecht geben? Ich gebe ihm recht, und draußen sage ich ihm, er sei schuldig und bezahle

dem עני [, was ihm gebührt, ohne dazu verurteilt zu sein]".[8]

8. „sollt ihr mir nahen" – deswegen blieb ihm der דין *din* (= Urteil) der Töchter Zelofcháds verborgen.[9]

9. „Ansehn" – auch [schon] beim Verhör darf der שופט *schofét* nicht mit der einen Partei mild und mit der andern streng umgehen, die eine stehen und die andere sitzen lassen, denn [dann] stocken die Argumente [der Zurückgesetzten].[10]

10. R. Jochanán sagte: Man ernennt [zum שופט] im Hohen Gericht nur, wer von Würde, Weisheit, Statur, Reife, auch [beschlagen] in Zauberei ist und siebzig Sprachen versteht, damit das Gericht nicht aus dem Munde eines מתורגמן *meturgemán* (= Dolmetscher[11]) höre.[12]

11. Wir haben gelernt: Man ernenne nicht einen Greis,[13] einen Verschnittenen[14] und einen Kinderlosen.[15]

(B) RECHTSEMPFINDEN UND RICHTER

12. Das soziale Denken und Empfinden eines Volkes drückt sich am klarsten in seinen Gesetzen aus und in der Art, wie sie zur Anwendung kommen.[16] (Bernfeld)

13. Wir lernen: Schimeón b. Schétach sagt: Auf drei Dingen hat die Welt Bestand: דין *din* (= Recht), אמת *emét* (= Wahrheit) und שלום *schalóm* (= Friede), und

---

[1] Statt mit seinem Eigennamen nennen sie ihn aus Spott einen der „Amrám-Söhne".

[2] Daß er beauftragt sein könnte, ihnen „Pläne" eines Höheren zu überbringen, fällt ihnen nicht ein oder sie glauben es nicht, ebenso wenig, daß diese Pläne gut gemeint sein könnten. Es ist kaum glaublich, wie der die Torá ergänzende Midrásch die nationalen „Pilgerväter" – sie waren ja Väter auf der Pilgerfahrt ins Land – kritisiert. Wenn sich, so sagt er woanders, nach den Fleischtöpfen Ägyptens sehnten (2.M. 16:3), so übertreiben sie: als ob sie, die Knechte, dort jemals Fleisch zu essen bekamen! Daher bemerkt der Midrásch zu Recht, Fleisch habe hier keine kulinarische, sondern eine sexuelle Bedeutung, und wonach sie sich sehnten, war, daß sie dort, vor der Offenbarung, in bezug auf gewisse Sorten von *Fleisch* den Geboten (vgl. 3.M. 18:2ff.) noch nicht unterlagen und solches *Fleisch* schrankenlos genießen durften.

[3] Die Vorstellung, Frauen wüßten zu richten, kommt RaSCHI absurd vor, daher dürfen sie nicht richten.

[4] Der Verständige handelt, der Weise denkt in seinem Laden, d.h. Elfenbeinturm, nach.

[5] In beiden Eigenschaften hätten sich die von Mosché bestallten Richter auszeichnen sollen, doch im Bericht, wie er sie auswählte, fehlt das Adjektiv *vernünftig*.

[6] Er soll im Alltagsleben und in der sozialen Sphäre, in der er lebt, zu Hause sein.

[7] Die kleinste Münzeinheit.

[8] Obzwar gut gemeint, gilt auch dergleichen als Beugung des Rechts. Gerechtigkeit muß nicht nur geschehen, sie muß auch gesehen werden.

[9] In 4.M. 27:1ff. stellen fünf junge und noch unverheiratete Mädchen Mosché in Erbschaftssachen zur Rede, worauf er nicht Bescheid wußte. Siehe die 4. Einheit in unserem 5. Band.

[10] Nicht bloß beim Fällen eines Urteils darf der jeweilige soziale Status der Parteien nicht berücksichtigt werden, sondern schon im Verhör gebührt ihnen die gleiche Behandlung seitens des Richters.

[11] Das hebräisch-aramäische Wort gelangte über das Arabische und Türkische ins Deutsche in der Form *Dolmetscher*.

[12] Daß jemand siebzig Sprachen beherrscht, ist undenkbar, auch wenn nur eine runde anstelle einer großen Zahl gemeint ist, aber im Gericht soll immer zumindest ein Richter die Aussagen der Parteien und Zeugen verstehen, weil die Torá „aus dem Munde" sagt und eine Aussage in der Übersetzung durch einen Dolmetscher an Überzeugungskraft verlieren kann.

[13] Denn er mag abgebrüht, an den Dingen schon desinteressiert sein und bereits die Verlockungen vergessen haben, denen ein junger Mensch ausgesetzt ist.

[14] Denn ihn beherrscht der Geschlechtstrieb gar nicht oder nur wenig, er unterliegt also nicht mehr seinen Instinkten.

[15] Denn dieser kennt vielleicht kein Erbarmen und hat nicht erfahren, daß Erziehung und gutes Beispiel manchmal ergebnislos bleiben.

[16] Den Ausschlag gibt weniger ein Bürgerliches Gesetzbuch als vielmehr, ob und wie die Gerichte dessen Paragraphen auslegen und dabei starr oder verständnisvoll-nachsichtig sind.

alle drei sind eigentlich eins: Geschieht דין, so geschieht אמת und geschieht שלום (jer. Taanít 4).

14. Wahrscheinlich sind die Juden das einzige Volk, das einen Gesetzeskodex hatte, noch bevor es ein Territorium besaß. In dem Kodex steht der Schutz des Fremdlings, wo sie doch selbst erst ein Jahrhundert in dem neuen Land Fremdlinge sein werden.

15. Die Häufigkeit der Nomina, die in die Kategorie Recht fallen, ist in der ganzen Schrift die folgende: משפט *mischpát* (= Recht) 487mal, צדק *zédek* (= Gerechtigkeit) 113mal, צדקה *zedaká* (= Wohlfahrt) 654mal, דין *din* (= Recht) 18mal, אמת *emét* (= Wahrheit) 137mal, zusammen 1399 Male. Rache und rächen kommen zusammen 75mal vor.

16. Ein Blick in die Konkordanz zeigt die Häufigkeit der Vokabel גר *ger* in der Torá, ein Beweis ihrer Fürsorge für ihn. Auch wenn die Torá nicht so uralt ist, wie unsere Tradition für sicher hält, so ist sie auf jeden Fall bedacht, Ethos nicht auf Ethnos zu beschränken, einzigartig im Altertum und Mittelalter. Darüber, was Fremdlinge, Halb-Fremdlinge, Kaum-noch-Fremdlinge und Nicht-mehr-Fremdlinge von Behörden noch der neuesten Zeit erfahren, trotz von ihnen unterzeichneten Verpflichtungen, auch ihnen Menschenrechte zuzugestehen, ist Schweigen am Platze. Die Zustände in dieser Beziehung im Staate Israel sind nicht ideal und ständiger innerer Kritik ausgesetzt, aber schneiden im Vergleich zu der großen Mehrheit anderer Staaten immer noch recht gut ab.

17. Rabbi Jochanán sagte: Jerusalem ward zur Ruine, bloß weil man dort דין verhängte gemäß dem דין תורה *din Torá* (= der geschriebenen Torá gemäß).[17] (bab. Bava Meziá 30b)

18. Ein בית־דין darf die Entscheide eines anderen nicht für ungültig erklären, es sei denn es sei größer [als dieses] an חכמה *chochmá* (= Weisheit) und מניין *minján* (= Anzahl, d.h. seiner Mitglieder).[18] (Edujot 2)

19. „דינא דמלכנתא דינא *diná de-malchutá diná*" (= das Gesetz einer [fremden?] Regierung [, unter der Juden leben,] ist [auch für sie] Gesetz[19] (bab. Nedarím 28a).

(C) ORGANISATION

20. Die Anzahl von vier Instanzen, Oberste über je 10, je 50, je 100 und je 1000 Männer, gibt zu denken: Brauchen denn je zehn Männer, mit ihren Familien (ca. 50 Seelen) eine richterliche Instanz? Wenn dem so ist, gab es *summa summarum* 69 600 Richter unter den ausziehenden Stämmen, d.h., jeder zwölfte Mann war ein Richter! Wie ist das zu erklären? Gesetzt den Fall, daß die einige Male, besonders im Abschnitt Bemidbár, dem ersten des 4. Buches der Torá, genannte Zahl der Auszügler wörtlich zu nehmen ist, wie es die Ansicht von vielen ist, dann wäre eine Erklärung, daß sich gewisse ethnische Züge der Juden schon damals äußerten, als da sind sich auf Details zu versteifen, Kritik am Mitjuden zu üben und Juristerei zu lieben: Schließlich ist der Großteil der Mündlichen Lehre Legalistik, die gelegentlich Dimensionen der Haarspalterei annimmt, und noch heutzutage ist der Beruf des Rechtsanwalts ein sprich-

---

[17] Das ist das große, schon im Talmud selbst eingebaute Korrektiv für Fälle, in denen der Buchstabe des Gesetzes (unter der Bedingung seiner Beobachtung!) derart ausgelegt werden darf, daß Recht gesprochen wird, doch der Spruch der Billigkeit nicht widerspricht.

[18] Ein schwerwiegender Leitspruch! Ob größer an Anzahl der Richter, d.h. in den drei Instanzen mehr als einer, nämlich 3, 23, höchstens 71, läßt sich durch Abzählung einwandfrei feststellen, aber Weisheit entzieht sich präziser Messung. Aus Ehrfurcht vor den Vorgängern und ihren Leistungen sehen sich manche unter den Späteren, auch Leuchten an Gelehrsamkeit, als Epigonen und weigern sich, in der Neuzeit aufgetauchte Dinge höchster Dringlichkeit zu entscheiden. Kleinere Größen tun manchmal dasselbe, aber aus einem anderen Motiv: um der schweren Verantwortung einer Neuentscheidung enthoben zu sein. Gemeinsam ist beiden Beweggründen, daß sie leider die dringende organische Entwicklung und Entfaltung der Halachá, wie dies gerade seit der Mischna Tradition war, verhindern. Besonders gilt das seit 1800, nämlich seit der Emanzipation (als Folge der Französischen Revolution). Für das Zugeständnis der allmählichen Gleichberechtigung hatten die Juden sofort teuer zu bezahlen: mit dem Verzicht auf ihre autonome Rechtsprechung aufgrund der Halachá. Durch ihre wiederholte Neukodifizierung im Laufe von

rund 1500 Jahren war es den geistigen Führern gelungen, sie dergestalt herauszuarbeiten, daß sie unter den Galút-Bedingungen gut funktionierte. Jetzt, unter den nunmehr veränderten Umständen, standen ein gutes Jahrhundert lang Gelehrte und Rabbiner ihnen gegenüber erst einmal ratlos da, fühlten sich in der Defensive und sträubte sich die Majorität darum gegen jede Neuerung oder Änderung mit Berufung auf das Prinzip ihrer verminderten Weisheit und Zahl. Die gleichfalls im Talmud vertretene Ansicht, die Halachá sei immer „nach den letzten", nicht nach den früheren Autoritäten festzulegen, womit auf-den-Standbringende Neuerungen (nicht Streichungen!) ermöglicht werden, zogen sie vor, nicht anzuwenden. Die Debatte ist bis heute nicht beendet, hat doch die Judenheit seit Abschaffung des Sanhedrin durch die Römer im 2. Jahrhundert keine höchste Instanz mehr. Im Staate Israel ist die oben dargelegte Situation eines der akutesten Probleme.

[19] Wieder ein gewichtiges Prinzip, das Juden ermöglicht, unter Fremdherrschaft zu existieren. In Notfällen erlaubt es sehr viel, was ein wahrheitsgemäßes Beispiel illustrieren möge. In Hamburg lebte vor dem Ersten Weltkrieg ein angesehener und frommer Herr S., der wie jeder deutsche Bürger seinen alljährlichen Armee-Reservedienst zwei Wochen lang zu erfüllen und darum täglich samt Gewehr in der Kaserne zu erscheinen hatte. In zwei Wochen gibt es aber mindestens einen Schabbát, und an einem Schabbát ist nur unter besonderen Bedingungen erlaubt, außerhalb der Privatsphäre Gegenstände wie z.B. ein Gewehr zu transportieren. Was tat er? Er begab sich, selbstverständlich wie es sich für einen frommen Juden schickt, zu Fuß zur Kaserne, aber begleitet von seiner nichtjüdischen Köchin, die die Flinte trug. Am Eingang des Exerzierplatzes angelangt, übergab die Köchin Herrn S. die Waffe, weil dort *diná de-malchutá diná* in Kraft trat. Solche ergötzliche Geschichtchen beiseite, ist es eine Frage von hoher Relevanz, ob dieser Grundsatz auch im Staate Israel gilt, dessen Gesetzgebung ja eine weitgehend säkulare ist, mit anderen Worten, ob er aus diesem Grunde diesbezüglich einer „fremden" Obrigkeit ähnelt und sein Gesetz gegenüber dem Torá-Gesetz das Übergewicht hat oder nicht.

wörtlich jüdischer. Bemerkenswert ist, daß sofort nach dem Auszug und noch vor der Offenbarung der Lehre am Sinai, die ja hauptsächlich aus Paragraphen besteht, ein Gast seinen Schwiegersohn Mosché in seinem richterlichen Amt vor Überlastung am Zusammenbruch vorfindet (2.M. Kap. 18:13ff). Bei dieser Überlegung ist allerdings zu beachten, daß es gar nicht feststeht, daß die in V.15 erwähnten so zahlreichen „Häupter" richterliche Funktionen ausübten. Ja, wirklich nennt sie die Schrift gar nicht *schofetím* (= Richter), sondern שרים *ssarím* (= Oberste), und ihre Aufgabe war eher eine organisatorische oder in der gefährlichen Einöde eine militärische. Eine Hierarchie von unterschiedlicher Kompetenz kannten die Israeliten noch von Ägypten her.

(D) VERFAHREN

21. R. Jossé sagte: Anfangs gab es nicht viele Meinungsverschiedenheiten in Israel. Das Große Gericht von 71 [Richtern] saß in der Quaderhalle [auf dem הר־הבית *har ha-bájit* (= Tempelberg)] und von den beiden Gerichten von 23 das eine am Eingang, das andere beim Eingang des Vorhofs. Außerdem saßen Gerichte von je dreiundzwanzig in allen Städten. Hatte jemand eine Frage, wandte er sich ans בית־דין *Bet-Din* (= Gericht) seiner Stadt.[20] Wenn dieses [über den Fall aus der Überlieferung] gehört hatte,[21] tut es dies kund, wenn

nicht, wandte es sich an das בית־דין der Nachbarstadt. Wenn auch dieses nicht Bescheid wußte, gingen alle zusammen nach der Quaderhalle, wo [das Gericht vom Beginn des] Stets-Opfers am Morgen bis zu dem am Abend saß.[22] Die Frage wurde vorgetragen: Gab es einen Präzedenzfall, entschied man darnach, ansonsten stimmte man ab. Als die [Gefolgschaft der ehemaligen] Schüler Schammajs und [die] Hilléls sich mehrten,[23] die nicht genügend von ihren Lehrern gelernt hatten, nahmen die Streitfälle in Jissraél zu und zerfiel die Torá in zwei Torót.[24]

Von Zion sandte man schriftlich an alle Orte: Wer weise und bescheiden und mit wem man dort zufrieden ist, der kann dort *dajján* werden. Von dort avancierte er [gegebenenfalls] hinauf zum הר־הבית *har ha-bájit*, von dort eventuell zum Tempelhof und dann in die Quaderhalle. (bab. Ssanh. 88b)

22. Das Hohe Gericht saß wie eine halbrunde Tenne (Halbkreis), damit [die Richter] einander sehen können. Zwei Schreiber standen vor ihnen links und rechts und schrieben die Worte der Schuldig- und Freisprechenden auf. R. Jehudá sagt: Es waren drei: Der dritte schrieb diese und jene auf [der Kontrolle wegen]. (ebenda)

23. Rav Chaniná sagte: „Zwischen einem Mann und seinem Bruder" [meint] eine Verwarnung des דיין *dajján*, nicht den einen בעל־דין *báal-din* (= Partei) anzuhören, bevor sein Gegner anwesend ist, und eine Verwarnung des בעל־דין *báal-din*, seinen Standpunkt nicht zu begründen, bevor sein Gegner anwesend ist. (bab. Ssanh.7b)

24. Gelangt ein Fall vor dich ein-, zwei- oder dreimal, sage nicht: Dergleichen habe ich schon zwei- oder dreimal entschieden: Seid geduldig (nachsichtig?)[25] beim דין. (Sifré Devarím)

(E) ZIVILSACHEN

25. Über דיני ממונות *dinéj mamonót* (= Zivilsachen) urteilte ein בית־דין *bet-din* von dreien. Jede Partei bestimmte einen דיין *dajján*, die beiden bestimmten dann einen dritten. Im Lande ansässige Nichtjuden konnten sich an nach ihren Gesetzen Urteilende wenden, mit Zustimmung beider Seiten auch an das jüdische Verfahren appellieren. Berufung an eine höhere Instanz war zulässig. (Bernfeld)

26. Hat der דיין *dajján* (= Richter) den Schuldigen zur Zahlung verpflichtet, dabei bemerkt, daß er arm ist, bezahlt er (außerhalb des Verfahrens) deswegen [die Buße] aus eigener Tasche. So hat er משפט וצדקה *mischpát u-zedaká* (= Recht und Wohltat, nach Jes 33:5

---

[20] Die Zahl 70, d.h. mit Mosché zusammen 71, ist abgeleitet aus 4.M. 11:16. Woher die Zahl 23 stammt, ist nicht so schnell zu beantworten. Es bedarf vorerst eines recht weiten Umwegs, zumal er ein gutes Beispiel für den Ernst, für den Scharfsinn und das Gerechtigkeitsgefühl der Tannaím, der Männer der Mündlichen Lehre, bietet. In 4.M. 35:24–25 ist die Rede von einem spezifischen Rechtsfall, in dem in einer Ortschaft für einen Freispruch wie für eine Verurteilung in Strafsachen je ein Quorum, nämlich eine עדה *edá* (= Gemeinde), erforderlich ist. Wie groß aber ein solches Quorum sein muß, steht dort nicht, läßt sich aber aus einem anderen Kontext lernen, nämlich 4.M. 14:35. Mosché hatte, so erzählt die Torá dort, zwölf Männer ausgeschickt, das Land Kanaan auszukundschaften, von denen zwei es bei ihrer Rückkehr wahrheitsgemäß, d.h. günstig, beurteilten, zehn es dagegen „verleumdeten" – und diese zehn heißen dort eine „verlogene עדה *edá*". Das Gericht, das in einer größeren Ortschaft eine Strafsache zu verhandeln hat, muß demnach so wie oben aus 2x10 Richtern zusammengesetzt sein, von denen je zehn befugt sind freizusprechen bzw. zu verurteilen. Zu denen wird jetzt noch einer hinzugefügt, sonst könnte das Resultat der Abstimmung möglicherweise ein Patt sein. Hiermit sind wir bei 21 Richtern angelangt. Dazu kommt jetzt aber, daß die Gelehrten den schwierigen Satz in 2.M. 23:1 folgendermaßen interpretierten: In Strafsachen genügt für Freispruch eine einfache Mehrheit, also bei einer Zusammensetzung des Gerichts aus 21 Richtern das Resultat von 11:10, für Verurteilung jedoch sind wenigstens zwei Stimmen mehr nötig, so daß das Minimum-Ergebnis 12:10 sein und ein weiterer Assessor hinzugezogen werden muß, was eine Mehrheit von nunmehr 22 Richtern erfordert. Dann aber besteht wieder die Möglichkeit eines Patt! Der Ausweg ist: Ein dreiundzwanzigster wird kooptiert.

[21] Damit ist die mündliche Überlieferung gemeint, bevor sie, uralt, in der Mischná schriftlich kodifiziert ward.

[22] Weil es heißt: „Ja, von Zión geht die Lehre aus" (Jes 2:3).

[23] Nach deren Tode.

[24] Das will – behüte! – nicht sagen, daß neben der Torá noch eine zweite entstand, sondern daß in ihren Grundhaltungen die beiden Schulen auseinandergingen.

[25] Das betreffende hebräische Wort verträgt beides.

u.a.O.) getan: dem einen משפט, dem anderen צדקה[26]. (bab. Rosch ha-Schana 6b)

27. Den zahlungsunfähigen Schuldner oder dessen Kinder in Dienst zu nehmen, gestattete das jüdische Recht nicht. Wo es vorkam (2.Kö 4:1), wurde es vom Gericht zurückgewiesen (Neh 5:1ff.). Ein zinsloses Darlehen einem Bedürftigen zu gewähren war Gebot, Schuldhaft war unzulässig, Pfändungen gegen Witwen und Waisen durften nicht ausgeführt werden. Der Gläubiger durfte die Wohnung des Schuldners nicht betreten, um ein Pfand in Empfang zu nehmen. Was zum Lebensunterhalt, zur Nahrungsbereitung und zum Gewerbe des Schuldners samt Familie gehörte, durfte nicht gepfändet werden. (Bernfeld)

(F) STRAFPROZESS

28. Man beginne mit den Gründen für die Freisprechung.[27] (Mischná Ssanh. 4)

29. Man beginne bei der Abstimmung von der Seite, so daß die [jüngeren] Hilfsrichter nicht durch das Urteil der älteren beeinflußt werden.[28] (ebenda)

30. Vermögenssachen können am Tage und in der Nacht darauf abgeurteilt werden, Strafsachen nur am Tage. Diese können nur mit Freispruch am selben Tage beendet werden, nicht mit Verurteilung. Daher dürfen sie nicht am Rüsttag vor Schabbát und Fest begonnen werden.[29] (ebenda)

31. Einer steht [nach einem Todesurteil] an der Tür des בית־דין bet-din mit einem Tuche in der Hand, und einer sitzt [bereit] auf einem Pferd entfernt von ihm in Sehweite. Sagt nun jemand, er habe für Freispruch [ein Argument] vorzubringen, so schwenkt der erste mit dem Tuch, das Pferd [mit seinem Reiter] rennt, und man heißt die Vollstreckung des Urteils zu sistieren. Auch wenn [der Verurteilte] selbst sagt: Ich habe für mich [etwas für] Freispruch vorzubringen, bringt man ihn zurück, sogar vier- und fünfmal, wenn Wesentliches an seinen Worten ist. (ebenda)

32. Wiederaufnahmeverfahren zu Gunsten des Verurteilten ist zulässig, nicht die Aufhebung eines Freispruchs. (Bernfeld)

33. Seine Verteidigung führt der Angeklagte uneingeschränkt, und ein Mitglied des בית־דין bet-din muß ihm beistehen zu seinen Gunsten. Daher ist einstimmige Verurteilung ungültig, weil [sicherlich] übereilt [und des Vorurteils verdächtig]. Selbstbezichtigung des Angeklagten ist belanglos, weswegen niemals Folter in Anwendung kam. (Bernfeld)

34. Woher, daß kein דיין dajján beim Fortgehen sagen darf: Ich habe zu seinen Gunsten entschieden und meine Kollegen zu seinen Ungunsten: Was kann ich dafür, daß sie in der Mehrheit waren? Es heißt aber (3.M. 19:16): „Geh nicht als Verleumder unter deinen Volksgenossen umher".[30] (Mischná Ssanh. 4ff.)

35. R. Akivá sagte: Woher [lernen wir, daß] ein Hohes Gericht, das ein Menschenleben getötet [= zum Tode verurteilt] hat, an diesem Tage nichts essen darf? תלמוד לומר Talmúd lomár (= darauf antwortet die Lehre selbst) in 3.M. 19:26: „Eßt nicht über Blut". (bab. Ssanh. 63a)

36. Ein Ssanhedrín, das einmal in einer [Jahres]woche (= 7 Jahre) [jemanden] zum Tode verurteilt, nennt man mörderisch. R. Elasár ben Asarjá sagte: sogar [einmal] in 70 Jahren. R. Tarfón und R. Akivá sagen: Wären wir im Gericht gesessen, wäre nie ein Mensch zum Tode verurteilt worden, R. Schimeón ben Gamliél sagt: Sie hätten dann nur die Zahl der Mörder in Israel vermehrt. (bab. Makkót 7a)

37. Man straft nicht, wen man nicht verwarnt hat. (Ssifré Schofetím)

(G) ZEUGEN

38. Die Zeugen sollen wissen, über wen sie Zeugnis ablegen und wer sie einst zur Rechenschaft ziehen wird, die Richter sollen wissen, wen sie richten und wer sie einst zur Rechenschaft ziehen wird, denn es heißt: „Elohím steht in der Gottesversammlung" (Ps 82:1). (bab. Ssanh. 6)

39. Folgende sollen [weder als Zeugen noch als Richter] zugezogen werden: Wer Würfel spielt,[31] wer auf Zins ausleiht,[32] wer Tauben [um die Wette] auffliegen läßt[33] und wer mit dem Ertrag der שמיטה schemittá (= Brachjahr) Handel treibt.[34] (Mischna Ssanh. 2)

40. Der Hohepriester kann Richter sein und verurteilt werden, er hat als Zeuge aufzutreten, und gegen ihn können Zeugen auftreten. Der König darf als Richter nicht fungieren und nicht verurteilt werden, er zeugt nicht und gegen ihn zeugt man nicht.[35] (ebenda)

41. Wie jagt man Zeugen Angst ein in Strafsachen? Man sagt zu ihnen: Vielleicht sprecht ihr aus Vermutung, vom Hörensagen, als Zeugen aus dem Munde von Zeugen, „aus dem Munde eines glaubwürdigen Menschen haben wir gehört"? Wissen sollt ihr, daß דיני נפשות

---

[26] Gerechtigkeit und Sorge um Wohlfahrt sind zweierlei, obwohl von wohlmeinenden Laien häufig verwechselt. Hier wurde der Schuldner im Gerichtssaal dem Gesetz gemäß verurteilt und ihm draußen eine Wohltat erwiesen.

[27] Umgekehrt heute.

[28] Die Assessoren saßen dem Alter nach angereiht links und rechts vom Vorsitzenden.

[29] Von einem gewissen bedeutsamen Strafprozeß heißt es, er habe an einem Freitag stattgefunden und mit Verurteilung geendet, was zu dieser Maßregel in doppeltem Widerspruch steht.

[30] Die Torá meint hier wohl in erster Linie jedermann. Die Mischna aber bezieht es kühn besonders auf Richter.

[31] Weil er durch bloßen Zufall seinen Mitmenschen um den Geldeinsatz bringt.

[32] Zinsverleih verbietet die Schrift.

[33] Auch das ist Hazard wie in Anmerkung Nr. 31.

[34] Im Brachjahr ist der Ertrag des Bodens sogar seinem Eigentümer nur unter engen Beschränkungen freigegeben. Dadurch verteuern sich notgedrungen die Lebensmittel, und der Eigentümer, der mit ihnen handelt, wird obendrein zum Spekulanten auf Kosten jener, die keinen Boden eignen.

[35] Er ist kraft seiner Macht als Richter wie auch als Zeuge unglaubwürdig.

dinéj nefaschót (= Strafsachen; wörtlich: Prozesse, in denen es ums Leben geht) nicht דיני ממונות *dinéj mamonót* (= Zivilprozesse, in denen es um Geld geht) gleichen. In diesen zahlt einer, und damit ist ihm verziehen, in jenen aber: Sein Blut und das Blut seiner Nachkommenschaft [, die durch seine Verurteilung nie geboren werden wird,] haftet daran bis ans Ende der Welt[zeit]. Deshalb ist Adám als einziger geschaffen worden [und nicht Millionen mit ihm, was der Schöpfer hätte tun können], um dich zu belehren, daß dem, der ein Leben vernichtet, es angerechnet wird, als ob er eine ganze Welt vernichtet hätte. Daher ist jeder verpflichtet zu sagen: Um meinetwillen ist die Welt erschaffen. (ebenda)

42. R. Schimeón ben Schétach berichtete: Möge ich den Trost sehen[36] [so wie es wahr ist], daß ich sah, wie jemand hinter einem anderen in ein ruiniertes [und daher leeres Haus] lief und als ich ihm nachlief, ich ihn mit einem bluttriefenden Schwert in der Hand antraf und der Erschlagene noch zuckte. Ich sprach zu ihm: Frevler! Wer hat diesen erschlagen, ich oder du? Was aber kann ich machen, wenn dein Blut mir nicht ausgeliefert ist, denn „Auf die Aussage zweier oder dreier Zeugen hin usw." (5.M.17:6)? Aber jener, der [alle] Gedanken kennt, möge ihm heimzahlen. (bab. Ssanh. 37b)

43. „Es wünschte קהלת *Kohélet* (= Prediger, der anonyme Verfasser des Buches gleichen Namens) annehmbare Worte zu finden" (12:10), [d.h.] zu urteilen aufgrund seiner eigenen Vernunft und ohne Zeugeneinvernahme und ohne [– anstatt wie vorgeschrieben – vorherige] Verwarnung [derselben]. Da ertönte eine בת־קול *bat-kol* (= himmlische Stimme?), erinnerte ihn an „nach dem Munde zweier oder dreier Zeugen" (5.M. 19:15) und sprach zu ihm: Geschrieben steht „Ehrlich: Worte der Wahrheit!".[37] (bab. Rosch ha-Schaná 20b)

44. Daß Demanjuks Verurteilung in der ersten Instanz in Israel vom israelischen Obersten Gericht über den Haufen geworfen wurde, sollte uns Amerikanern über Einsprüche vor höherer Instanz zu denken geben. Hätte er nämlich vor einem Gericht in Texas gestanden, wäre er bestimmt hingerichtet worden, ungeachtet der Tatsache, daß neues Beweismaterial ans Licht gekommen war, das an seiner Schuld zweifeln ließ. Der Grund für diese Anomalie liegt darin, daß in einigen unserer Staaten unbillig harte Regeln herrschen in Bezug auf die Frist, innerhalb derer neues Beweismaterial vorgebracht werden darf, damit eine Verurteilung, und sei es zum Tode, umgestoßen werden könnte, nämlich maximal bis 30 Tage nach Urteilsverkündigung. Auch gelten nicht als neues Material Aussagen von Verstorbenen, die einem Kreuzverhör nicht mehr unterzogen werden können.

Das israelische Oberste Gericht verließ sich nunmehr auf neues Beweismaterial, welches Jahre nach dem Urteil in erster Instanz zutage trat. Es bestand vor allem aus Aussagen, die Nazi-Kollaborateure vor der stalinistischen Polizei gemacht hatten, bevor sie hingerichtet wurden – und die daher nicht mehr einvernommen werden konnten. Demanjuks seinerzeitige Verurteilung basierte auf unmittelbaren Zeugenaussagen nach extensivem Kreuzverhör. Der Angeklagte hatte auch einige Male gelogen und Meineid geleistet. Trotz alldem ordnete das Oberste Gericht seine Freilassung an wegen „vernünftigen Zweifels" an seiner „tatsächlichen Schuld". Wir in den USA sollten einiges daraus lernen. Ganz wie gesetzlich eine Schuld an Mord nicht verjährt, so dürfte es auch keine zeitliche Beschränkung geben für Vorlegung von Unschuldsbeweisen. Soweit die erste Lehre. Die zweite ist, wie gewissenhaft ein Gericht sogar im Falle eines verlogenen KZ-Polizisten vorgehen soll, der möglicherweise sogar an der Vernichtung eines Mitglieds der Familie eines der Richter teilgenommen hat. (A. Dershowitz, „Wenn Demanjuk in USA angeklagt worden wäre", *Perspective Monthly,* September 1993, S. 14)

---

[36] Ein Schwur bei der Wiedereinsammlung des jüdischen Volkes.

[37] Eine versteckte Kritik am salomonischen Urteil (1.Kö 3:16ff), das der König mittels eines Tricks und ohne Zeugen einzuvernehmen fällte.

LIMMÚD
1. Unfehlbare Rabbiner?

Von „Rabbinern", die beim Gottesdienst in der Synagoge anwesend sein müssen, um ihn selbst abzuhalten oder nur zu regeln und zu überwachen, und die Woche über nur bei Hochzeiten und Begräbnissen zugegen sind, steht weder in der Bibel noch im Talmud etwas und im jüdischen Schrifttum bis zur Emanzipation auch nicht ein Wort. Der aber (außer in der Bibel) oft erwähnte רב *Rav* (= Meister), mit רבי *Rabbí* angesprochen, bezeichnet einen Juristen – neben seiner selbstredend peinlichen Befolgung der Mizwót – von hoher Gelehrsamkeit, dessen hauptsächliche Beschäftigung ist zu lernen, eventuell zu lehren, und zwar Erwachsene. Wenn er dazu die persönliche, handschriftliche Approbation eines *Rav* hat, der wieder sein Lehrer war, hat er, wenn befragt, in Responsen festzustellen, ob etwas erlaubt und verboten ist, z.B. in zweifelhaften, Speisen betreffenden Dingen, und interpersonale Angelegenheiten als *Dajján* (= Richter) zu schlichten, wo und solange die autonome interne Gerichtsbarkeit der Juden noch nicht wie seit dem frühen 19. Jahrhundert eingeschränkt war. Bis dahin erstreckte sich seine Kompetenz nicht nur auf Zivil-, sondern sogar auch auf Strafsachen. Diese Kompetenz wurde ihm wenigstens in Europa und den USA in den Nachwehen der Emanzipation entzogen und auf interne, vor allem sogenannte religiöse Fragen beschränkt. In seiner neuzeitlichen Funktion ist er für uns im folgenden von keinem Interesse, weil er nicht mehr „richtet". Richtete er aber, so unterlag er der Gefahr eines Fehlurteils, denn, menschlich wie unsereiner, galt auch für ihn John Lokkes Wort *errare humanum est*. Damit beginnt unser Problem.

In 5.M. 17:11 schreibt die Torá: „Nach der Rechtsfindung, die [die Richter] dir zusprechen, sollst du tun, nicht weiche [...] rechts oder links".

Zuallererst bedarf die Übersetzung der Korrektur einer winzigen Kleinigkeit: Im Original steht „rechts *und* links" und nicht „rechts *oder* links". Bestimmt war die deutsche Korrektur (*oder*) kein Versehen seitens Buber-Rosenzweig, sondern, wie sich sofort erweisen wird, geschah sie mit Absicht, weil ihnen *und* nicht am Platze schien.

Zu obigem Vers sagt nun Sifré, woraus wiederum RaSCHI zitiert: „sogar wenn sie dir sagen, rechts sei links und links sei rechts". Wie ist das möglich? Wie können wir, gegenüber religiöser Dogmatik und klerikaler Lebensfreundlichkeit kritisch geworden, uns der Forderung fügen, unseren Kopf samt Hirn in den Sand zu stecken und unsere *ratio* blind einem offensichtlichen Irrtum eines *Dajján* unterwerfen, wenn er für erlaubt erklärt, was verboten ist, oder umgekehrt?

Dazu kommt ein zweites Problem, das das erste nur verschärft. Die Mischná scheint in Horajót 1,5 und der

Jerusalemer Talmud in Horajót 1,1 RaSCHIs Ansicht zu widersprechen. Es heißt dort, alles hänge davon ab, ob der Dajján oder Rav recht hat und sagt, rechts sei rechts und links sei links: In diesem Fall sei ihm zu folgen. Verwechselt er aber die beiden, ist es gestattet, sich über seine Worte hinwegzusetzen. Wozu dann die Vorschrift, die einschärft, von einem rabbinischen Urteil, das dem gesunden Menschenverstand entspricht, nur ja nicht abzuweichen? Und wie konnten so gegensätzliche Ansichten aus demselben Schriftwort abgeleitet werden und Sifré und RaSCHI absolute Zustimmung zu einem Fehlurteil verlangen, dabei aber die verbindliche Mischná ignorieren?

So überraschend es klingt: Die beiden Interpretationen basieren darauf, wie die hebräische Partikel ו *u-*, die zwischen den Wörtern *rechts* und *links* steht, aufzufassen ist, das heißt, ob sie dem deutschen konnektiven Bindewort *und* oder aber dem alternativen *oder* gleicht. Das Hebräische läßt jedenfalls beides zu und ist darin dem Deutschen nicht unähnlich. „Als Mitglieder sind Männer *und* Frauen willkommen" besagt genau dasselbe wie „Männer *oder* Frauen": Der zweite Fall ist nicht als Gegensatz zum ersten gemeint, als ob Männer und Frauen *separat* willkommen seien. Wenn in unserer Stelle *oder* gemeint ist, wie Buber-Rosenzweig den Vers wiedergeben, dann ist *rechts* und *links* parallel-alternativ und austauschbar, dann fordert die Torá, den Entscheid des Dajján sogar im Falle seines Irrtums zu akzeptieren, und verbietet, von seinem Entscheid dahin oder dorthin abzuweichen. Meint die Torá dagegen *und*, so sind die beiden Richtungen rechts und links separiert nebeneinander gestellt, womit dann die Torá ausdrücken will: Sagt der Dajján *rechts*, so weiche nicht von rechts, sagt er *links*, so weiche nicht von links ab, denn dann meint er korrekt *rechts* sei eben rechts und *links* sei links. Zugegeben, leicht sind diese Überlegungen infolge der Anhäufung von *und* und/oder *oder* nicht zu folgen, aber mit ein wenig Geduld und Nachdenken lassen sie sich nachvollziehen.

Noch verblüffender ist RaSCHI angesichts der Mischna. Gesetzt den Fall, ein עם הארץ *am ha-árez* folgt einem irrtümlichen Entscheid eines Bet-Din, so trifft ihn kein Vorwurf. Tut aber einer von juristischer Bildung dasselbe, ja sogar ein für das Amt eines Dajján bisher erst nur Vorgeschlagener, so macht er sich schuldig, womit wiederum der spätere RaSCHI nicht einverstanden ist. R. Zeví Mecklenburg in seinem Kommentar ist davon so sehr beunruhigt, daß er meint, „wenn (die Richter) *rechts* statt *links* sagen oder umgekehrt, so höre du nicht auf sie", RaSCHI aber müsse seiner Ansicht nach eine von unserem Mischna-Text abweichende Variante bei der Abfassung seines Kommentar vorgelegen haben.

Aus der Verlegenheit, in die wir durch die offensichtliche Diskrepanz zwischen Mischna und Gemará einerseits und RaSCHI andererseits gerieten, gibt es drei Auswege: (1) Wie Mecklenburg einen abweichenden Mischna-Text zu supponieren, (2) RaSCHI ein Versehen oder einen Irrtum zu unterstellen, oder (3) uns selbst auf die Suche nach einer Lösung zu machen. Das letztere ist wohl der Methode des jüdischen Studiums am angemessensten, ob nun das Resultat überzeugend ist oder nicht.

Man könnte z.B. fragen, weshalb die Torá als einander ausschließende Gegensätze *rechts* und *links* und nicht *schwarz* und *weiß* benutzt. Hätte sie das getan, so stünden vor uns zwei objektive und absolute Gegensätze, während *rechts* und *links* subjektive sind und vom Standpunkt des Beschauers abhängen – man denke bloß an das Spiegelbild einer Person. Dann könnte RaSCHI gemeint haben, die eigene Meinung sei zurückzustellen, wenn sie mit der eines befugten Experten im Widerstreit steht, sonst dürfe man, sich an die Mischna haltend, auf der eigenen beharren. Der „gesunde Menschenverstand" allein, ohne die unerläßliche Unterstützung einer durch jahrelangen Fleiß erworbenen Gelehrsamkeit eines Rav von Mecklenburgs Kaliber, garantiert allerdings nicht, in der Unterscheidung zwischen *rechts* und *links* nicht selbst fehlgegangen zu sein. Damit ist aber auch zugleich zugestanden, daß die hier vorgeschlagene Lösung nicht mehr als eben ein vorsichtiger Ausweg ist und die Sache weiterer Überlegung und tieferen Wissens bedarf, als ein Unbefugter sich soeben angemaßt hat.

Zum Abschluß dieser Ausführungen: Richter, wie Torá und Talmúd sie sehen, haben also keinen Anspruch auf Unfehlbarkeit, obzwar es da und dort einen gibt, der ihn erhebt.

Hier bietet sich eine gute Gelegenheit, ein nicht unähnliches Mißverständnis zu klären. Eine Vokabel, die bis vor nicht langer Zeit sehr selten zu hören war, ist eine Modewort geworden: Fundamentalismus. Glaubt man der Tagespresse, besteht die halbe Welt aus Fundamentalisten als da sind unverbesserliche Kommunisten, verblendete Moslems, Christen, die unerschütterlich am Glauben an die Transsubstantiation festhalten, und Juden, die – speziell im Staate Israel in den „ultraorthodoxen" Vierteln Jerusalems – sich in Schwarz kleiden und lange Schläfenlocken wachsen lassen. Es ist Usus geworden, als fundamentalistisch zu bezeichnen, was in Wirklichkeit traditionstreu und konservativ ist, und dazu auch noch alles, was dem modernen westlichen Halbgebildeten fremd.

Fundamentalismus ist eine gegen Ende des 19. Jahrhunderts in den Südstaaten der USA entstandene Bewegung innerhalb des dortigen Protestantismus zur Abwehr des Liberalismus. Sie geht davon aus, daß die Bibel unmittelbares Wort Gottes ist, gewissermaßen von ihm wortwörtlich diktiert oder, anders ausgedrückt, inspiriert. Da ihre Aussagen somit irrtums- und widerspruchsfrei sein müssen, stellen sie präzise Informationen dar, denen unbedingt Glauben zu schenken ist. Welche Aussagen in diese Kategorie als verbindliche Glaubenssätze fallen,

wird von den jeweils zuständigen religiösen Behörden als festgeprägtes normatives Dogma verlautbart. Die Geschichte lehrt, daß eine Grundidee erst dann zum Dogma erklärt wird, wenn der Glaube an sie ins Wanken geraten ist.

Ungefähr in diesem Sinne ist der Fundamentalismus in den Konversationslexika der achtziger Jahre definiert. Versuchen wir nun, die in seiner Definition erwähnten Stichwörter herauszuheben und der Reihe nach zu untersuchen, wie weit sie auf das jüdische Ideengut überhaupt anwendbar sind.

Der Liberalismus kennt eine ganze Reihe von Abarten, von denen seine wirtschaftliche in unserem Fall bestimmt nicht zutrifft, ebensowenig die politische. Diese ist vom Anspruch des Bürgertums geprägt, die Gesellschaft zu vertreten, gegenüber dem eine spezifisch jüdische Stellungnahme nicht existiert, weil dieser Anspruch ohnehin längst in die Programme auch der rechtskonservativen politischen Strömungen aufgenommen worden ist. Impliziert aber Liberalismus die Tendenz hin zum Wohlfahrtsstaat, so koinzidiert er weitgehend mit den diesbezüglichen Zielen der jüdischen Sozialethik.

Die Formel „das Wort Gottes" kennt das Judentum und überläßt ihre Auslegung, zufolge seiner wohl bekannten Abneigung gegen theologische Spekulationen, seinen verschiedenen Strömungen. Allerdings existiert unter ihnen auch diese oder jene, die unter der Formel eine *dictatio verbalis* versteht, zugleich aber auch wenig gegen ein anderes Verständnis vom „Wort Gottes" hat und mehr Nachdruck auf die praktische Beobachtung der Gebote legt. Von nicht bloß einem einzigen streng Torátreuen Rav liegt die schriftliche Äußerung vor, die Torá sei in jeder, aber auch jeder Beziehung so einzigartig, daß ihr rein menschlicher Ursprung ihre Einzigartigkeit nicht befriedigend erklärt: genug darum am Eingeständnis „תורה משמים *Torá mi-schamájim*" (= Torá von „oben") – und so werde denn jeder mit seiner Interpretation dieser zwei Wörter selig.

Daß es in der Torá keine Widersprüche geben darf, ist die Ansicht weiter „orthodoxer" Kreise in der Vergangenheit und Gegenwart. Scheint es aber dennoch so, als fänden sich Widersprüche in ihr, so ist es die Aufgabe der *Chachamím*, sie logisch-exegetisch auszuglätten. Schließlich redet auch die Schrift von der Möglichkeit göttlicher Sinnesänderung, und wir wiederum bestätigen diese Möglichkeit, indem wir den Adressaten unserer Gebete manchmal um sie anflehen. Ist aber seine Sinnesänderung möglich, dann darf er sich in seiner Torá auch widersprechen. Die Behauptung jedoch, daß es auch in den restlichen Büchern, also in der ganzen Hebräischen Bibel, keine Widersprüche gäbe, ja auch keine zwischen Buch und Buch, ist nicht fundamentalistisch, sondern zeugt nur von einer kaum glaublichen Unkenntnis der unterschiedlichen Wertung von Torá hie und den übrigen biblischen Büchern da.

Daß „fromme Juden glauben", die sachlichen Informationen der Torá seien über allen Zweifel erhaben und unanfechtbar, kann sich nur jener einfallen lassen, der, ob nun Jude oder nicht, von dem Wesen jüdischer Frömmigkeit nicht die blasseste Idee hat. Ein trauriges Beispiel hierfür ist die in der Tageszeitung zitierte Behauptung eines besser ungenannt bleibenden Mitglieds eines ehemaligen israelischen Kabinetts, „orthodoxe" Juden erkenne man daran, daß sie aller Wissenschaft zum Trotz „immer noch" an die sechs Schöpfungstage glauben. Über diese Ignoranz amüsierte sich halb Israel am folgenden Tage. Das Kriterium der Torá-Treue ist nicht, ob jemand glaubt, die Sonne drehte sich um die Erde oder umgekehrt, sondern ob jemand Gebotenes tut und Verbotenes nicht.

Dogmen kennt das Judentum nicht. RaMBáM formulierte zwar dreizehn Grundsätze, doch keine Dogmen, und sogar deswegen wurde er heftig angegriffen. Albo reduzierte sie auf drei, im Gebet kommen sie nicht vor und stehen nur in manchem Siddúr an einer obskuren Stelle. Jedenfalls wurde niemals jemand, ob Mann, Frau oder Kind, auf sie eingeschworen.

Die Mizwót sind allerdings verpflichtend, und die Frage „Warum?" wird im authentischen Judentum sehr selten gestellt. Aber wie, wann, wo, von wem, in welchem Maße usw. die Pflichten zu erfüllen sind, ist der Gegenstand der sich über Tausende von Seiten erstreckenden heißen Diskussion der Gelehrten in der Mündlichen Lehre. Wären sie und ihre Nachfolger unfehlbare Fundamentalisten, gäbe es keinen Talmúd.

2. Der fromme Astronaut

FRAGE des Rabbi A.H. Lewis, Grand Rapids, Michigan, an Rabbi Solomon B. Freehof, Hebrew Union College, Cincinnati:

> Wie sind Probleme jüdischer Observanz gemäß der Halacha zu lösen, denen ein frommer Pilot auf einer Raumfahrt begegnet?

RESPONSUM (gekürzt):

Zu Beginn sei bemerkt, daß die religiösen Probleme, denen ein jüdischer Raumfahrtpilot begegnet, von anderer Art sind als die seiner nichtjüdischen Gefährten. Das Wesentliche von deren Theologie spielt sich auf unserer Erde ab, auf einem der winzigeren der Millionen Sonnensysteme, obwohl es doch das ganze Universum betreffen soll. Wie läßt sich dies beides miteinander vereinen?

Das Judentum trifft auf weniger theologische Schwierigkeiten. Die Erde und die Menschheit auf ihr, wie wichtig sie auch sind, nehmen keinen so zentralen Platz ein. So lehrt der Midrasch, das himmlische Forum habe dem Schöpfer abgeraten, als es von seiner Absicht erfuhr, die Erde und den Menschen zu erschaffen. In dieser Überlieferung spiegelt sich die Auffassung wider, daß seine Weltherrschaft und Weltenpläne über unseren kleinen Globus mit seiner Bevölkerung hinausgehen.

Unser tägliches Gebet betont dies häufig. Es redet von Gott als dem „Herrn aller Welten", wie ihn Rabbi Jochanan in bab. Joma 87b nennt, und zitiert aus Ps 147,4: „Er zählt die Sterne und nennt sie mit Namen." Am Schabbat sprechen wir: „Alles im Himmel und auf Erden ist dein Reich" (1 Chr 21,11). Das allein genügt schon als Beleg dafür, daß in der jüdischen Ideenwelt der Begriff eines sich erweiternden Universums keine theologische Schwierigkeit verursacht.

Anders jedoch verhält es sich bei der Frage, wie das jüdische Leben im Weltraum praktisch fortzuführen ist. Das Judentum ist voller auf Zeit und Raum basierenden Vorschriften, die während einer Raumfahrt einzuhalten und der neuen astronautischen Technik anzupassen unmöglich scheint. Zu ihnen gehören zum Beispiel die Verbote des Fahrens am Schabbat und an ihm auch über eine gewisse Grenze hinaus zu Fuß zu gehen, geschweige denn zu reisen, und über einen sehr engen Umkreis hinaus etwas zu tragen. Hinzu kommen die Forderung absoluter Werkruhe am Schabbat und die Speisegebote. Erwägen wir einige Schwierigkeiten, die bei einer Raumfahrt zu erwarten sind.

Was das Tragen am Schabbat betrifft, so besteht für den jüdischen Astronauten kein Problem, weil es im Weltraum keine Schwerkraft gibt. Dasselbe gilt von der Bedienung der Maschinerien und Geräte, weil sie in die Kategorie von *pikkúach néfesch,* d.h. Wahrung bzw. Rettung von Menschenleben fällt, in der jede Übertretung erlaubt ist, ein Dispens, der auch Nahrungskonzentrate, die nicht koscher sind, zu verzehren gestattet. Unser Astronaut unterliegt sogar der ausdrücklichen Vorschrift, solche Nahrung im äußersten Notfall, der ja hier vorliegt, zu sich zu nehmen. Mehr als das: Ißt er notgedrungen Verbotenes, wenn und wo ihm Gefahr droht, so hat er sogar darüber die vorgeschriebene *Berachá* (= Segenspruch) auszusprechen (*Orach Chajjím* 196:2).

Die einzige Frage, die schwierig zu bewältigen ist, ist die einer Reise am Schabbat. Die Halachá setzt fest, ein Jude dürfe an diesem Tage innerhalb seines Wohnsitzes und auch noch weitere 2000 Ellen jenseits desselben nach Belieben zu Fuß gehen. Nun durchquert ein Raumschiff täglich enorme Distanzen – bisher umkreist es die Erdkugel alle achtzig Minuten und bald wahrscheinlich viel schneller. Kann dies denn am Schabbat gestattet sein? Die Antwort ist völlig klar: Alle sabbatlichen Reisebeschränkungen beziehen sich nur auf den Raum, der vertikal zehn Ellen (ca. fünf Meter) über der Erde (oder dem höchsten Standort über ihr) liegt. Darum darf man am Schabbat auf dem Deck eines Schiffes reisen, weil sich dieses mehr als zehn Ellen über dem Meeresgrund befindet. Folglich darf der Astronaut wegen der Höhe, in der er sich befindet, jede Entfernung am Schabbat zurücklegen.

Zum Schluß ein letzter Punkt. Der Astronaut umkreist, wie erwähnt, die Erdkugel alle achtzig Minuten, was bedeutet, daß er alle vierzig Minuten Sonnenaufgang und alle vierzig Minuten Sonnenuntergang erlebt – wie kann er dann der Pflicht des Morgengebets Genüge tun? Die Antwort ist dieselbe, die die Rabbinen im Zweiten Weltkrieg den in Island stationierten jüdischen Soldaten der US-Armee gaben, wo es sechs Monate lang Nacht und sechs Monate lang Tag ist. Die in Island wurden angewiesen, sich an die Uhrzeit in Boston, Massachusetts (an der äußersten Ostküste der Vereinigten Staaten) zu halten, und jene, die in Alaska dienten, an die Uhrzeit in Portland, Oregon (an der äußersten Westküste). Die Uhren aller Astronauten richten sich ja nach der Erdzeit.

Das obige ist vorläufig alles, was mir bezüglich Raumschiffahrt und Halachá einfällt.

(S.B. Freehof, New Reform Responsa, New York 1988)

ANEKDOTEN

Es liegt im Charakter der Juden, daß ihnen die geringste Kleinigkeit von so unermeßlicher Wichtigkeit zu sein vorkommt, daß sie dadurch erkranken können. Ein Magengeschwür ist daher ein typisch jüdisches Phänomen. Sie sind im Handumdrehen höchst irritiert, geraten sofort in leidenschaftliche Erregung, ihre Diskussionen sind immer übertrieben. Die positive Seite dieser Schwäche ist ihr Streben nach Bewahren der eigenen Individualität und nach einem Maße an Vollkommenheit, das einfach unerreichbar ist. Immer kritisch, weigern sie sich, einem Leader blind zu folgen – davon wußte sogar Moses ein Lied zu singen. (*Nachum Goldmann*)

******

Die Frau eines chassidischen Rabbis, die Streit mit ihrer Magd hatte, verklagte sie bei der Polizei. Sie bemerkte, daß ihr Mann sich anschickte, auch das Haus zu verlassen, und fragte ihn, wohin er gehe. „Zur Polizei" war die Antwort. Die Frau setzte ihm auseinander, daß seine hilfreiche Parteinahme im Streit mit einer Magd unnötig und unter seiner Würde sei. „Mag sein," erwiderte er, „aber ich will die Magd vertreten, denn wenn jemand wie du sie anklagst, wird niemand zu ihrer Verteidigung bereit sein." Und dann zitierte er Hiob 31:13 unter Tränen: „Wenn ich verachtet hätte das Recht meines Knechtes und meiner Magd in ihrem Streite mit mir, was täte ich, wenn ER aufstünde und es rügte?"

THESE

Der Mangel einer zentralen, hierarchisch strukturierten Judikatur im zeitgenössischen Judentum ist

(a) zu begrüßen, weil dieser Zustand verhindert, daß eine höchste richterliche Autorität, Behörde oder Person in Dingen der religiösen Überzeugung *ex cathedra* verbindliche Entscheide erläßt und dem Pluralismus, dessen sich das Judentum rühmt, ein Ende setzt.

(b) bedauerlich, weil Pluralismus an und für sich schädlich ist, die Einheit der jüdischen Nation, die ohnedies durch die Zerstreuung gefährdet ist, untergräbt und in religiösen Dingen zu Sektierertum, Spaltungen u.ä. führt.

HANDREICHUNG

Zugegeben, hochdramatisch ist dieser Abschnitt nicht, aber deswegen braucht er nicht todlangweilig zu sein. Wer unter dramatisch versteht, daß die Rede von Kriegen, Katastrophen oder wenigstens Ehekonflikten ist, wird hier nichts von all dem finden.

Dramatisch ist aber auch, wie schon ein uraltes Buch den heutigen widersprüchlichen Nationalcharakter der Juden aufzeigt, als da sind die Forderung eines als gerecht verstandenen Gottes nach Gerechtigkeit auf Erden, Gesetz *versus* Menschenliebe, Besessenheit einer Gruppe von Menschen vom Streben nach einer ethisch perfekten Welt und von der eigenen Unzulänglichkeit. Wer so denkt, wird auch hier Dramatik entdecken. Davon etwas den Lernenden auf wenigen Druckseiten zu vermitteln ist allein schon überaus schwierig und grenzt ans Unmögliche, wenn man bedenkt, daß der größte Teil der einige hundert Folianten zählenden Mündlichen Lehre im Grunde ein *Corpus iuris* ist, durchsetzt mit gelegentlichen narrativen Illustrationen. Das erklärt die z.T. ungewohnte Struktur dieses Lern-Abschnittes.

FRAGEN seitens der juristisch nicht beschlagenen Lernerschaft wird es kaum geben, daher sind nur wenige herausgegriffen, wie sie erfahrungsgemäß beim gemeinsamen Studium aufgeworfen worden sind. Nach der Diskussion – nach Wahl der Lernenden – über zwei oder drei FRAGEN und des dazugehörigen MATERIALS ist zu erwarten, daß sie, obwohl Laien, allmählich fasziniert sind und merken, daß die Dinge auch sie, Bürger eines modernen Rechtsstaates, angehen. Von da an ist kein genauer Plan mehr erforderlich: Man folge dem entstandenen Interesse.

VERZEICHNIS DER LIMMUDIM

Die erste Zahl (1–10) bezieht sich auf die Nummer des Bandes, die zweite (1–5) auf die Nummer der Lerneinheit im Band. Änderungen in Band 8–10 sind vorbehalten.

Die reguläre Reihenfolge der Wochenabschnitte in der Torá

Band	Name	Anfang	Band	Name	Anfang	Band	Name	Anfang
	BERESCHIT (1.M.)		1	Terumá	25:1	10	Behaalotechá	8:1
1	Bereschit	1:1	1	Tezawwé	27:20	3	Schelách	13:1
2	Nóach	6:9	9	Ki Tissá	30:11	8	Kórach	16:1
6	Lech lechá	12:1	2	Wajakhél	35:1	6	Chukkát	19:1
6	Wajerá	18:1	2	Pekudéj	38:21	4	Balák	22:2
9	Chajjej Sará	23:1				5	Pinechás	25:10
8	Toledót	25:19		WAJIKRA (3.M.)		2	Mattót	30:2
4	Wajezé	28:10	8	Wajikrá	1:1	2	Masséj	33:1
1	Wajischlách	32:4	9	Zaw	6:1			
3	Wajéschev	37:1	9	Scheminí	9:1		DEVARIM (5.M.)	
7	Mikkéz	41:1	10	Tasría	12:1	7	Devarím	1:1
7	Wajiggásch	44:18	10	Mezorá	14:1	2	Waetchannán	3:23
5	Wajechí	47:28	7	Acharéj-Mot	16:1	1	Ékev	7:12
			1	Kedoschím	19:1	4	Reé	11:26
	SCHEMOT (2.M.)		2	Emór	21:1	8	Schofetím	16:18
3	Schemót	1:1	3	Behár	25:1	3	Ki Tezé	21:10
8	Waerá	6:2	4	Bechukkotáj	26:3	9	Ki Tavó	26:1
5	Bo	10:1				6	Nizzavím	29:9
1	Beschallách	13:17		BEMIDBAR (4.M.)		9	Wajélech	31:1
5	Jitró	18:14	7	Bemidbár	1:1	10	Haasínu	32:1
4	Mischpatím	21:1	1	Nassó	4:21	10	Berachá	33:1

Die Verfasser

Prof. Dr. Yehuda T. Radday, geboren in Prag, studierte Jura an der dortigen tschechischen Karls-Universität, am Lehrerseminar, Jerusalem, am Jewish Theological Seminary, New York, und an der Hebräischen Universität, Jerusalem. In Israel lebt er seit 1931. Über zwei Jahrzehnte lehrte er Jüdische Studien und Hebräisch am Technion – Israel Institute of Technology, Haifa, und war einige Jahre Dekan seiner Geisteswissenschaftlichen Fakultät. Er ist der erste, der statistische Linguistik mit Hilfe der EDV für Bibelforschung einsetzte, und hat bisher mehr als 20 Bücher und ungefähr 120 Artikel veröffentlicht. In den Jahren 1982–1984 wirkte er als Prorektor an der Hochschule für Jüdische Studien, Heidelberg, und danach mehrere Semester an ihr als Gastprofessor für Torastudium anhand von mittelalterlichen Kommentaren.

Dr. Magdalena Schultz, Professorin für Pädagogik an der Evangelischen Fachhochschule Hannover, studierte Erziehungswissenschaft, Soziologie, Psychologie sowie Evangelische Theologie und promovierte an der Universität Heidelberg. Sie erfüllte mehrere Jahre sozialpädagogische Aufgaben in Tanzania und veröffentlichte Untersuchungen zum Thema Familie und Kindheit in Afrika. Aufgrund zahlreicher und langer Studienaufenthalte in Israel und den USA erwarb sie unmittelbare Einblicke in die jüdische Kultur, besonders die Erziehung im orthodoxen Judentum, und schrieb dazu mehrere Arbeiten. Von 1980 bis 1989 war sie in Forschung und Lehre in Heidelberg tätig: an der Pädagogischen Hochschule, dem Erziehungswissenschaftlichen Seminar der Universität und der Hochschule für Jüdische Studien.

Veröffentlichungen aus dem

Institut Kirche und Judentum

Zentrum für christlich-jüdische Studien an der Humboldt-Universität zu Berlin
Werk der Evangelischen Kirche in Berlin-Brandenburg
Leiter des Instituts: Prof. Dr. Peter von der Osten-Sacken

Das 1960 an der Kirchlichen Hochschule Berlin (West) gegründete und bis 1974 von Günther Harder geleitete Institut Kirche und Judentum ist ein Werk der Evangelischen Kirche in Berlin-Brandenburg. Es ist seit 1994 der Humboldt-Universität zu Berlin angegliedert und hat seinen Sitz im Berliner Dom. Über die Arbeit an den Publikationen hinaus führt das Institut Vortragsveranstaltungen, Arbeitsgemeinschaften, Seminare, Studienwochen sowie Studienfahrten nach Israel durch. Es arbeitet in überregionalen Gremien mit und regt zu Forschungsarbeiten zum Gesamtthema „Kirche und Israel" an. Die Bemühungen um Grundfragen des christlich-jüdischen Verhältnisses und um eine angemessene christliche Judentumskunde, die im Zentrum der Arbeit des Instituts stehen, haben die Förderung eines neuen Verhältnisses von Christen und Juden zum Ziel.

Aus der Reihe
Veröffentlichungen aus dem IKJ

Peter von der Osten-Sacken (Hg.)

Das Ostjudentum

Einführungen, Studien, Erzählungen und Lieder

1981, brosch., 226 S.
ISBN 3-923095-13-9

Durch verschiedene literarische Medien – Einführungen, Studien, Erzählungen, Lieder – vermittelt dieser Band Einblicke in die unverwechselbare Welt des durch Völkermord weithin vernichteten Ostjudentums. Materielle Armut und spiritueller Reichtum, Bewahrung und Aufbruch, Leben noch im Tode waren die Kennzeichen dieser Welt.

Aus dem Inhalt:
- Irving Howe, Die Welt des osteuropäischen Judentums. Ein Überblick
- Paul Rosenkranz, Die jiddische Sprache
- Robert J. Neumann, Die jiddische Literatur
- Studien von Michael Brocke über Nachman von Brazlaw und Ursula Bohn zu Joseph Roths Hiob-Roman
- Joseph Roth über das jüdische Städtchen und die westlichen Gettos (Berlin)
- Zwölf Erzählungen von Scholem Alechem, Jizchok Lejb Perez, Scholem Asch und Zvi Kolitz
- Zehn jiddische Lieder mit Noten, mit Wiedergabe der Texte in lateinischen Buchstaben und mit deutscher Übersetzung
- Gedichte, Gebete

Yehoshua Amir

Deraschot
Jüdische Predigten

1983, brosch., 83 S.
ISBN 3-923095-14-7

Yehoshua Amirs Predigten erstrecken sich von der Zeit der Verfolgung (1938) bis in die jüngste Gegenwart, sind an völlig verschiedenen Orten und in extrem unterschiedlichen Situationen gehalten, nehmen diese Einheit von Zeit, Ort und Situation voll auf und prägen sie durch das, was aus dem Wort der Schrift als Frage, Zuspruch und Weisung vernommen wird.

Das, was zu Gehör kommt, ist Anrede an den christlichen Leser selbst dort, wo die ursprüngliche Hörerschaft nicht aus Christen oder aus Juden und Christen zusammen bestanden hat, sondern eine jüdische Gemeinde ist, vor allem die Heimatgemeinde Y. Amirs in Jerusalem.

Jüdisches Zeugnis aus der Bibel und lebendige Kunde vom Judentum fließen zusammen und laden zum Lesen und Bedenken ein.

„Die vorliegende Predigtsammlung vermittelt – auch für heutige Christen – in lebendiger und facettenreicher Weise eine authentische Innensicht des jüdischen Glaubens." (Archiv für Liturgiewissenschaft 1990)

Peter von der Osten-Sacken

Katechismus und Siddur

Aufbrüche mit Martin Luther und den Lehrern Israels

2., überarb. u. erw. Aufl. 1994, geb., 504 S.
ISBN 3-923095-26-0

So überraschend es klingt: Zu allen fünf Hauptstücken von Luthers Kleinem und Großem Katechismus (Zehn Gebote, Glaubensbekenntnis, Vaterunser, Taufe, Abendmahl) finden sich Entsprechungen im jüdischen Gebetbuch (Siddur). Sie alle zusammen kennzeichnen das Leben des jüdischen Volkes vor Gott genauso verbindlich wie der Kleine und Große Katechismus das der evangelisch-lutherischen und – in einem weiteren Sinne – der christlichen Gemeinden überhaupt. Indem der Band Grundlagen jüdischer und christlicher Religion aus ihren Quellen darstellt und miteinander ins Gespräch bringt, lehrt er Gemeinsamkeiten und Unterschiede beider Glaubensweisen neu erkennen.

Zur ersten Auflage:
„Ein nicht leicht zu erschöpfendes Angebot zur Vertiefung des christlichen Verständnisses für das Judentum – im Sinn einer Begegnung ‚von Mitte zu Mitte'. ... Selbstverständlich ist das Buch auch für Katholiken höchst empfehlenswert." (Freiburger Rundbrief 1983/84)

„Eines der durchdachtesten Bücher nicht nur über Luther und die Juden, sondern auch zum jüdisch-christlichen Ineinander." (Recherches de Science Religieuse 1986)

Zur zweiten Auflage:
„ ... ein vorzügliches Arbeitsbuch", das „nun in

erweiterter Gestalt auf viele lernbereite Leser rechnen kann". (Theologische Literaturzeitung 1995)

**Lieselotte Kötzsche /
Peter von der Osten-Sacken (Hg.)**

Wenn der Messias kommt

Das jüdisch-christliche Verhältnis im Spiegel mittelalterlicher Kunst

1984, brosch., 133 S., 41 Abb.
ISBN 3-923095-16-3

Die hier vereinten fünf Beiträge interpretieren jüdisches und christliches künstlerisches Schaffen im Mittelalter und lehren es weithin als Ausdruck des jeweiligen Verhältnisses von Juden und Christen zueinander verstehen.

Vier Beiträge – zwei geradezu klassische, doch schwer erreichbare, und zwei noch unveröffentlichte – sind Illuminationen jüdischer Bibelhandschriften gewidmet. Ein weiterer, bisher nur französisch zugänglicher Aufsatz verläßt die eingefahrenen Gleise der Deutung der bekannten Skulpturen von Synagoge und Kirche am Straßburger Münster und gelangt zu überraschenden Schlußfolgerungen.

Fast alle Beiträge sind inhaltlich dadurch zusammengeschlossen, daß sie am Thema der messianischen Zeit bzw. des Messias orientiert sind, das Juden und Christen eint und trennt. Reiches Bildmaterial ist beigegeben.

Autoren: Zofija Ameisenowa, Joseph Gutmann, Malka Rosenthal, Otto von Simson.

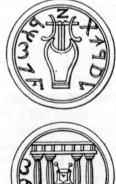

Michael Brocke / Eckehard Ruthenberg /
Kai Uwe Schulenburg

Stein und Name

Die jüdischen Friedhöfe in Ostdeutschland
(Neue Bundesländer / DDR und Berlin)

1994, geb., 720 S., 120 Abb., 25 Karten
ISBN 3-923095-19-8

Diese Untersuchung, zu der es nichts Vergleichbares gibt, bietet eine Dokumentation sämtlicher jüdischer Friedhöfe in dem Teil Deutschlands, der jetzt die neuen Bundesländer und Berlin umfaßt. In mehrjähriger Arbeit vor und nach der „Wende" aus zahllosen Mitteilungen und intensiven Recherchen vor Ort entstanden, führt sie zu fast 300 „Guten Orten" hin, indem sie über beides informiert: über vergangene jüdische Geschichte in Deutschland und über den von Ignoranz und Wissen, Aufarbeitung und Verdrängung gekennzeichneten Umgang mit ihr.

Das Buch enthält eine reiche Fülle von Ortsbeschreibungen, von Karten, Plänen, Photographien, historischen Dokumenten, von Inschrifttexten und Übersetzungen und führt allgemeinverständlich in die Welt des jüdischen Friedhofs ein. Die bekannteren Berliner Friedhöfe werden ausführlich besprochen und durch unbekannte Dokumente charakterisiert, die andernorts nicht zu finden sind.

In der vorbildlichen Erschließung ihres Gegenstandes vermittelt die Dokumentation Zugänge zur jüdischen Geschichte „vor Ort", Kenntnisse jüdischer Kultur und Anregungen zur Weiterarbeit. Sie lädt damit ein zur Erkundung und Bewahrung dieses Teiles der deutschen Geschichte.

„Wer immer sich für jüdische Friedhofskultur und für die letzten Ruhestätten der jüdischen Bürger dieses Landes interessiert, kann sich hier mit einem regelrechten Nachschlagewerk ausstatten."
(Der Tagesspiegel, Berlin, 1994)

Nathan Simon

„ ... auf allen Vieren
werdet ihr hinauskriechen!"

Ein Zeugenbericht
aus dem KZ Wapniarka

1994, geb., 131 S.
ISBN 3-923095-24-4

Nathan Simon, rumänischer Jude, erzählt in diesem Zeugenbericht seine Odyssee durch rumänische Gefängnisse bis hin zu seiner Zeit im KZ Wapniarka in der Ukraine und seiner Errettung vor deutschen Erschießungskommandos durch einen mutig ungehorsamen Oberst der rumänischen Armee.

Obwohl durch die KZ-Zeit für sein Leben gezeichnet, hat Simon seine Lebensgeschichte unter deutsch-rumänischer Gewaltherrschaft bewegend unverbittert nachgezeichnet. Sein Bericht über Verfolgung und Rettung ist ein Zeugnis anrührender Menschlichkeit im Schatten von unsäglichem Unrecht, Leid und Tod.

Ein Vorwort der Gründerin und langjährigen Leiterin des „Wapniarka-Hilfswerks", Charlotte Petersen, ein Anmerkungsapparat und nicht zuletzt ein Beitrag von H. D. Heilmann „Zur deutschen Verantwortung für die Verfolgung und Ermordung der rumänischen Juden" geben weiteren Aufschluß über die Hintergründe der in Simons Bericht vergegenwärtigten Geschichte.

Birte Petersen

Theologie nach Auschwitz?

Jüdische und christliche Versuche
einer Antwort

2. Aufl. 1998, geb., 143 S.
ISBN 3-923095-25-2

Trägt Gott Schuld an Auschwitz? Kann er noch allmächtig genannt werden? Ist Christus in der Schoah neu gekreuzigt worden? Kann angesichts des Massenmordes an Juden und Jüdinnen noch von Auferstehung geredet werden? Und ist die christliche Theologie überhaupt berechtigt, Antworten auf diese Fragen zu geben, obwohl sie durch ihren Antijudaismus zur Schoah beigetragen hat?

Mit diesen Fragen steht die Krisis der christlichen Theologie durch die Schoah im Zentrum dieses Buches. In einem so bisher nicht vorliegenden Überblick zeigt Birte Petersen, wie und aus welchen Kontexten heraus seit den siebziger Jahren christliche Theologinnen und Theologen in Westdeutschland und Nordamerika auf die geschichtliche Erfahrung der Schoah geantwortet haben.

In eindrücklicher Einheit von intensivem Hören auf die Stimmen überlebender Jüdinnen und Juden einerseits und wissenschaftlicher Analyse andererseits behandelt die Autorin zwei zentrale Problemzusammenhänge: die Frage der Christologie als Hauptanfrage der jüdischen Theologie an das Christentum und die Gottesfrage als wichtigste Frage der jüdischen Holocaust-Theologie an sich selbst.

Nach einer differenzierten Beurteilung des bisherigen theologischen Diskussionsganges zeigt Birte Petersen im Schlußteil Perspektiven für die zukünftige Arbeit an einer Theologie auf, die im Angesicht der Opfer von Auschwitz zu verantworten ist.

Emil L. Fackenheim

Was ist Judentum?

Eine Deutung für die Gegenwart
Mit vier Ansprachen an Auditorien in
Deutschland

1999, geb., 289 S.
ISBN 3-923095-29-5

Emil L. Fackenheim, geboren in Halle / Saale, aus Deutschland vertrieben, jahrzehntelang Professor für Philosophie in Kanada und heute in Jerusalem lebend, gehört zu den herausragenden jüdischen Denkern der Gegenwart, die ‚Auschwitz' in ihre philosophische und theologische Arbeit aufgenommen und auf die Schoah zu antworten gesucht haben.

Der Band „What is Judaism?" ist die erste ins Deutsche übertragene Buchveröffentlichung Fackenheims. Er bietet darin eine eindringliche Einführung in das Judentum sowie eine herausfordernde Erörterung seines Wesens im Horizont der Ereignisse der Schoah und der Gründung des Staates Israel. Nach einer Darstellung der religiösen Situation von Juden heute behandelt er in drei auf Vergangenheit, Gegenwart und Zukunft gerichteten Teilen die klassischen Themen und Zusammenhänge der jüdischen Religion, wie sie sich in seiner Sicht im Zeichen jener Ereignisse zeigen.

Vier aus der Tiefe seiner Biographie und jüdischer Existenz heute geschöpft Reden, die Emil Fackenheim in den letzten Jahren in Deutschland gehalten hat, geben dieser Ausgabe seines Buches ein besonderes Gepräge.

Zur amerikanischen Ausgabe:
„Die profundeste und zwingendste Einführung in den jüdischen Glauben, die es zur Zeit gibt." (Jewish Book in Review)
„Ein großes Buch ... die beste Einzeldarstellung für Nichtjuden, die das Judentum in seinem folgenschwersten Zeitalter verstehen wollen." (Los Angeles Times)

Aus der Reihe:
Studien zu Kirche und Israel

Marianne Awerbuch

Zwischen Hoffnung und Vernunft

Geschichtsdeutung der Juden in Spanien
vor der Vertreibung am Beispiel
Abravanels und Ibn Vergas

1985, brosch., 177 S.
ISBN 3-923095-56-2

Ausgehend von den beiden Ereignissen, die in der Geschichte der Juden einen tiefen Einschnitt bildeten, der Judenvernichtung im 20. Jahrhundert und der totalen Vertreibung der Juden aus Spanien im Jahre 1492, sichtet Marianne Awerbuch die bibelexegetischen und messianischen Schriften des Philosophen und Staatsmannes Isaak Abravanel und des Chronisten Ibn Verga und analysiert ihre Geschichtsdeutung im Horizont der drohenden Vertreibung. Ohne daß die durch Jahrhunderte getrennten Zeiten 1492 und 1933–1945 vermengt werden, tritt eine Fülle von Zusammenhängen vor Augen.

„Das Ziel, das sich die Autorin ... gesetzt hat, nämlich dem Leser die beiden großen Repräsentanten des spanisch-portugiesischen Judentums des 15. und beginnenden 16. Jahrhunderts näherzubringen, ... hat sie mit ihrem höchst aufschlußreichen Buch erreicht und damit zugleich ... einen weiteren wichtigen Beitrag zur Erforschung der Problematik christlich-jüdischer Beziehungen im ausgehenden Mittelalter geleistet." (Judaica 1986).
„Dieses Buch ist ... nicht nur für Mediävisten

von großem Informationswert, sondern auch für die heutigen Christen - macht es doch deutlich, welches Unheil die christlichen Ideologien des katholischen Spanien bei Juden angerichtet haben." (Archiv für Liturgiewissenschaft 1990)

Michael Bühler

Erziehung zur Tradition – Erziehung zum Widerstand

Ernst Simon und die jüdische Erwachsenenbildung in Deutschland

1986, brosch., 201 S.
ISBN 3-923095-58-9

Simon, einer der großen Pädagogen in Israel, hat die entscheidenden Anstöße für sein praktisches und theoretisches Lebenswerk während des Ersten Weltkrieges und in der nachfolgenden Zeit erhalten.

Die Untersuchung Michael Bühlers ist eine einfühlsame, aus der umfangreichen Primär- und Sekundärliteratur und anhand von Gesprächen mit Ernst Simon erarbeitete Biographie für die Zeit von Simons Wirken in Deutschland (1899–1933). Sie bietet eine detaillierte Darstellung der von Simon mitgestalteten neuen jüdischen Erwachsenenbildung in Deutschland (1920–1938) und informiert umfassend über die Tätigkeit des Freien Jüdischen Lehrhauses in Frankfurt. Eine Bibliographie des reichen Schrifttums von Ernst Simon und ein Verzeichnis der Sekundärliteratur beschließen den Band.

„Was die Arbeit von Bühler auszeichnet, ja, sie zu einem Standardwerk jüdischer Erwachsenenbildung in der Weimarer wie in der nationalsozialistischen Zeit macht, ist ihre geglückte Einbindung der Tätigkeit Ernst Simons sowohl in den sozial- wie geistesgeschichtlichen Kontext von Entwicklungen innerhalb des Judentums in Deutschland im ersten Drittel dieses Jahrhunderts als auch in den Zusammenhang jüdischer Erwachsenenbildung in dieser Zeit." (Zeitschrift für Pädagogik 1988).

Wolfgang Gerlach

Als die Zeugen schwiegen

Bekennende Kirche und die Juden. Mit einem Vorwort von Eberhard Bethge

2., bearb. u. erg. Aufl. 1993, geb., 487 S.
ISBN 3-923095-69-4

In einer sonst nirgendwo vorliegenden, akribisch erarbeiteten Dokumentation stellt Wolfgang Gerlach die zwölfjährige Geschichte einer zum Zeugnis verpflichteten, auch wortreich bekennenden und doch angesichts der jüdischen Leidensgeschichte in der Zeit 1933–1945 schweigenden Kirche dar, in der nur einzelne ihre Stimme erhoben oder halfen.

Zur ersten Auflage:
„Das Buch, ausgestattet mit einem umfangreichen Namens- und Ortsregister, ist für jeden unentbehrlich, der sich mit der nationalsozialistischen ‚Judenpolitik‘ befaßt, und besonders

für den, der sich für die Positionen der Evangelischen Kirche interessiert. Vielleicht wird auch manch eine Gemeinde sich und ihre leidige oder auch beachtliche Geschichte hier wiederfinden." (Deutsches Allgemeines Sonntagsblatt 1987)
„Gerlach argumentiert ohne nachträgliche Besserwisserei. Darin ist er vorbildlich für eine theologisch-historische Aufarbeitung der Vergangenheit ..." (botschaft aktuell 1988)

Thomas Krapf

Yehezkel Kaufmann

Ein Lebens- und Erkenntnisweg zur Theologie der Hebräischen Bibel

1990, geb., 154 S.
ISBN 3-923095-62-7

Yehezkel Kaufmann steht im hebräischen Sprachraum in dem Ansehen, der wichtigste Historiker der jüdischen Sozialgeschichte zu sein. Zugleich ist er auch außerhalb Israels als bedeutendster jüdischer Interpret der Geschichte der biblischen Religion im 20. Jahrhundert anerkannt. So gilt sein mehrbändiges Werk "Israelitische Religionsgeschichte" (1937–1956) als einzige jüdische Theologie der Hebräischen Bibel.

Thomas Krapf hat im 100. Geburtsjahr die erste Biographie dieses rätselhaften Intellektuellen vorgelegt, der zurückgezogen lebte und seinen Lesern als origineller Denker und engagierter Zionist begegnete.

Der Autor wertet zum erstenmal den literarischen Nachlaß Kaufmanns aus und stellt seine intellektuelle Entwicklung in ihrem zeitgeschichtlichen Kontext dar. Vor diesem Hintergrund analysiert er die methodologischen Besonderheiten von Kaufmanns Interpretation des Pentateuch. In einem Anhang dokumentiert Krapf einige jüngst entdeckte, bisher unveröffentlichte Texte Yehezkel Kaufmanns.

„Krapfs Biographie ist lebhaft engagiert und zugleich nüchtern geschrieben. Der Verfasser bemüht sich vorzüglich um Präzision." (Nordisk Judaistik 1991).

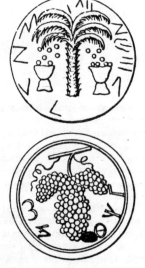

Aus der Reihe:
Arbeiten zur neutestamentlichen Theologie und Zeitgeschichte

Pierre Lenhardt / Peter von der Osten-Sacken

Rabbi Akiva

Texte und Interpretationen zum rabbinischen Judentum und Neuen Testament

1987, geb., 403 S., 8 Abb.
ISBN 3-923095-81-3

Dies Arbeitsbuch lädt dazu ein, mit dem rabbinischen Judentum vertraut zu werden und neutestamentliche Zusammenhänge von dem dort begegnenden Wurzelboden her zu verstehen.

Die Grundlage bilden hebräische Texte, die von dem herausragenden Rabbi Akiva handeln. Sämtliche Texte sind sprachlich erläutert und übersetzt, so daß das Buch auch von Lesern mit Gewinn benutzt werden kann, die des Hebräischen nicht kundig sind.

Nach der textlichen Grundlegung werden die ausgewählten Überlieferungen Schritt für Schritt erschlossen. Durchgängig erfolgt der Einbezug sachlich verwandter neutestamentlicher Aussagen und Passagen.

Die Texte sind so ausgewählt, daß zugleich in die wichtigsten Werke bzw. Gattungen der rabbinischen Literatur eingeführt wird.

Kurt Hruby

Aufsätze zum nachbiblischen Judentum und zum jüdischen Erbe der frühen Kirche

Hg. von Peter von der Osten-Sacken und Thomas Willi unter Mitarbeit von Andreas Bedenbender

1996, geb., 517 S.
ISBN 3-923095-86-4

Kurt Hruby (1921–1992) gehört ohne Zweifel zu den herausragenden christlichen Erforschern des antiken Judentums im 20. Jahrhundert. Mit seiner Fülle von erstrangigen Arbeiten hat er über lange Jahrzehnte hin bei Juden und Christen im französisch- wie deutschsprachigen Raum hohe Anerkennung gewonnen.

Dieser noch mit ihm selbst abgesprochene Band umfaßt die wichtigsten Arbeiten Hrubys zum antiken Judentum und zur frühen Kirche, die als historische und theologische Fundierung der weiteren Arbeit an einer Erneuerung des christlich-jüdischen Verhältnisses von besonderem Belang sind. Dazu gehören seine Studien „Die Synagoge. Geschichtliche Entwicklung einer Institution", „Die Stellung der jüdischen Gesetzeslehrer zur werdenden Kirche" und „Juden und Judentum bei den Kirchenvätern" sowie eine Reihe von Aufsätzen über grundlegende Themen des antiken Judentums (Messias, Tora, Liturgie zur Zeit Jesu u.a.m.).

Die Preise für die Veröffentlichungen bewegen sich zwischen 8,– und 40,– DM. Auf Wunsch senden wir Ihnen gerne einen Katalog mit dem vollständigen Buch-Programm des Instituts zu. Bestellungen werden erbeten über den Buchhandel oder direkt an:
Institut Kirche und Judentum, Dom zu Berlin, Lustgarten, 10178 Berlin Telefon: (+49-30) 2 02 69-153 Telefax: (+49-30) 2 02 69-154